乡村振兴与现代农业多功能战略

胡　豹　黄莉莉　著

中国农业出版社

北　京

前　言

农，天下之大本也，民所恃以生也。

农业是安天下稳民心的基础产业，是社会存在与永续发展的基础支撑，是人类文明积淀与承载的基础依托。中国自古以农为重，国以土为本，民以食为天。为人类提供食物、纤维是农业的主要功能，同时，作为社会重要的基础产业，农业一直在经济发展、文化传承、科普教育、生态保育和社会进步等方面发挥着独特的功能。农业的这种多功能特性在不同历史阶段表现为不同的内涵，即农业为了满足不同时代的需求而相应地产生不同的多功能组合。随着经济社会的快速发展，科技进步日新月异，农业的功能不断巩固和拓展，显示出崭新的面貌和广阔的前景。

党的十九大作出了实施乡村振兴战略的重大决策部署，这是决胜全面建成小康社会、全面建设社会主义现代化国家的重大历史任务，是中国特色社会主义进入新时代做好"三农"工作的总抓手。习近平总书记参加十三届全国人大一次会议山东代表团审议时，提出实施乡村振兴战略，要着力推动产业振兴、人才振兴、文化振兴、生态振兴、组织振兴。农业多功能的拓展和推广，农业全产业链和价值链的拉长和提升，是乡村产业振兴的重要手段和路径。2017年中央农村工作会议明确指出，要让农业成为有奔头的产业，让农民成为有吸引力的职业，让农村成为安居乐业的美丽家园，更是对农业多功能开发和利用提出了明确方向。

长期以来，在强化农业生产政策的影响下，人们对农业有意无意中产生了偏颇理解，无论是农业生产经营者还是城乡消费者，都或多或少认为农业就是生产农产品和工业原料，以化肥、农药、设施等一切技术和手段实现农业增产增效增收。对农业持这样的认识所带来的后果是显而易见的。就农业经营主体而言，看不到农业全产业链和价值链的"微笑曲线"，农业成了低效益、无比较优势、无竞争力的产业；就社会其他群体而言，农业成了"脏乱差"的代名词，其对社会的贡献和作用也被大打折扣而严重低估。因此，重塑农业对社会的贡献和价值，重视农业的环境保育、增收致富、文化传承等多重功能就显得尤为迫切而重要。

近年来，党中央坚持把解决好"三农"问题作为全党工作重中之重，坚持农业农村优先发展，推动"三农"工作理论创新、实践创新、制度创新，农业农村发展取得了历史性成就，发生了历史性变革。农业供给侧结构性改革取得新进展，新型农业经营主体发展壮大，农业新产业新业态蓬勃发展，农业现代化稳步推进，农民收入增速连年快于城镇居民，农业和农村经济保持了快速增长，对整个国民经济和社会发展发挥了重要的支撑作用。实施乡村振兴战略，是党中央着眼于推进"四化同步"和全面建成小康社会作出的重大战略决策，是加快农业农村现代化、提升亿万农民获得感幸福感和实现中华民族伟大复兴"中国梦"的必然要求。这为我国确立现代农业发展思路与方向，推进农业转型升级，以农业供给侧结构性改革为主线，以高效高质生态为导向，完善农业产业体系、生产体系、经营体系，全面提高农业创新力、竞争力和可持续发展力，推进农业一二三产业深度融合，加快建设高效生态现代农业提供了难得的历史机遇。

立足乡村振兴，围绕农业多功能问题深入开展研究，对于拓展农业功能，满足城乡居民消费升级需求，统筹城乡发展，人与自然和谐发展，稳定和提高农业综合生产能力，促进农业增效、农民增收、农村增绿，进而高水平全面建成小康社会，都有着重大理论意义和现实意义。

本书共分七章。第一章介绍了本课题的研究背景和意义，以及研究思路和方法，并对相关概念和理论基础进行了阐述。第二章综述了农业多功能问题国内外研究现状及对本研究的启示。第三章从6个方面介绍了现代农业的主要功能，即食品保障功能、原料供给功能、就业增收功能、生态保护功能、观光休闲功能和文化传承功能等。第四章对多功能现代农业的新型业态进行了研究，从内涵特征、研究意义和典型模式与实现路径等方面详细介绍了多功能现代农业的七大典型模式，包括设施农业、循环农业、精准农业、智慧农业、休闲农业、有机农业和创意农业等。第五章是农业资源环境及农业主要功能分析。首先介绍分析了浙江省农业资源环境的现状，接着通过构建指标体系对浙江省农业自然资源进行了综合评价，然后对农业的生产性功能、保障性功能、生活性功能和生态性功能进行了量化分析；第六章是现代农业多功能分区的实证研究。首先介绍了农业功能区划的背景、意义和现状，然后从农业的农产品供给、生活保障、生态调节及文化传承等四大功能设置指标体系，以浙江省为例，得到相应的农业功能区划方案。第七章是区域农业功能拓展战略分析与对策，包括各功能区域比较优势、农业主导功能定位、农业功能拓展方向与途径，以及各区域主导功能实现的政策及保障措施。

农业多功能研究是一项非常复杂的系统性、开创性工作，涉及面广，内涵丰富，它的难点不仅在于各方面的连续资料难以搜集和整理，而且因为它与农业农村社会经济文化等各种复杂因素糅合在一起，增加了问题把握的难度。为此我们做了大量的实证调研和专家咨询，并付出了许多艰辛的努力。但目前这方面的基础资料并不多，加之时间仓促及研究人员水平有限，研究中肯定存在着许多的遗漏与不当之处，恳请各位专家、学者提出宝贵意见。

目　　录

第一章 导　论

一、研究的背景及意义

（一）研究的背景

我国是一个具有大国小农、人多地少、农民多数、初级阶段等特征的发展中农业大国，农业是安天下、稳民心的战略产业，农民是最大的社会群体，农村是最广阔的地域社区。农业、农村、农民问题是关系到国家和民族兴衰的根本问题。党中央多次提出和强调要把解决好"三农"问题作为全党工作重中之重，摆到更加突出的位置。社会主义新农村建设已经成为全党全社会关注的焦点，党的十七大把走中国特色农业现代化道路作为发展中国特色社会主义的重要内容和任务。党的十八届五中全会通过的《中共中央关于制定国民经济和社会发展第十三个五年规划的建议》提出，农业是全面建成小康社会、实现现代化的基础，必须牢固树立创新、协调、绿色、开放、共享的发展理念，大力推进农业现代化。2016 年中央 1 号文件提出要大力推进农业现代化，确保亿万农民与全国人民一道迈入全面小康社会。党的十九大报告指出，要实施乡村振兴战略，坚持农业农村优先发展，建立健全城乡融合发展体制机制和政策体系，加快推进农业农村现代化。

这些政策措施使得各级党委政府高度重视现代农业建设，提高了加强农业基础设施建设、不断提高农业综合生产能力、加快推进农业现代化的自觉性。大家越来越清楚地认识到，只有加快转变农业发展方式，加快建设高效生态的现代农业，才能确保我国的粮食安全和食物安全，确保农民收入的不断提高，也才能确保在工业化、城镇化、信息化和绿色化加速推进的过程中，不断提高农业现代化水平，确保社会主义新农村建设这一历史任务的顺利完成。可以说，发展现代农业是繁荣农村经济、发展农村生产力、增加农民收入的源泉，是建设社会主义新农村的产业基础和首要任务，是以新发展理念统领农村工作的必然要求和我国农业发展的方向。从 2004 年到 2017 年，中央连续发布了 14 个 1 号文件，分别从促进农民增收、提高农业综合生产能力、推进新农村建设、发展现代农业、加强农业基础建设和促进农业稳定发展、农民持续增收等方面共同形成了加强"三农"工作的政策体系，现代农业的发展处于这个政策体系的核心地位。

当前，我国总体上已进入以工促农、以城带乡的发展阶段，进入加快改造传统农业、走中国特色农业现代化道路的关键时刻，进入着力破除城乡二元结构、形成城乡经济社会发展一体化新格局的重要时期。2018年中央1号文件提出，要按照产业兴旺、生态宜居、乡风文明、治理有效、生活富裕的总要求，着力推进乡村产业振兴，加快推进农业农村现代化。现代农业是在现代市场经济条件下，以规模化经营、专业化分工、社会化协作和商品化生产为前提，以信息化、市场化、国际化、企业化、集约化、产业化为手段，以高产、优质、高效、生态、安全的要求，以不断提高的土地产出率、资源利用率、科技贡献率、劳动生产率，增强农业抗风险能力、国际竞争能力、可持续发展能力为标志，广泛应用现代产业理念、现代设施装备、现代科学技术、现代管理方法进行农业生产经营活动的现代产业体系。我国的现代农业需要走出一条具有经济高效、产品安全、资源节约、环境友好、技术密集、功能多样、人力资源优势得到充分发挥等特点的中国特色农业现代化路子。党的十七届三中全会做出了《关于推进农村改革发展若干重大问题的决定》，明确指出，"农业是安天下、稳民心的战略产业，没有农业现代化就没有国家现代化。"显而易见，努力实现中国农业现代化具有重大战略意义。党的十八届五中全会提出，"十三五"时期是全面建成小康社会决胜阶段，要如期实现全面建成小康社会奋斗目标，推动经济社会持续健康发展，就要大力推进农业现代化。2017年中央1号文件明确指出，目前我国农业农村发展已进入新的历史阶段，农业的主要矛盾由总量不足转变为结构性矛盾，突出表现为阶段性供过于求和供给不足并存，矛盾的主要方面在供给侧。2017年中央农村工作会议进一步强调，必须深化农业供给侧结构性改革，走质量兴农之路。坚持质量兴农、绿色兴农，实施质量兴农战略，加快推进农业由增产导向转向提质导向。因此，要以增加农民收入、保障有效供给为主要目标，以提高农业供给质量为主攻方向，以体制改革和机制创新为根本途径，在调整生产结构的同时，注重培育新产业新业态，加快农村三产融合，促进农民持续较快增收，深入推进农业供给侧结构性改革，加快培育农业农村发展新动能，开创农业现代化建设新局面。

从发展历史看，农业是人类历史上最古老的产业，也是人类赖以生存发展的基础。中国自古以来就是一个农业大国，也是最悠久的文明古国之一。中国新石器时代的考古发现已经证明，早在史前时代中国的长江流域及其以南地区就发展出了较成熟的稻作农业。中国史前稻作农业经历了从起源、产生、发展，到成熟的全过程。正是在史前稻作农业发展的基础上，中国长江流域及其以南的广大地区才产生出了丰富多彩的新石器时代文化，显示出史前稻作农业的辉煌成就，并最终从史前走向了文明。作为世界上最古老的物质生产部门（产业），农业在不同的发展阶段和历史时期都发挥了极其重要的功能和作用。但农业最开始只是以单一功能，即生产功能为人类所认同的。农业被认为是"本质上的食品生产行业"（Brown，C. V. and P. M. Jackson，1978）。随着经济社会的不断发展，人们对农业的认识不断深化，如法国的 H. 孟德拉斯（2005）就认为："在一些国家，如英国和美国，农业完全服从于工业社会的逻辑，但农业仍是无法消除的政治和社会问题，它过多牵扯了华盛顿和伦敦领导人的精力。"随着这种认识的不断拓展，人们终于发现农业除了生产功能以外还有着其他更多的功能，并认为农业从来就不是以单一功能出现的，农业原本就是具有多种功能的产业，随着人类社会农业发展，农业的功能一直在不断地演变与发展。

农业多功能性的概念及理念最早是由日本于 1992 年提出来的。但是把现代农业看成是多功能农业这一理论则是 20 世纪 80 年代末期，在关于农业在现代经济社会中的作用的思考中，欧盟就已经提出。当时它主要是基于贸易立场上的考虑，其农业的功能不仅仅是像我们一般所说的是提供食物供给，农业除了生产功能以外，还有其他的功能。日本曾在经济高速增长阶段的一个相当长的时期内，有过忽视农业多功能发展的深刻教训，对农业的发展要求和目标定位没有和当时的经济社会发展做较好的衔接，致使农业作为国民经济的基础十分脆弱，国内粮食等主要农产品的自给率不断下降。为了扭转这种局面，日本开始认识到必须极为重视农业的多功能性发展，并为此做出了较大努力，也取得了明显的成效。日本率先提出了农业多功能性的概念，认为农业除了满足人类的食品功能以外，还肩负着更多更广泛的社会、环境和文化等功能，并将农业多功能性作为新《农业基本法》的基石。农业多功能性概念的提出，有利于人们对农业这一传统产业进行重新和全面认识，进而在新的理论基础上制定符合时代发展要求的农业发展战略，从而有利于实现农业和农村经济的可持续发展。同时，农业的非食物或非经济功能具有公共物品的性质，因而为了维持农业的多功能性，政府对农业进行干预和政策支持是必要的。随着经济社会不断发展，国外农业的新功能在不断显现。新功能不仅仅表现为食物供给、要素贡献等等，在韩国、日本农业的一些休闲功能，包括它的对环境保护的功能、能源替代功能等提到了越来越高的地位。农业的功能在不断变化，越来越多的国家把农业的多功能作为政策选择的基础。现在日本依然是主张农业具有多种功能，除了经济功能还有社会功能，除了生产功能以外还有生态功能。欧洲对农业的功能定位，除了认同日本的理念以外还更多地强调生态环境的保护、乡村社会的发展。美国作为农业资源非常丰富的国家，对多功能农业的理解为，农业的功能就应该认定为产品的供给，但是随着时间的推移越来越认同日本或欧洲的看法。从世界各国来看，随着经济社会的不断发展，关于农业的定位一直是在不断地调整和变化，每个国家对农业的功能定位有所差异。对农业多功能的定位尽管有所差异，但是主流上还是越来越认同这么一个理念：尽管农业功能拓展的重点不一样，但是发挥农业的基础地位，重视农业的产品供给功能，同时兼顾其他功能是基本的趋向，特别是在发达国家，生态农业、休闲农业、都市农业、能源农业等新型产业已经迅速发展成为与产品生产农业并驾齐驱的重要产业。

从我国来看，农业的多重功能，特别是其表现形式也在不断地变迁。最初对农业功能的定位主要体现在食物供给。按照发展经济学家的定位，农业的功能或者贡献主要有四个大的方面，即产品、要素、外汇、市场。产品功能的重点内容是指食物供给，即我国农业还是要强调稳定和发展的农业综合生产能力，确保粮食等主要农产品的有效供给，也包括其他农产品资源的供给；要素功能主要是指为国民经济提供更多的劳动力资源；外汇功能主要是指农业创造更多的外汇；市场功能是指农业为非农产业提供的市场空间，包括农民购置生产、生活所需要的一些用品，为工业产品提供广阔的空间等方面。早期对农业的功能大概从上述四个方面展开论述。随着经济和社会的不断发展，农业的功能在不断的演变之中，特别是最近几年来，经济社会的不断发展，对于农业的功能影响极大。

新中国成立以来，我国经历了工业化初始阶段，经历了农业支持工业、为工业提供积累的发展过程。特别是经过40年的改革发展，我国农业和农村经济得到了快速发展，工业和城市经济也获得了长足进步，综合国力大大增强，已经初步具备了工业反哺农业、城市支持农村的经济实力。早在1952年，毛泽东提出"为了完成国家的工业化，必须发展农业，并逐步完成农业的社会化"的论断。胡锦涛指出："纵观一些工业化国家发展的历程，在工业化初始阶段，农业支持工业、为工业提供积累是带有普遍性的趋向；但在工业化达到相当程度以后，工业反哺农业、城市支持农村，实现工业与农业、城市与农村协调发展，也是带有普遍性的趋向。""两个趋向"的重要论断，是立足于我国经济发展实际做出的科学判断。这个重要论断，是我国经济发展进入新阶段后解决"三农"问题的理论指南。在工业化的早期阶段和工业化的后期阶段，农业的功能不断地发生变化。农业已从工业化的早期阶段——为工业化提供积累的基础上发生了极大演变。我国已进入工业化的中后期阶段，一个很重要的标志是农业在 GDP 中的比重下降了，推动国民经济的力量主要是二、三产业，但是农业比重的下降并不意味着农业重要性的降低。事实上，农业比重的下降对农业的影响非常深刻：随着农业比重的下降，农业的功能也在不断地演进之中。农业的功能不仅要满足我们的食物供给，同时要维护我们的生态安全，包括提供一些能源、休闲等其他的功能。

改革开放以来，中央把"三农"工作作为全党工作的重中之重，出台了一系列重大强农惠农富农政策，农业发展进入了一个新的阶段，根据生产力发展水平，农业发展过程大体可划分为原始农业、传统农业和现代农业三个阶段（有的分为四个阶段，把现代农业分为近代农业和现代农业），现代农业是农业生产力发展最高阶段。现代农业突破了传统的"衣食农业"的功能局限，建立起多功能、多层次的现代农业产业体系（尹成杰，2007）。随着经济社会的快速发展，科技进步日新月异，现代农业的功能不断巩固和拓展，显示出崭新的面貌和广阔的前景。农业多功能性是农业及其发展的客观属性，是农业战略地位的内在基础，是经济社会发展的重要保障。农业的传统功能包括食品保障功能、原料供给功能、市场功能、就业增收功能和劳动力输出功能等，其中农业的基本功能就是为国民经济发展提供稳定的食物供应。在当代新的环境和技术条件下，农业的多功能性被人们不断认识并得到开发，现代农业在生态保护、生物质能源、观光休闲、文化传承等方面发挥着越来越重要的作用。农业功能的多元化和产业空间的扩展已经成为现代农业的主要特征之一。

（二）研究的意义

在推进乡村产业振兴的重大战略背景下，对于我国来说，提出和强调农业的多功能性，开发和拓展现代农业的多种功能，有着很强的现实意义和深远的历史意义。为此，中央农村工作领导小组原副组长陈锡文（2008）指出：开展对农业多功能性问题的研究，可以为全社会重新认识农业拓宽视野；可以为构建大农业的产业体系提供理论支撑；可以为农业摆脱弱质低效开辟现实途径；可以进一步揭示农业与国民经济各大部类之间的关系。对农业多功能性问题的研究，具有理论和实践上的重大意义。特别是对于我国这样一个历史悠久的农业大国来说，不断拓展农业的多种功能，积极发展多功能农业，是新世纪的一项重大战略任务，也是农业发展的一次历史性机遇。研究现代农业的多功能性既是强化农业基础地位的需要，也是分析农业发展现状、剖析农业发展阶段的需要，更是完善中国特色农业现代化理论体系的需要。

1. 研究农业多功能性是强化农业基础地位的需要

农业功能随着国情的不同在不断地调整。自从 1986 年 1 月 1 日，中共中央、国务院下发了《关于一九八六年农村工作的部署》，即第五个"中央 1 号文件"，进一步摆正了农业在国民经济中的地位。文件指出：发展国民经济以农业为基础，不但反映经济规律，也反映着自然规律，必须坚定不移地把它作为一个长期的战略方针。我国是 13 亿人口、7 亿农民的大国，绝不能由于农业情况有了好转就放松农业，也不能因为农业基础建设周期长、见效慢而忽视对农业的投资，更不能因为农业占国民经济产值的比重逐步下降而否定农业的基础地位。作为发展中国家，我们在工业化过程中，必须力求避免出现农业停滞的现象。十一届三中全会以来，我党坚持以农业为基础这个方针，取得了明显效果。从"七五"计划开始，国家对农业基本建设的投资和农业事业费，将适当增加；国家从征收的乡镇企业所得税和工商税的增长部分中，拿出一部分用于扶持农业；从乡镇企业征收的奖金税归乡财政掌握（没有乡财政的由县财政代管），也用于农业。为鼓励农民种粮的积极性，对于粮食合同定购方法将不断加以改进，并稳定农用生产资料的销售价格，继续实行对农用生产资料的补贴，对有困难的小化肥厂减免税收，以便降低化肥销价。应该说，从这个时候开始，农业作为一项安天下、稳民心的基础产业和战略产业的地位开始形成和确立。而农业的功能是农业基础地位的支撑。农业的功能只有不断适应和满足经济社会发展的需求，农业才能发挥基础作用，不断巩固和强化自身的基础地位。农业多功能问题的提出，进一步明确了农业在国民经济体系中的地位，从而为农业与工业、第三产业、生态环境、能源、生物质经济、高新技术产业等各大经济部类之间的协调发展提供了科学依据。

2. 研究农业多功能性是分析农业发展现状的需要

随着经济社会发展，我国农业产值占地区生产总值的比重越来越小，在社会经济生活中的地位越来越低，经济功能在不断弱化。虽然农业在国民经济中的份额在不断下降，但是农业作为国民经济的基础，对其他经济部门的贡献依然非常重要，农业不仅对实现粮食安全具有重要意义，而且在保障农业和农村经济持续稳定增长、实现生物和文化的多样化发展、支撑其他多种产业发展也具有重要的作用。可以说农业的发展对国民经济的发展起着重要的支撑和保障作用。虽然农业增加值在 GDP 中的比重很低，但并不意味着农业基础地位的细微改变。这就需要理论界强化认识和研究农业的功能与作用，尤其是拓展农业经济功能以外的其他功能，引导农业在继续发挥其经济功能的基础上，不断拓展社会功能、教育功能、文化功能、环境功能等其他功能，促使人们真正理解与重视农业的基础地位，使"重农"意识深入民心。农业具有多功能性，但农业又是弱质产业，因此，在建设社会主义新农村中，政府应加大对农业的财政支持与保护力度，尤其要加大对农业生产者的支持力度，以有利于发挥农业的多种功能，实现农业的可持续发展。

3. 研究农业多功能性是剖析农业发展阶段的需要

农业发展阶段划分，不仅可以使我们更准确地认识农业发展的现状，为农业的进一步发展确立正确的方向，更重要的是对不同发展阶段农业部门所具备的特征的了解，能使我们更清楚地认识农业在整个国民经济发展中的地位以及农业与其他产业部门的互动关系，从而为确立适当的经济发展战略和农业发展政策提供理论依据。农业不仅是国民经济的一个重要产业部门，也是国民经济和社会的一个重要子系统，农业也可以为国家经济社会发展做出重大贡献，不仅在工业化之前，在工业化过程中也是如此。推进现代农业发展和农业升级，在任何发展阶段都有其重大意义。但现代农业所处阶段不同，在不同的国民经济水平层面上有不同的表现形式和特征，其在整个社会经济发展中发挥着多种多样的作用，其功能呈现出显著的阶段性特征。在农业社会时期，农业的功能主要是提供衣食住行所需要的农产品和原料；在由农业社会向工业社会转型的进程中，农业的外汇贡献、市场贡献等功能随之凸现；进入现代工业社会，农业的功能进一步拓展，表现在教育、文化传承、环境保护、社会保障、经济缓冲等更广阔的领域。当前，我国农业对其他部门的贡献方式和作用程度也有了新的变化，具体表现为生产功能弱化，生活和生态功能不断加强。研究现代农业的多功能性就必须提出在追求农产品有效供给、保障粮食安全的同时，要考虑农业在农民增收、环境保护、社会和就业保障等方面的功能。在我国，农业的有些非商品功能，如粮食安全保障，是不可替代的；有些，如社会保障和失业保障，在相当长时期内是难以完全替代的（李传健，2007）。虽然农业非商品功能目标的实现在很大程度上是以效率损失为代价的，但农业非商品生产的价值使得农业的实际价值远远大于农产品本身的经济价值。因此现阶段，我国农业政策目标的界定应有利于农业多功能价值的实现，不应把追求经济效益作为唯一目标，农业政策的选择应与我国整个社会经济发展阶段相适应。

4. 研究农业多功能性是完善中国特色农业现代化理论体系的需要

党的十七大把发展现代农业、探索中国特色农业现代化道路作为统筹城乡发展、建设社会主义新农村的首要任务。现代农业是在现代市场经济条件下，以商品化生产、市场化贸易、专业化分工、区域化布局、集约化经营、社会化服务为基本特征的现代产业体系。从实践和理论的结合上，探索中国特色农业现代化的有效实现途径，是中国农经学科的重大任务。从我国农业资源和发展水平的区域差异性大的基本国情出发，以科学发展观和社会主义市场经济理论为指导，遵循现代农业发展规律，研究我国区域农业多功能实现和可持续发展的战略、路径和政策，建立和完善具有中国特色的区域农业多功能分工合作理论，既能够破解我国区域农业多功能分工协作的难题，促进我国农业综合生产能力的提高，又能够丰富和完善中国特色农业现代化理论。

具体而言，以典型区域农业多功能发展的实证分析和微观个案研究为基础，借鉴国际先进经验，对已有研究成果进行系统分析和总结，探索建立既符合农业市场化、国际化趋势，又符合中国国情，能发挥区域综合优势的农业比较理论和区域农业主导功能的遴选理论，有助于丰富我国区域经济发展的相关理论。以典型区域农业自然资源禀赋、社会经济条件、农业政策和科技发展等的实证分析为基础，设计可操作性程度高的区域农业多功能分工协作、互动发展、合作共赢机制和路径，对发挥区域比较优势，促进农业区域功能布局和专业化分工，形成区域农业主导功能发展新格局，提供重要的理论依据。综合运用农业区域分工理论、区域比较优势理论、区域非均衡增长理论，开展我国区域农业多功能发展战略研究，是对西方区域经济理论的创造性运用和理论创新。根据不同区域的农业主体功能，调整和完善财政、投资、产业、土地、人口、价格等政策，探索建立相应的区域农业政策架构，有助于完善现行的区域农业发展的政策保障体系。

二、基本思路与主要方法

(一)研究的基本思路

发展现代农业是推进农业现代化的重要保障。建设现代农业，开发农业的多功能是一个长期和发展的过程。2007 年中央 1 号文件提出"现代农业不仅具有食品保障功能，而且具有原料供给、就业增收、生态保护、观光休闲、文化传承等功能。建设现代农业，必须注重开发农业的多种功能，向农业的广度和深度进军，促进农业结构不断优化升级"。

本书研究的总体思路是根据党的十八大和十八届三中、四中、五中、六中全会以及十九大精神，以邓小平理论、"三个代表"重要思想、科学发展观为指导，深入贯彻习近平新时代中国特色社会主义思想，坚持新发展理念，以推进农业供给侧结构性改革为主线，以保障农产品有效供给、农民增收致富和农业的可持续发展为农业发展的目标，坚持富民强农的基本宗旨、家庭经营的基本制度和统筹城乡发展的基本方略，以实现农业的高产、优质、高效、生态、安全为主攻方向，积极开发食品保障、原料生产、就业富民、文化传承、休闲观光、生态保育等农业多种功能，大力推进农业资源的集约利用、节约利用、综合利用、循环利用和永续利用，致力于提高农业土地产出率、劳动生产率、资源利用率和全面增强科技支撑力、综合生产力、市场竞争力，大力推动农业发展理念、农业发展方式、农业发展体制和农业发展机制的创新，着力构建新型农业生产经营体系、新型农业产业体系、新型农业科技支撑体系、新型农业基础保障体系，努力走出一条具有中国特色的农业现代化道路。

本书通过分析评价新形势、新任务条件下，我国现代农业的主要功能及其拓展方向和路径，研究现代多功能农业发展的新型业态，并从实证研究的角度提出浙江省现代农业的多种功能及其农业功能分区战略、农业多功能发展的方向与产业空间布局，提出现代农业多功能拓展及农业资源环境利用对策建议。研究主要从以下几方面展开：

1. 现代农业的主要功能研究

重点从功能的地位、作用、重要性、意义及促进功能发展的内涵与策略出发，针对我国农业和农村经济发展进入了新的阶段，农业所具备的其他方面的功能如生态环境功能、旅游观光功能、教育功能和农民增收功能等逐渐得到人们认识和重视，并且成为现代农业发展的主要方向的基础上，探索分析了重中之重的食品保障功能，前景广阔的原料供给功能，保护发展的就业增收功能，高瞻远瞩的生态保护功能，有序拓展的观光休闲功能，与时俱进的文化传承功能。

2. 多功能现代农业的新型业态研究

按照现代农业的经济高效、产品安全、资源节约、环境友好、技术密集、功能多样、人力资源优势得到充分发挥的本质特征的要求，探索新型的农业发展技术路线，构筑新型农业业态发展体系，从新型农业业态发展的内涵、特征、要求、作用与重要意义出发，探索和分析了资金密集与技术密集的设施农业，资源节约与环境友好的循环农业，多种现代化技术结合的精准农业，体现时代需要与要求的休闲农业，经济与生态效益融合的有机农业。

3. 浙江现代农业多功能发展、农业资源环境总体评价与多功能分区

在农业资源和农业生态环境评价的基础上，针对全省平原、丘陵、山区等不同地区以及发达、中等发达、欠发达等不同经济发展水平地区的农业资源禀赋和自然生态系统总体特点，系统开展农业资源和农业生态环境的适宜性评价。顺应高效生态农业和循环经济的发展要求，从社会经济协调发展层次研究浙江省特色农业和绿色农业发展与全省农业资源环境的协调运行。通过分析全省农业资源区域比较优势和农业区域布局，针对农业资源开发利用和保护的历史与现状，系统评判全省农业资源合理开发、利用、保护及有效配置和全省高效生态农业与重大资源环境问题，顺应农业区域化发展和建设现代农业的要求，分析评价全省各地区、各类型农业资源的数量、质量、性质、分布、组合特征以及农业生态环境现状等基本情况，根据全省农业资源环境的特点和不同区域农业发展的方向以及高效生态农业与资源环境和谐发展运行机制的要求进行现代农业多功能分区，从而建立资源高效合理利用和环境持续和谐发展的各类农业功能区域。

4. 政策与对策建议

从各功能区域比较优势分析，农业主导功能定位，农业功能拓展方向与途径的研究出发，按照协调农业各功能区之间发展的相关配套政策的建立和完善的要求，提出区域农业主导功能实现与协调发展的产业政策、财政政策、投入政策、环境政策、土地政策以及包括绩效评价政策、政绩考核政策等在内的其他政策等一系列综合性政策体系，以及为推进农业各功能区按照区域功能定位的要求发展的分类性保障措施。

大力发展现代农业，扎实推进美丽乡村建设，是全面落实乡村振兴战略、推进乡村产业振兴、乡村文化振兴的必然要求，是加快社会主义现代化建设的重大任务。通过现代农业多功能发展与农业资源利用的相关研究，深入开展农业资源评价、农业多功能性分析与农业环境及其功能结构分析，揭示现代农业多功能开发和拓展的地域差异规律，明确各类型区域的农业功能的基本特征、拓展方向和发展途径，为合理配置农业资源、优化农业生产布局、维护生态环境安全、实现农业资源持续高效利用和不断增值、促进农业和农村经济可持续发展和全面建设小康社会提供科学依据，为开发农业的多种功能，向农业的广度和深度进军，促进农业结构不断优化升级以及建立相应科技支撑体系和创新体系提供决策支持。同时提出具有可操作性和可行性的改革方案和政策建议，以引起学术界和社会关注，共同探讨，促进研究。

（二）研究的主要方法

本书主要采用实证研究与理论演绎相结合的研究方法，以邓小平理论、"三个代表"重要思想、科学发展观为指导，深入贯彻习近平新时代中国特色社会主义思想，应用发展经济学和现代农业理论，综合运用统计分析、比较分析、案例分析、理论分析等分析方法，对我国现代农业多功能发展现状、多功能新型业态及多功能农业区划等问题进行理论分析和实证界定。

1. 理论分析与实际分析相结合的方法

马克思主义的经济学理论、发展经济学理论和农业区域布局理论是本书研究的理论基础，同时也适当吸收一些西方农业可持续发展理论中的科学成分，特别是农业区域分工理论、区域比较优势理论、区域非均衡增长理论，以及最近发展起来的"生态—经济—社会"耦合理论等的相关理论。但本书不只限于运用上述有关农业区域发展理论对间接材料进行分析和总结，还注重深入实际进行调查研究，掌握大量第一手资料。为此，在研究中，笔者基于农业多功能分区的实证研究，对浙江全省11个市、90个县（市、区）、1 000多个乡镇进行了大量调查和资料收集。此项调查涉及面广、工作量大，调查研究中采用现有文档调查、重点调查和面上调查相结合；座谈访问与典型验证相结合的方法进行。通过调查，丰富了对浙江农业区域布局及浙江农业多功能发展的感性认识，从而对浙江省农业的现代化进程有了更直观的了解。

2. 规范分析与实证分析相结合，以实证分析为主的方法

在本书研究与写作中，笔者十分重视运用实证分析方法对我国现代农业的主要功能及其拓展方向和途径，现代多功能农业发展的新型业态的研究，特别是对浙江农业区域布局及浙江农业多功能发展进行研究，且在研究浙江农业与资源环境的协调发展、浙江现代农业多功能区域规划与分区等方面运用得较多，但也没有忽视规范分析方法。本书也根据需要进行了选择，有时还将二者有机结合，从实证和规范两方面来考虑现代农业多功能发展，划分农业不同区域的功能，谋划区域农业功能拓展与现代农业发展战略问题，从而更能说明问题。

3. 定性分析与定量分析相结合的方法

经济现象是质和量的统一，本书在分析浙江农业区域布局及浙江农业与资源环境的协调发展时，一方面是以马克思主义和邓小平理论关于农业、农村发展的相关理论和当代西方可持续发展理论为基础，采用宏观与微观相结合、专项与综合相结合、调查与研究相结合的方法，对现代农业的主要功能及其拓展，现代多功能农业发展的新型业态，浙江省农业分区与农业发展等进行定性分析，与此同时，大量采用了统计分析方法和计量分析方法，从定量方面来分析浙江省农业多功能分区与农业发展。立足于发展农业的多功能性，综合考虑各农业功能区的农业资源禀赋、人力资本、农业技术、区域发展战略及制度安排，统筹兼顾功能分区的静态与动态要求，在利用 K 均值聚类分析法、Fisher

判别分析法、GIS 地理信息系统等多种技术手段形成分区方案的基础上，结合专家诊断系统结论，得出浙江省农业功能分区方案。文中尽量将定性与定量相结合，以求定性更深刻，定量分析更准确，从而增强本书对农业区域布局及现代农业的生产性、保障性、生活性和生态性等功能发展的解释力度。

4. 农业功能区的划分

本书的研究对象及内容决定了农业功能区的划分具有重要意义，因而在全文中占有相当篇幅。本书在全国首次系统总结了农业功能区划目标，并运用多种方法相结合解决了农业功能区划中部分复杂单元划分不明确的问题，对于农业功能区划理论研究具有重要借鉴意义。根据实证研究的需要，结合现代农业发展的实际，以及农业资源与分布特点，区位条件、农业发展方向和产业基地布局等因素；充分考虑浙江省未来城镇化、工业化发展的态势和产业布局方略，尤其是要把浙江省委、省政府提出打造三大产业带的要求有机结合起来，根据各功能区的区位条件、资源环境特征和农业产业布局现状，将全省划分为四大农业功能区。本书的功能区划研究与传统农业区划研究相比较，区划对象从单功能转向多功能；区划理论从因地制宜转到了因地制宜＋空间有序；区划状态从静态转到静态＋动态；区划目标从效率转到效率＋公平，从而使本书对现代农业功能区划的研究建立在更加科学的基础之上。调查点的选择上，考虑到了不同地域的比较，不同经济发展水平的比较，以及不同层次的省、市、县、乡等的比较，并对其社会经济情况进行了多层面、多角度的分析，以求全面地描述现代农业多功能性与农业多功能区划的真实情况。

5. 典型个案研究法

个案不仅是一种好的教育教学方法，它也是一种非常重要的实证研究方法。虽然数量经济学和计量经济学已经拥有越来越庞大而复杂的统计工具和助手，但它以基于经济理论假定和统计特征假定的"一般规定性"掩盖现实中的各种"特殊性"。对于一个处于经济转型时期的多元化社会，计量经济学的方法显然是不够的。经济转型时期的各种社会现象及一些特定问题是不可能完全以计量经济模型来检验的。而个案研究的方法恰好可以补其所短：一方面通过个案的研究，借以发现普遍的规律，再辅之以统计的检验。而更重要的是，通过典型的个案研究，从而可以创建一些新的理论（数学）模型，丰富和突破经济学的已有理论。

总之，在研究方法上，虽然本书采用了上述所介绍的多种分析方法及其结合，但主要运用的是理论与实证相结合，以理论分析为基础，实证分析为重点，以农业多功能性分析为切入点，全面而系统分析和评价了我国现代农业的生产性、保障性、生活性能和生态性等功能，并开展浙江省农业功能区划研究，提出着力建设四大农业功能区块，对现代农业功能拓展的方向与途径及相关的对策建议进行了比较全面研究。

三、若干理论与概念的界定

（一）中国特色农业现代化道路

积极发展现代农业，走中国特色农业现代化道路是 2007 年和 2013 年中央1 号文件的主题。现代农业的核心是科学化，特征是商品化，方向是集约化，目标是产业化。怎样建设现代农业，可以用"六个用"来回答，即"用现代物质条件装备农业，用现代科学技术改造农业，用现代产业体系提升农业，用现代经营形式推进农业，用现代发展理念引领农业，用培养新型农民发展农业"。可见，建设现代农业是一个历史性任务，是一个长期和发展的过程。正如 2007 年中央 1 号文件所强调的，"建设现代农业的过程，就是改造传统农业、不断发展农村生产力的过程，就是转变农业增长方式、促进农业又好又快发展的过程"。在我国，建设现代农业需要做的工作很多，如加强农业设施和装备、促进农业科技进步、发挥农业多种功能、健全现代农业产业体系、完善农业市场体系、加强对现代农民培养等。积极发展现代农业是社会主义新农村建设和我国现代化建设的一项重大任务。按照 2007 年中央 1 号文件的要求，努力推进现代农业建设，需要澄清一些有关现代农业的认识，正确处理好一系列相关问题（柯炳生，2007）。

2008 年 9 月 28 日，中共中央政治局召开会议，讨论党的十七大以来中央政治局的工作，研究推进农村改革发展等问题。中央政治局提出了"五个必须"，这就是必须巩固和加强农业基础地位，始终把解决好十几亿人口吃饭问题作为治国安邦的头等大事，坚持立足国内实现粮食基本自给方针，加大国家对农业支持保护力度，加快现代农业建设，实现农业全面稳定发展。必须切实保障农民权益，始终把实现好、维护好、发展好广大农民根本利益作为农村一切工作的出发点和落脚点，坚持以人为本，尊重农民意愿，着力解决农民最关心最直接最现实的利益问题，充分发挥农民主体作用和首创精神，紧紧依靠亿万农民建设社会主义新农村。必须不断解放和发展农村社会生产力，始终把改革创新作为农村发展的根本动力，加强和改善国家对农业农村发展的调控和引导，健全符合社会主义市场经济要求的农村经济体制，使农村经济社会发展充满活力。

　　党的十七届三中全会做出了"关于推进农村改革发展若干重大问题的决定"，对于解决农业、农村和农民问题，加快农业现代化和新农村建设，具有重大的现实意义和长远的指导意义。全会指出，"农业基础仍然薄弱，最需要加强；农村发展仍然滞后，最需要扶持；农民增收仍然困难，最需要加快。"这"三个最需要"是对我国农村改革现状进行了准确定位，是推进新一轮改革发展的重要基础。全会指出农业、农村、农民问题关系党和国家事业发展全局，只有坚持把解决好农业、农村、农民问题作为全党工作重中之重，坚持农业基础地位，坚持走中国特色农业现代化道路，坚持保障农民物质利益和民主权利，才能不断解放和发展农村社会生产力，推动农村经济社会全面发展。这是中央对农村改革发展的战略规划，是今后一个时期解决农业、农村和农民问题必须坚持的基本方向。全会提出了推进我国农村改革发展、推进新农村建设必须巩固和加强农业基础地位，始终把解决好十几亿人口吃饭问题作为治国安邦的头等大事。全会提出实现农村发展战略目标，推进中国特色农业现代化，必须按照统筹城乡发展要求，稳定和完善农村基本经营制度、健全严格规范的农村土地管理制度、完善农业支持保护制度、建立现代农村金融制度、建立促进城乡经济社会发展一体化制度、健全农村民主管理制度。可以说，党的十七届三中全会《决定》为发展现代农业，推进中国特色农业现代化道路发展指明了方向。

（二）农业可持续发展理论

　　"可持续发展"作为一种全新的发展理论被世界各国广泛接受，其传播速度之快、影响范围之广超出人们的意料。现在，它与生物多样性、全球变化问题一起成为当代生态环境科学的三大前沿领域。自 1962 年美国海洋生物学家 R. 卡尔森发表划时代的著作《寂静的春天》（Silent Spring）到 1992 年联合国环境与发展大会，"可持续发展"理论经历了漫长的发展过程，并逐渐走向成熟。1991 年 4 月联合国粮食农业组织在荷兰召开"农业与环境国际会议"对农业的持续发展作了这样的定义：农业的可持续发展是"采取某种使用和维护自然资源的基础的方式，以及实行技术变革和机制性改革，以确保当代人类及其后代对农产品需求得到满足，这种可持久的发展（包括农业、林业和渔业）维护土地、水、动植物遗传资源，是一种环境不退化、技术上应用适当、经济上能生存下去以及社会能够接受的。"农业可持续发展的最基本要求是保护资源和环境。可持续农业生态系统的实现包括三个方面：生物主体持续性要求保护基因资源和生物多样性，以及其对环境的持续适宜性；环境的持续性主要包含资源的永续利用和生态环境的保护；关联持续性要求维持或建立有益于人类的物质循环和能量流动的机制，抑制和消除系统内不利关联（万劲波，2000）。区域持续农业生态系统的建立将有助于改善农业生态环境，但需要完善法制、加强管理并进行进一步的技术探索。因而可以这样认为，可持续发展是指系统发展的可持续性。可持续发展是指能动地调控"生态—社会—经济"复合系统，使人类在不超越资源与环境承载能力的条件下，促进经济发展，保护资源永续利用和提高生活质量。可持续发展应包括生态可持续、社会可持续和经济可持续，它们之间相互关联而不可分割；生态可持续是基础，经济可持续是条件，社会可持续是目的。可持续发展就是"不以破坏子孙后代资源为代价的发展"，该定义被广泛认可和引用。它是从世代伦理方面进行界定，根据此定义，它要求我们在伦理上应遵循"只有一个地球"、"善待自然"、"平等发展权利"、"共建共享"等原则，在资源利用上，强调当世与后代公平享用共有的资源，留给后代同样或更好的资源基础。由于该理论的产生和发展，逐渐导致了人类原有的认识论和价值观的转变，出现了由人类中心论向物种共同进化论转变、由现世代主义向世代伦理主义转变、由效益至上向公平和合理至上转变的趋势。可持续发展理论为自然资源的开发利用提供了新的理论框架，区域农业资源可持续利用的内涵就是在满足区域当代人需求的同时，不能损害、剥夺后代和其他区域生存发展的能力，将"资源—人口—农业—环境"复合系统引向更加和谐、有效的状态，主要特征：①时间性——指资源利用在时间维上的持续性，即无退化的农业资源利用方式，强调当代人不能剥夺后代人本应享有的同等发展和消费的机会。在农业自然资源的开发利用过程中，不仅仅考虑当代人的利益，还必须兼顾后代人的需求，这不仅仅是一个伦理问题，而且关系到人类社会是否永续发展下去的大问题。在人类社会再生产的漫长过程中，同我们相比，后代人对自然资源应该拥有同等或更美好的享用权和生存权。当代人不应该牺牲后代人的利益换取自己的舒适，应该主动采取"财富转移"的政策，为后代人留下宽松的生存空间，让他们同我们一样拥有均等的发展机会。②空间性——指资源利用在空间维上的持续性。区域的资源开发利用和区域发展不应损害其他区域满足其需求的能力，并要求区域间农业资源环境共享和共建。③效率性——指资源利用在效率上的高效性。即"低耗、高效"的农业资源利用方式，它以技术进步为支撑，优化资源配置，最大限度地降低单位产出的农业资源消耗量和环境代价，不断提高农业资源的产出效率和社会经济支撑能力，确保农业持续增长的资源基础和环境条件。

（三）农业区域分工与布局

亚当·斯密认为分工可以提高劳动生产率，增加社会财富。把这种观点由家庭引申到社会，认为从国家利益出发，"如果外国能以比我们自己制造还便宜的商品供应我们，我们最好就用我们有利的使用自己的产业生产出来的物品的一部分向他们购买。"而各个国家都从自己利益出发，开展贸易活动，则相互间都是有利的，从而在总体上节约劳动。这种分工贸易论的前提是每一国家或地区必须拥有占绝对优势的产业，用这种产业的产品同其他国家或地区进行交换，通过交换获得利益。因而在利益机制的作用下，绝对优势是区域分工的原因。大卫·李嘉图认为相对优势也可以形成区域分工。也就是说在两地区相对比中，即使在一方都处于劣势而另一方都处于优势的情况下，区际间贸易区域分工仍可发生。伯尔蒂尔·俄林，在其代表作《地区间贸易和国际贸易》中，他明确提出除了专业化的优点之外，生产要素禀赋差异是产生区域分工的原因。他认为在经济交往过程中各地区之间是相互依存的。各地区资源条件不同，生产要素丰富程度不同，其价格也不同，在生产中不同产品需要不同的生产要素搭配比例。人们在生产组织上总是尽可能地使用本地含量丰富、价格低廉的生产要素进行生产，逐渐形成具有地区优势的产品。这些产品由于要素价格低，使得生产成本低，在地区间竞争中具有优势。由于地区间的输出输入，产生了商品价格均等化趋势和要素价格均等化趋势。俄林认为"在没有贸易情况下，生产要素禀赋的巨大不平等意味着很大的损失，因为它不能由相应的需求不平等加以平衡抵消。"因此他主张发展地区间贸易。林德根据二战后国际间贸易的发展和贸易格局的特征，指出在要素禀赋比率差异不明显的情况下区域分工仍可能发生，但他没有指出区域分工的原因。日本经济学家小岛清在林德的基础上提出协议区域分工说，他认为在要素禀赋比率差异不大的情况下，区域分工的原因在于规模经济。由于这种分工不能通过市场机制实现，需要当时双方以协议形式来完成，因此称为协议分工。克拉维斯认为自然资源供给的可能性决定了初级产品的区域专业化，从而也就决定了初级产品与加工品的区域分工格局。

我国是一个地域广阔、人口众多、地区农业资源分布和生产力水平差异性极大的农业大国。实现传统农业向现代农业转变是我国现代化进程中最为艰巨的任务之一。顺应市场化、国际化的趋势，推进农业区域分工协作，优化农业区域布局，促进农业产业结构优化升级，是发展现代农业的客观要求。改革开放40年来，我国农产品供给逐步实现了由长期短缺到总量大体平衡、丰年有余的历史性突破，农业发展进入了传统农业向现代农业转型的新阶段。国家根据社会经济发展的形势，为应对加入WTO挑战和增加农民收入，着手调整农业产业结构，发挥区域比较优势，推进优势农产品产业带建设，逐步形成较为合理的区域布局与分工，促进专业化和规模化生产，引导具有区域优势特色的主导产业逐步兴起。在"以工促农、以城带乡"两个趋向重要论断和"多予少取放活"方针指导下，中央出台了一系列扶持"三农"的政策措施，我国农业和农村经济发展取得巨大成就，区域农业综合生产能力稳步提高，区域农业和农村经济结构逐步优化。然而，由于自给半自给小农经济和自求平衡的计划经济的长期影响尚未完全消除，再加上市场化、国际化、工业化、城市化进程的地区差异性进一步拉大了区域发展的差异，也对区域农业发展产生了多方面的影响，使得我国农业区域间差距仍然很大，比较优势还没有得到充分发挥，区域间农业功能的优势互补、合作互动机制尚未建立，我国农业区域结构雷同、分工协作机制薄弱、农产品买难卖难问题交替出现。当前我国又面临着国际粮食短缺、粮油、能源和化肥等价格暴涨的严峻挑战，发展我国农业的多种功能，提高我国农业综合生产能力、保障粮食和主要农产品供给安全、促进农民收入稳定提高，成为一项十分重要而紧迫的任务。进一步调整优化我国农业区域发展战略，建立符合市场经济和现代农业要求的地区农业多功能分工协作机制，显得尤为迫切。

基于实证研究的需要，本书以浙江省为典型进行了现代农业多功能及其区划研究。浙江省地域较广，区域之间农业发展的自然资源基础、生产技术水平和外部环境都有较大差异、不对称性和不平衡性。随着市场对资源配置调节作用的不断增强，农业在区域之间进行合理分工与协作是大势所趋。根据各区域的资源特点和市场条件，合理配置农业资源和生产要素，因地制宜地确定农业发展方向和重点，减少结构调整的盲目性和趋同性，逐步形成合理的农业生产力布局，是农业结构战略性调整的重要内容。充分发挥区域比较优势，形成合理的农业区域分工，从发展优势产品入手，大力培育优势产业区和产业带，提高农产品竞争力，对于全省农业长远发展和地区经济协调发展具有重要意义。

（四）农业资源与农业环境

农业资源是部分社会资源、自然资源、生物资源和环境资源的结合体，一切农产品均系由农业资源转化而成。人类社会的发展和经济增长，实质是财富的增长，其增长的源泉主要靠社会资源作用于自然资源而形成综合生产力。人类只能在资源开发利用中生存与发展，如果做不到农业资源的永续利用，人类后代就缺乏生存与发展的基础。农业环境是指影响农业生物生存和发展的各种天然的和经过人工改造的自然因素的总体，包括农业用地、水、大气和生物等。常规农业就本质而言只强调生物产品为人类基本需求，生物生产力为农业活动的单一目标，而农业化学物和沉积物对地表地下水的污染、农药化肥对人类和动物健康的危害、水土流失、相应的土地生产力的下降等弊端则较少考虑到其中。

在发达国家，有关对农业资源集约利用与农业环境的有效保护的主要做法是低投入持续农业（LISA）或综合农业（IA）或高效持续农业（HESA）。但是由于农业生产管理技术水平的制约，现代农业投入物的浪费是十分惊人的。因此发达国家十分重视农业环境保护立法。美国早在1935年通过了《土壤保持法案》、1956年农业法中的土壤银行计划、1962年耕地保护计划等。1969年通过了《国家环境政策法案》，1977年通过了《土壤和水质保护法》，1985年通过了《食物保障法》等。进入20世纪90年代后农业部又提出了一种购买性资源低投入的持续农业发展道路。1988年，法国成立了全国环保农业委员会，1991年明令禁止使用污染严重、残留多的除草剂和杀虫剂。法国还制定《自然食品法》，包括生产法规、商标法规与销售法规，以保证自然食品的可靠性和消费者的权益。发展中国家持续农业的实施战略是"持续农业与乡村发展（SARD）"，主要针对农业投入过低，致使资源过度利用与过度垦荒，土地资源全面退化这一现象而产生。由于农民负担重，农业收入过低，农业资源与农业环境问题一般不在人们的考虑范围之内。因此，实行农业集约化经营，开发并引进适宜农业生产的先进技术，提高管理水平在农业资源与农业环境协调发展中的作用对提高农民收入，维持土壤的再生产能力并将传统农业引向环境健康与安全方向显得十分必要。

农业环境问题是指由于人类活动引起的危害人类及其他生物的，不利于其生存和发展的自然环境变化，也包括环境污染和生态环境质量下降。环境污染是指出于人类活动引起的自然环境的有害物质含量增加，对生物尤其是人类造成危害的现象，包括大气污染、水污染、陆地污染等。生态环境质量下降是指由于人类活动的影响，导致环境系统本身较正常规律运动的能力（或自我平衡能力）降低，异常变化增多，整个环境系统向越来越不利于人类生产与生活的方向发展，主要包括臭氧层变化、温室气体与全球增温、森林锐减和生物物种灭绝、土壤侵蚀、淡水资源短缺、土地和草场退化等方面，可以说，这是人类对自然资源的破坏和不合理利用的结果。

农业资源问题主要是由资源的供需不平衡和人类的不合理利用造成的。资源的供需有两个不平衡。第一个是总量的不平衡，人类对资源的总需求是无限的，而地球所能提供给人类的自然资源是有限的。人口的迅速增长和人类具有不断提高、改善福利的需要决定了人类需求的无限性。第二个是自然资源的分布（或拥有）在空间上的不平衡。从耕地资源来看，总量上发展中国家略占优势（占53%），但人均耕地数量（0.2公顷）远低于发达国家（0.64公顷）；加上粮食单产低和人口增长快，发展中国家对粮食等农产品的需求远远大于资源生产能力。因而发展中国家不得不从供大于求的发达国家进口主要农产品。

对于农业资源的不合理利用问题，发展中国家与发达国家都存在。许多发展中国家为了缓和巨大的人口压力，常常通过毁林开荒、过度垦殖草场、围湖造田等方式来增加耕地数量，以期获得更大的粮食产量，结果导致土地肥力下降，丘陵地区水土流失严重，草地沙化和载畜量下降，森林资源锐减及大量物种灭绝，河湖淤塞。生态环境质量下降又反过来影响农产品的产量。修筑高坝、建设大型水电站，常常造成库区生态环境问题（危害水生生态系统，影响鱼类的产卵、回游、滋生疾病等）；过量抽取地下水造成地面沉陷、海水入侵和土地盐碱化。此外，从土地资源、水资源、生物资源方面来考察，土地资源问题主要表现在土地荒漠化、林地减少、内陆湖水面缩小、土地污染等方面，其中土地荒漠化和林地减少最为突出。根据《21世纪议程》最新定义，荒漠化即主要由于人类不合理活动和气候变化导致的土地退化，包括土地沙化、草场退化、雨养农田和灌溉农田的退化、土壤肥力的下降。近年来，联合国对荒漠化评估结果表明，全球陆地面积约1/4，36亿公顷土地，受到土地退化的影响。森林锐减和物种灭绝问题主要表现为：近30年来，世界森林特别是热带雨林消失的速度明显加快。目前全世界的森林资源正以每年2 100～2 400公顷的速度从地球上消失。世界森林的大面积减少，除了酸雨、大火等原因外，更主要的是由于发展中国家把森林变为农业用地（耕地）、刀耕火种式农业及用作薪材而较少控制森林砍伐的结果。世界森林的不断减少直接导致多种生物品种消失和物种灭绝。据估计，地球上曾有5亿个物种，目前为500万～1 000万个物种，其中大约一半分布在仅占陆地面积7%的热带雨林中。因此，热带雨林的迅速减少导致全球生物资源最大规模的毁灭。水资源问题主要表现为：目前世界上面临水资源不足的国家有80个，缺水人口占世界总人口约40%，更为严重的是缺水程度在加剧。1990年夏季，欧洲国家出现了严重的水资源危机，造成了供水限量配给、农作物减产和污染加重的严峻局面。

第二章　农业多功能问题
国内外研究综述

一、国内相关研究现状

（一）对于农业多功能的认识

农业具有多功能尽管最早是由法国和日本提出，但我国古人对此早有所感，在许多古文、古诗、古画里，都有对农业生态的描绘与歌吟。尹北直等在《中国早期园林的农业功能及其现实意义——以西汉皇家苑囿为例》（2008）一文中就介绍了西汉皇家苑囿所体现的农业多功能性问题，并提出西汉皇家苑囿具有农业的生产功能和农业的试验功能。目前，国内学者对农业功能问题的探讨不断深入，研究成果也陆续发表。但从研究角度看，目前基本上是处于"理论上学习国外，管理上自我摸索"的阶段（王亚新，2005；王威、杨丹妮、方志权，2005）。相关的研究刚起步，主要停留在强调其意义、性质和作用之上。

关于对农业多功能的界定方面。1988 年，农业多功能性（Multi-functionality of Agriculture，MFA）作为一个专业术语首次出现在欧盟公布的《乡村社会的未来》文件中。20 世纪 80 年代末到 90 年代初，日本最先在"稻米文化"中引入了多功能性（Multi-functionality）概念。1992 年召开的联合国环境与发展大会，将"农业多功能性"的概念推向全球；由此，农业多功能性的概念得到了不断地发展和深化（彭建等，2014）。

此外，我国学者对农业功能进行了定义，各派学者对农业功能的基本概念、基本特征、演变等的观点五花八门（李瑾，2002；陶陶、罗其友，2004；严火其、沈贵银，2006）。其中李瑾（2002）探讨了我国观光农业的地域模式、功能分区，其将农业功能定义为"农业产业在一个国家或地区所起的作用"；罗其友（2004）将农业功能定义为"农业部门对整个社会系统或其他社会部门产生的作用或影响"；石言波（1999）将农业功能定义为"农业产业在一个国家或地区所起的作用"。

王亚新（2005）在其博士论文《农业多功能研究——农业社会学若干问题研究》中将功能与价值作为相同范畴来使用，只是主观上将功能作为一种中性的、客观描述的概念，而将价值作为带有感情的、具有主观判断的概念，并从正功能和负功能角度出发，提出农业的正功能可以概括为以下五个方面：农业是人类的生存之本，是国民经济的基础，是就业和收入增长的工具；农业是传统文化的载体；农业是政治稳定的基础；农业具有环境生态价值；农业作为公共物品的其他功能等。而农业所具有的负功能也即是农业负的外部性，主要包括：不适当的土壤耕作方式使水土流失，化肥和农药的使用造成土壤污染，以及过度耕种造成的水资源浪费和污染等。农业除经济功能之外的许多功能都是近代以后逐渐从潜功能变成显功能的，越是随着人类社会的发展，就越是体现这些功能的价值。

姬亚岚（2007）提出，多功能农业是在"农业在现代社会中的地位与作用以及未来农业政策的彻底思考"中出现的。其基本思想是：农业不仅提供食品和纤维，还提供形形色色的非经济产品。如生物多样性、动物福利、田园风光、自然遗产的保护、历史与文化遗产的保护、文化的传承、娱乐、教育、粮食安全、食品安全、食品质量、宜人的居住环境、农民就业、农民社会保障和农村的其他经济活动等环境与社会收益。作为一种理念、一种方法或一种目标，多功能农业将政策措施由传统的生产者—产品—市场模式转向了广阔的社会目标。将农业的所有功能放在一个整体的框架内进行分析，指出：从来就没有单一功能的农业，农业是多功能的，这些功能源于它所产生的经济品与非经济品的多样性，而非经济品大多具有外部性和公共产品特性，市场无法解决它们的最佳供给问题，与社会对这些非经济品日益增加的需求产生了矛盾。由于联合生产，经济品与非经济品之间是相互关联相互影响的，同时由于非经济品的公共产品特性与唯一性，要求农业政策不仅要考虑经济品，还要考虑非经济品，不仅要考虑经济功能，还要考虑社会功能与其他功能。

毫无疑问，人类对农业功能的认识是随着实践的发展而不断深化的（表2-1）。尽管各派学者对农业功能认识的观点五花八门，但对农业功能的认识正在进一步全面、科学的进程之中。结合各派学者的观点，本书认为，农业的多功能是指农业具有经济性、生态性、环境性、社会性和文化性等多方面特性的体现，它最终来源于对水、土、气等资源环境的多效用性和多价值性开发和利用，并由各类自然资源边际效用所决定。

表 2-1 农业多功能性概念内涵对比

概念类型	提出背景	核心观点	理论基础	研究动机
荷兰定义	1996年荷兰发起的DTO项目	将农业多功能性等同于可持续发展	农业可持续发展理论	分析和强调农业对可持续发展的作用
欧盟定义	1997年欧盟"欧洲农业模式"	农业的非商品产出可以公有产权或私有产权的形式，进入到公共服务与市场流通领域	新制度经济学的产权和治理结构理论	寻找能持续促进农业多功能性的制度安排
OECD定义	1998年OECD农业部长委员会宣言	农业是存在多个商品和非商品产出的联合生产过程；一些具有外部性或公共物品特征的非商品产出，不能由市场所提供或市场功能失灵	福利经济学中的市场失灵、外部性和公共物品理论	寻找外部性内部化的解决办法

资料来源：彭建等（2014）。

（二）农业功能类型的划分

对农业功能的类型划分是农业多功能性评价的一项重要步骤。广义来讲，农业多功能的范畴涵盖农业景观、生物多样性、农村生存与就业、食品质量卫生、粮食安全保障、农业文化遗产以及动物福利等诸多方面。由于各国国情和价值取向不同，对农业多功能性具体内容的认识和表述存在差异（彭建等，2014）。现有研究对农业的多功能性趋于认同，但对农业功能类型的划分存在一定的分歧，主要有四种划分方法：①经济功能、生态功能和社会功能（祖田修，2000；罗其友等，2003）；②经济功能、食物安全功能、社会功能和生态功能（罗其友，2004）。此种分类方法将食物安全功能单独提出来作为一级功能，强调食物安全性，这在我国这样的人口大国具有重要的现实指导意义；③产品生产功能、经济功能、社会治理功能、文化功能和生态功能（严火其、沈贵银，2006）；④经济功能、文化功能、政治功能和环境生态功能（王亚新，2005）。一般而言，对农业功能类型的划分考虑了生态、环境、社会、文化等诸多方面（表2-2），农业多功能分类体系各异（表2-3）。

表 2-2 农业的经济功能和非经济功能

一级功能	二级功能	具 体 功 能
经济功能	高效生产粮食	稳定供给廉价的粮食和生活物资；
	供给优质食品	均衡供应优质多样的食品；
	生产要素贡献	提供加工原料；积累资本；危机时的减压阀；
	多样性	经济多样性与安定性
生态功能	保持水土生物	维持生态系统、涵养水资源、保护土壤、防止侵蚀；
	保护生活环境	防洪、保护动植物；
	多样性	保护和净化水和大气、防止噪音和臭气、自然景观、绿地空间、田园风景；保护生物多样性
社会功能	就业	提供广阔多样的就业空间、吸纳返乡人员；
	教育	理解自然、体验乡村生活、培养协调性、创造性；
	健康身心	观光休养、缓和紧张情绪、人性复归、治疗现代病；
	社会保障	保护社会多样性、安定性

资料来源：罗其友等（2003）和祖田修（2000）。

表 2-3 农业多功能类型划分

类型数目	代表学者	功 能 类 型
两功能	姜国忠（2004）；	物质产品功能、非物质产品功能
	朱启荣等（2003）；吕耀（2008）；梁世夫、姚惊波（2008）	商品生产功能、非商品生产功能
	张红宇（2006）；王勇和黄门福（2007）	经济生产功能、非经济生产功能
三功能	石言波（1999）；陈秋珍、John-Sumelius（2007）	经济功能、社会功能、环境功能
	赵敏（2005）	经济功能（农产品供给）、生态环境功能、文化功能
四功能	Tipraqsa P 等（2007）	食品保障功能、环境功能、经济功能、社会功能
	李铜山（2007）	保障国家粮食安全和社会稳定、为广大农村富余劳动力提供就业机会、保护水土资源和生态环境、改善农业生产条件和居住环境
	孙新章（2010）	产品生产功能、经济社会功能、生态环境功能、文化休闲功能

（续）

类型数目	代表学者	功能类型
五功能	吕耀、王兆阳（2007）；李俊岭（2009）	食品安全功能、经济功能、社会功能、文化功能、生态功能
	陶陶 & 罗其友（2004）	经济功能、政治功能、社会功能、文化功能、生态功能
	管曦（2009）	产品功能、就业增收功能、文化传承功能、观光休闲功能、生态保护功能
六功能	吕耀等（2004）	食物生产功能、食物安全保障、环境功能、社会功能、经济功能、文化功能
	李健、史俊通（2007）	生产农产品功能、社会功能、经济功能、生态功能、环境功能、社会稳定功能
	郭晓燕、胡志全（2007）	农产品供给功能、社会安全保障功能、产业奉献功能、就业保障功能、生态功能、生活休闲功能
八功能	高林英、王秀峰（2008）	提供农副产品、促进社会发展、保持政治稳定、传承历史文化、调节自然生态等

资料来源：彭建等（2014）。

可以看出，不同学者对农业功能分类的认识略有不同，他们或者侧重于社会—经济—生态框架下的某一方面，或者对某项功能采用不同的名词表述，又或者在描述功能的具体性、深入性上有所差异。与此同时，尽管国内外对农业多功能类型划分的研究成果颇丰，但是现有类别划分多是以罗列现象的方式简单描述农业具有的各种功能，功能特征不清晰，没有考虑农业多功能性的原因和影响，缺少理论分析和研究框架。

就农业功能的历史演变进程而言，已有研究认为，农业在不同历史时期面临不同具体问题和需要，其功能作用也在不断演变和增加，由单一功能逐渐向多功能演变（叶少荫，2003）。罗其友等（2003）将农业功能演变划分为四个阶段：①关注农业经济功能的阶段；②关注农业生态功能的阶段；③关注农业社会功能的阶段；④关注农业多功能融合的阶段。孙旭（2008）提出发展现代农业应重点凸显产品贡献功能、在社会就业和农民增收中的贡献功能、资源环境中的保障功能。

王亚新（2005）从农业是经济增长的重要源泉这一论点出发，通过分析农业的产品贡献、市场贡献、要素贡献、外汇贡献，以及农业与其他产业部门之间的联系，特别是农业孕育了非农产业，农业的发展滋养了其他产业的发展等方面，提出了农业的经济功能；从农业本身就是一种文化现象这一论点出发，通过分析建立在农业基础上的农业文化、中国农业文化的主要内容，以及农业文化的现代意义等方面，提出了农业的文化功能；从粮食供给和农民收入两个方面来分析农业对于社会政治稳定的贡献出发，提出了农业的政治功能；从农业在养护自然、恢复生态、保护环境中发挥重要的作用，特别是农业与生物多样性、农业与田园风光、农业与环境等方面出发，提出了农业的环境生态功能。作者提出的农业之四大功能具有一定的系统性，不过把农业的经济功能、文化功能、政治功能和环境生态功能发挥得当，此时农业功能系统结构合理，农业功能的整体效能最大的提法，对这四大功能的地位平行看待而没有分主导功能和辅助功能的观点还值得进一步推敲。

林承艺（2007）指出我国当前农业的功能特点表现为：粮食安全保障功能价值显著；农村劳动力失业保险功能作用重要；农业对经济的有效缓冲作用显著；农业在消除贫困方面作用明显；农业的继承传统文化和提供农业景观功能日趋显著；农业替代社会福利保障功能被长期低估甚至被忽略。并从省域角度出发，通过对福建省农业多功能性的考察，特别是对农产品供给、农民收入、农村劳动力就业、农业生态环境四个方面的分析，指出福建省农业多功能性有了一定的发展，但是发挥得并不十分充分，指出了今后福建省农业多功能性发展的重点在于保证食物安全，尤其是粮食的安全、提高农业就业机会、提高农业生态的环境、增加农民收入。

吕耀（2009）指出，我国传统农业一方面为统治阶级的政权稳固提供了物质基础；另一方面，它在维持社会经济、解决农民就业、保障食物安全、维护社会安定以及军事等方面发挥了重要作用；在由传统农业向现代农业过渡的阶段，我国农业在解决农民就业及提供家庭收入、社会福利替代、保障食物安全、推进工业化与城市化进程等方面的作用非常突出。

（三）农业多功能性的理论分析

目前学术界已经达成一致观点认为，由农业多功能决定的农业非商品产出具有联合生产、外部性和公共产品三大内涵特征（朱启荣等，2003；吕耀等，2004；杨楠、倪洪兴，2005；顾晓君，2007）。

1. 联合生产

几乎所有研究者都承认一个核心观点，即联合生产是理解 MFA 的关键（姬亚岚，2009）。根据 OECD（2001），联合生产是指同样的要素投入可以同时产出两种或两种以上的产品，它们在技术上相互依赖。其中心思想是经济品与非经济品之间的生产联合，但相互联合的性质和强度则取决于多种条件，产品的特征、生产的方式、产量以及环境制度等都是重要因素（赵建，2011）。

产业经济学上，联合生产被分为技术联合、物理联合和行为联合，其中技术联合包括投入的联合与产出的联合，可以是生物化学联合，可以是化学联合，也可以是物理联合；物理联合是技术联合的一种，投入和产出之间的转换关系是物理过程，投入与投入之间、产出与产出之间的关系也是物理关系；行为联合是指技术之外的联合。OECD 将联合生产分为五类：技术联合；由不可分生产要素的使用引起的联合；由数量固定的可分要素的使用引起的联合；经济联合和制度联合。在多功能农业理论中，联合生产带来的非经济品产出也属于农产品范畴，意味着这些非经济品也包括在农业产业链条当中，农业产业链的扩充发展，离不开非经济品产出在农业生产的产前、产中以及产后各个环节中的作用（杨君莹，2011）。

农业联合生产主要特性源于六个方面：农业生产要素的自然特性；农业生产过程的生物化学特性；农产品本身的生命物质特性；联合产品的多样性；多数联合产品的外部性与公共产品特性；农业生产的唯一性或独特性（姬亚岚，2007）。按照热力学定理，所有的生产都是联合生产，农业联合生产的独有特点表现为：①农业的本质特性是自然再生产和社会再生产的交织。这决定了农业是一个对自然资源和环境依赖性很强的产业。②农业联合生产是以生物化学联合为基本单元的物理联合与行为联合。③农业的联合生产的主要特征还在于其基本单元的技术刚性，这刚性源于农产品生产过程中的生物化学特性和产品本身的特性，以及农业对自然资源的强烈依赖（匡远配，2010）。

2. 外部性与市场失灵

关于外部性，研究大多从福利经济学理论入手，进行内部化处理。一般认为，对于正的外部性，按谁提供谁受益的原则，对生产者予以补偿，对负的外部性，按谁生产谁受罚的原则，予以征税，但主流经济学倾向于尽量寻找市场或准市场解决方案。由于外部性的存在与其公共产品性质，市场在农业资源配置方面经常是失灵的，这成了干预农产品市场的一个主要依据。

农业外部经济特征指的是，农业的非商品产出使得农业生产经营活动对资源、生态、环境以及农村社会经济文化发展产生的影响大大超出了生产者自身的范围，对区域甚至整个农村社区、国家乃至世界发生作用（顾晓君，2007）。农业外部性的实现取决于多样因素，特别是农业环境和生态外部性取决于农业生产活动类型、经营模式、资源品种和资源利用方式等。农业对缓解贫困、解决劳动力就业、增加农民收入以及增加农村社会福利所具有的外部性，在很大程度上取决于国家经济社会发展水平。关注农业外部性的意义在于农业外部性的存在使农业经济生产的私人成本和社会成本发生偏离，由此，决定了对农业进行政策干预的必要性（李俊岭，2009）。多功能农业的特点就在于它能给外部带来有利的影响。对于现代农业产业来说，农业的多功能性对其本身发展具有巨大潜在价值，但更主要的是发挥在农业外部。多功能农业对整个社会、经济、文化和生态具有基础支撑作用（张世兵，2009）。农业的外部性主要有：环境收益、乡村的宜人性、粮食安全、农村活力以及动物福利等。

3. 公共产品

非竞争性和非排他性是公共产品的典型特性。竞争性是指，一个人对某一商品的消费使得其他人不可能消费该商品。相应地，非竞争性是指，一个人对一单位某商品的消费不会影响其他人消费同样单位该商品的机会，即随着消费的增加，边际成本并不增加，它的所有形态都没有变化。

农业非商品产出的公共产品特性指的是，由于农业的非商品外部性的特性，决定了农业的非商品特性很难进行产权界定和价值量化，并在其作用范围内难以排除他人的享用，产出效果具有显著非排他性，不同程度的非竞争性（顾晓君，2007）。农业多功能的公共产品特征非常明显，许多农业多功能定位产生的溢出效应惠及特定国家和区域的全体人民。由于农业公共产品的特征，特别是类似于环境保护一类非经济产出的供给，往往存在两大问题：一是自愿供给通常导致供给不足；二是价格通常很难反映其真实的价值，使供给很难满足社会需求（李俊岭，2009）。农业提供的公共产品主要有：景观、文化遗产、生物多样性与自然栖息地、防洪、土壤保护与防止水土流失、地下水填充、粮食安全等（杨君莹，2011）。

（四）农业多功能性的计量分析与评价

农业发展的客观规律以及经济社会发展对农业的多样需求，决定了农业的作用与功能要不断拓展和创新。准确评价农业多种功能价值是科学制定多功能农业政策、充分发挥农业多种功能的前提，也是农业多功能领域的研究热点之一。目前国际上采用较多的农业多功能计量分析与评价方法主要有替代成本法、应急估价法、层次分析法（顾晓君，2007）。

替代成本法（Replacement Cost Method）是指用市场上进行贸易的商品和服务代替抽象的被评估的功能，即用可以进行价格衡量的物品替代要评估的功能。替代成本方法的主要优点是可以单独评估每种功能；这种评估使得人们能像对物品和服务一样，可以容易地对各种功能进行价格量化。替代成本法是一种间接的评估方法，选择一种有销售市场的物品，且这种物品的某些属性能代替农业的某种非食物功能，通过评估生产或维护这种物品的成本，来评估该项农业非食物功能的经济价值。例如，农业的防洪功能的经济价值，可以通过建造和维护防洪堤坝的成本来进行评测。这种方法的缺点是，一旦市场上找不到可替代物，或这种替代物的影子价格不能用货币进行计算，这种方法就不可用。尽管存在一些缺点，由于其简单、易于理解的特点，成本代替法已经被大量用于评测农业的非食物功能的价值（顾晓君，2007）。

应急估价法（Contingency Valuation Method）（顾晓君，2007）是假想市场法的一种，是在创造出一个假想的交易市场的基础上，通过对受益者进行直接调查来确定并不在市场上直接交易的财产的价值的分析方法，该方法适用于公共物品的无形效益评估。它应用模拟市场，假设某种公共物品存在并进行市场交换，通过调查、询问、问卷、投标等方式来获得消费者对该公共物品的支付意愿（WTP）或接受赔偿的意愿（WTAC），即可得到该公共物品的商品价值。例如，为了评价环境这一公共财产的价值，可以询问市民作为受益者愿意为保护环境支付多少费用，或者作为受害者，在自己周围的环境遭到破坏时，希望得到多少赔偿，来评价环境的价值（刘支胜，2005）。此方法主要用于食物安全、营造景观和农村适宜性等功能的评估。其中按直接询问支付意愿分为：投标博弈和比较博弈；按询问选择的数量可分为无费用选择法和优先评价法。CVM是假想市场法的主要代表，被广泛应用于环境评价，尽管CVM也存在一些缺点，但是在环境评价上甚至被认为是一种万能的方法。CVM的总体框架包括调查（包括采访的方式、问卷的设计、提问的方法）、数据分析、检验、偏差纠正。在数据分析方面，可以分如下层次对回收数据进行分析：列出频度分析；将WTP与调查对象的社会经济特性及其他有关因素交叉列表；采用多变量统计法将答案和调查对象的社会特性相联系。数据分析进行之后，可以通过多变量分析及对调查设计的内部检验，通过推敲不同分离样本之间的某些细节来检验是否产生了有系统的差别。而CVM常见的可能出现的偏差包括：信息偏差、工具偏差、初始点偏差、假想偏差、策略性偏差。

层次分析法（Analytical Hierarchy Process，简称AHP）在20世纪70年代中期由美国运筹学家托马斯·塞蒂（T. L. Saaty）正式提出，是一种定性和定量相结合的、系统化、层次化的分析方法。其基本思路是按问题要求建立一个描述系统功能或特征的递阶层次结构，通过两两比较评价因素的相对重要性，给出相应的比例标度，构成上层某因素对下层相关因素的判断矩阵，以给出相关因素对上层某因素的相对重要序列。因此，构建都市农业多功能的评价指标体系，力求在具体指标的选取上、各指标的权重的确定上和各评价指标的标准化处理方法上有所改进。此方法相对来说更适合多功能的综合评估（顾晓君，2007）。层次分析法的流程如图 2-1。

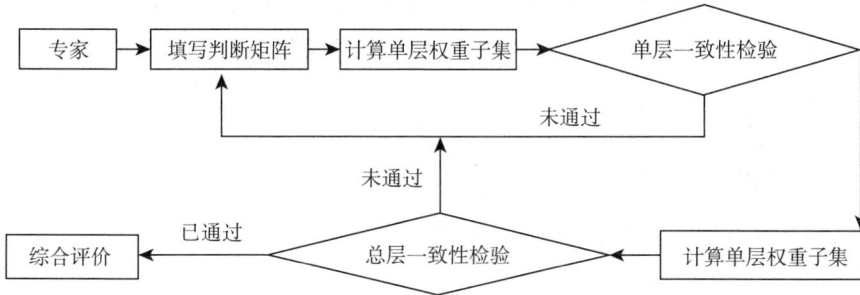

```
┌──────┐   ┌──────────┐   ┌──────────────┐        ╱─────────────╲
│ 专家 │──▶│填写判断矩阵│──▶│计算单层权重子集│─────▶│  单层一致性检验  │
└──────┘   └──────────┘   └──────────────┘        ╲─────────────╱
                  ▲                      未通过              │
                  └──────────────────────────────────────┘  │
                        ▲                                    │
                   未通过│                                    ▼
┌──────┐   ╱─────────────╲        已通过          ┌──────────────┐
│综合评价│◀─│ 总层一致性检验 │◀──────────────────────│计算单层权重子集│
└──────┘   ╲─────────────╱                        └──────────────┘
```

图 2-1 层次分析法的计算流程

资料来源：张世兵（2009）。

层次分析法因其系统体现了相关评价的综合性、整体性与层次性，以及评价过程与结果的简单明了、易于公众认知等优点，而在国内外农业多功能综合评价中得到了广泛应用。顾晓君（2007）运用层次分析法，根据都市农业的经济功能、生态功能、社会功能、文化功能等四个功能，将都市农业的多功能评价问题划分为若干有序层次并形成多层结构，逐层建立评价指标体系：目标层（A）为系统评价体系建立的总目标，对都市农业的多功能作出评价；准则层（B）将总目标划分为经济（B1）、生态（B2）、社会（B3）和文化（B4）四大功能评价，并用这几方面特性的非线性相加反映总目标的价值；指标层（C）为具体反映准则层的多项指标，从不同角度描述综合准则层的所有因素，并在更细层次上反映评价总目标。部分学者通过构建综合指标来表征农业特定功能，如邱化蛟（2005）在研究以往农业可持续性评价指标体系经验的基础上，以生态健康指标、经济活力指标和社会可接受性指标 3 个指标为一级指标，应用幂函数解决了指标权重确定中的主观性问题，构建了新形势下都市农业多功能性评价指标体系。许仪（2005）根据都市农业的特点，采用层次分析法构建了现代化指标、创新性指标、信息化指标以及生态性指标四类评价指标，共包含 20 个具体评价指标的都市农业多功能性综合评价指标体系。吕耀（2008）选用农产品的人均占有量、生产效率及各地区农产品的供应水平等指标表征农业生产功能，用农林牧渔业产值、农业支出、农产品出口额、农村居民消费、家庭经营收入、乡镇企业产值及上缴税金等作为农业经济功能主要指标，以不同土地利用类型对水、土、生物等资源的综合利用状况、单位面积内灌溉、化肥、农药、农机和农用薄膜等物质投入量等作为农业生态功能的代表性指标，构建多维模型对我国农业多功能性进行评价。

从农业功能的评价视角差异来看，高春雨等（2013）从农业产出水平、生活服务水平、生态保障水平、农业支撑水平4个方面选取了14项具体指标，综合评价郑州都市型现代农业的综合功能，进而定位都市农业发展模式。乌东峰等（2009）区分出有机农业、生态农业、能源农业、旅游农业、文化农业、都市农业六大农业功能指标集，筛选了24个单项指标构建农业多功能评价指标体系对全国各省区现代多功能农业进行测评。

（五）乡村振兴与农业多功能性

乡村产业振兴是乡村振兴的重要基础。随着乡村振兴战略成为国家重大战略部署，关于乡村产业振兴与开展利用农业多功能性的研究悄然兴起。黄祖辉（2018）提出准确把握中国乡村振兴战略，关系到乡村振兴战略实施的效率。要把握好乡村振兴战略与城市化战略的关系，要把握好"二十字"方针的科学内涵及其内在关系，要协调好乡村振兴战略的实施路径。并认为乡村振兴战略在具体的实施中，要从区域新型城镇化战略和乡村差异化发展的实际出发，"二十字"方针所体现的五大具体目标任务具有相互联系性，率先提出要站在农业多功能的角度认识乡村产业的协调推进。

张红宇（2018）在加快推动中国特色乡村产业振兴一文中提出，乡村产业振兴任务艰巨，不同产业的功能定位不尽相同，要准确把握发展目标和方向，突出四个重点任务：保障供给、生态涵养、带动农民、城乡融合。实现中国特色乡村产业振兴，要以保障农产品供给、提高农民生活水平、实现乡村振兴为目标，以全面提高乡村人口承载力、产业竞争力和可持续发展能力为方向，以现代农业产业体系、生产体系、经营体系为支撑，以农村一二三产业融合为纽带，大力发展新产业新业态，构建产业门类合理布局、资源要素有效集聚、创新能力稳步提升、内生动力充分激发、综合效益明显提高的产业体系。张建刚（2018）认为，乡村振兴是一个系统工程，涉及产业、人才、文化、生态、组织等诸多方面，没有产业振兴农业就强不起来，没有产业振兴农村就美不起来，没有产业振兴农民就富不起来，乡村振兴要围绕如何实现产业振兴来展开，其中农业的振兴离不开多功能的拓展。

胡伟艳等（2017）通过梳理国内外关于农地多功能供需错位与协同作用的研究文献，认为从单一生产功能的研究转向农地多功能研究，从间接研究农地多功能之间的关系转向直接研究农地多功能之间的关系，从研究农地多功能之间线性关系转向对多重性、非线性关系的探讨，特别强调对农地多功能供给、需求、空间格局、动态变化、形成机制以及供需失配、权衡与协同分析是重要趋势。

张灿强、沈贵银（2016）对农业文化遗产的多功能价值及其产业融合发展途径进行了探讨，提出农业文化遗产具有生产功能、生态功能、社会功能和文化功能等多功能价值。农业文化遗产的多功能价值为农村三次产业融合发展提供了良好条件。房艳刚、刘继生（2015）基于多功能理论的中国乡村发展多元化探讨，从新的视角观察思考中国乡村多元化发展的目标、路径及对策，推演探讨农业农村发展的区域差异化路径及对策。黄姣、李双成（2018）梳理了都市区农业多功能性的概念框架和评价指标，分析了中国快速城镇化背景下都市区农业多功能性和农业模式的变化，认为城镇化使都市区农业的主要功能类型和不同功能之间的关系发生变化，不同社会主体积极适应城镇化的行为形成了七种主要的农业模式，展望了都市区农业多功能发展的未来研究方向，希望深化中国农业多功能性研究，并推动都市区农业可持续发展与振兴。陈文胜（2018）提出，推进乡村产业振兴，迫切需要以市场需求为导向，准确把握市场需求结构的阶段性变化趋向和消费结构的升级趋势，从供给端发力，优化农业供给结构和资源配置，调整优化品种结构、品质结构、产业结构，创新产品供给，使供给数量、品种和质量不断满足市场多元化、个性化的消费需求，推动供给侧结构与需求侧结构相匹配。

总体来讲，对中国农业多功能分类及其研究这一领域，当前已经积累了相当数量的研究成果，并为进一步系统整体研究提供了方法论基础和问题指向。但值得注意的是，实证调查农业多功能情况，并进行定量的研究至今仍相当薄弱。大部分研究目前还局限于概念化的描述性的探讨，实证研究不多。对农业多功能分区战略及管理对策，人们重视宏观方面的对策，且尚未实证调查研究这一系列对策的有效性问题。

二、国外相关研究现状

在农业多功能性的研究方面，国外学者主要侧重对农业多功能要素的定量分析，如对经济品与非经济品的联合生产分析研究、对多功能农业政策问题研究以及公共产品与外部性的分析研究等方面。经济合作与发展组织（OECD）在农业多功能性方面的研究较为全面，支持将农业多功能性概念运用到国家的政策制定当中。2001年OECD出版《多功能农业：一个分析框架》报告，从联合生产、纯粹的公共产品、外部性与市场失灵等角度提出了一个理论分析框架。2003 年 OECD 发表的《多功能农业：政策含义》报告，分析了多功能农业对于国家政策制定方面的贡献。这两份报告为多功能农业的研究奠定了基础。之后 2005 年，OECD 发表了《农场结构与特征：非经济品与外部性之联系》，分析了农场特征、农业非经济品与负外部性之间的关系。2006 年 OECD 出版《特定公共产品供给与多功能农业政策资金筹措问题：什么层次的政府？》，分析了非经济品最合适的政府供给层次。同年还出版了《多功能农业：私人行动扮演什么角色？》，通过案例研究，探索了非政府组织在追求农业多功能方面的作用，包括减少负外部性和提供公共产品或正外部性，交易成本对最优政策设计的影响。2008 年 OECD 发表的《多功能农业：评价联合程度，政策含义》报告，从乡村发展、环境外部性和粮食安全等三个方面分析了联合生产的性质与强度（姚良火，2011）。

日本提出各种农业产业的最适合生产区域和生态区域，并视之为提高农业生产率和增加农民收入的必要条件。在日本，水稻、经济作物、果树、畜产、设施园艺等都已形成地区性专业生产布局。

对于农业多功能的看法。一般来说，其功能主要还是满足生产。从功能演变角度来讲，为什么农业具有多种功能？第一，农业具有外部性。在生产过程中，农业可以产生出所谓对资源正外向性或者是负外向性特征。如农业生产过程中对环境的破坏即是负外向性的例子。第二，农业具有联合生产的特征。不管是直接生产还是间接生产，都表现出联合生产。第三，农业具有公共性。比如我们说农业的功能性，不能单纯地理解就是一种商品。农业在提供产品供给的同时，并不仅是满足我们消费所需，具有国家安全的功能。农业的功能，从经济学角度来讲，具有联合性、公共产品和外部性的特征。

法国于 1999 年 7 月颁布的《农业指导法》中，提出"多功能农业"，强调农业不仅是一个产业部门，而且与国土整治、动植物保护、生态优化息息相关。这一概念在 2001 年被欧盟的农业政策文件所吸纳。稍后，日本也提出"农业的多样化机能"，即农业不仅生产农产品，还有保护自然、稳定生态、人和自然和谐相处等机能。

对于农业功能类型的认识。在日本学者看来（黑河功，2001），农业除了提供食品和工业原料以外，还具有国土保护、水源涵养等多方面的功能。农业的多功能性主要有八个方面：①防止或减轻洪水灾害的功能；②水源的保护和涵养功能；③防止土壤流失的功能；④防止山体滑坡的功能；⑤处理有机垃圾的功能；⑥净化大气的功能；⑦缓和气候变化的功能；⑧保健休闲、安居乐业的功能（文化功能）。

对于大都市里的农业多功能性问题，日本东京都、大阪府以及农林水产省通过调查表明，都市农业具有明显的多功能性（王威、杨丹妮、方志权，2004）。在东京都，农业除生产功能外，还具有陶冶情操的教育功能、具有绿化城市空间的功能、具有形成城市景观的功能、具有防灾抗灾的功能，以及具有休闲娱乐的功能。在大阪府，都市农业既美化了环境，又净化了空气，为市民提供了安全、新鲜、优质的鲜活农产品。与此同时，都市农业还具有防灾抗灾（如地震等）的功能，并且都市农业，能实现人和自然和谐生存与发展。而日本农林水产省的调查表明：只有有了都市农业，才能使人们深切地感受到四季的变换。都市农业创造了绿色，农业已是城市的一个有机组成部分，它不仅为市民提供了安全、新鲜、优质的鲜活农产品，而且农业中的作物生长、食品生产对孩子有陶冶情操的教育功能。

农业非经济功能见表 2-4。

表 2-4　常见的农业非经济功能

主要功能	具体内容	主要功能	具体内容
环境正效应	开放空间 风景— 远离拥挤 水体保护 防洪，防灾 地下水补充— 生物多样性— 野生动植物栖息— 温室气体的吸收	粮食安全	消除饥饿＋ 保证食物供给＋
		食品安全	高质量的安全食品
环境负效应	灌溉用水的过量使用以及土壤盐碱化 臭味＋ 营养与杀虫剂向水中流失＋ 饮用水污染 防洪 土壤侵蚀 生物多样性损失＋ 野生动植物栖息＋ 温室气体的释放 动物福利	乡村发展	农民收入与就业— 土壤维护 有活力的农村社会—
		社会方面	传统的乡村生活— 小农场结构— 文化遗产—

注：其中"＋"和"—"代表强度。

资料来源：Modified after Bohman, et al. and Abler，转引自：姬亚岚（2007）。

在国外，围绕农业的多功能问题及分区战略而展开的研究一直是学术界的重要研究课题。其理论和研究方法发展迅速，并结合实际涌现出大量的实证研究，对健全西方农业区划制度，加强农业区域管理和政府制定农业区域发展政策提供了重要的理论支持。与国内现有研究不同，国外学者研究的思路大都从微观层次出发，吸取大量的理论经济学与计量经济学的最新思想成果，引入新的分析工具及分析范式，从而使农业多功能分区的微观基础更加充实（Brown & Jackson，1978）。

从研究方法上看，不同于我国学者的历史分析方法，西方学者在研究农业功能及分区问题时，通常在农业功能与农业资源环境的运行层面上进行分析，注重从农业功能与国家以及整个经济的相互关系进行考察。

根据环境经济学理论，直接市场评估方法（如生产率变动法、成本法），揭示偏好法（如内涵资产定价法、旅行费用法）和陈述偏好法（如条件价值评估法、陈述选择法）为三大类评估环境损害（费用）与效益价值方法。美国 Randall（2002）"评估多功能性农业的产出"一文对农业多功能性价值的估算问题进行了较为综合地概述。比利时 Isabel Vanslembrouck 等（2005）用资产内涵法（HPM）来研究农业对农村旅游的影响。丹麦研究者 Pedersen & Hasle 用资产内涵法（HPM）评估瑞典南部和丹麦东部之间厄勒海峡（Oresund）地区城市边缘地带的森林绿化价值。芬兰学者 Arovuori & Kola（2006）用陈述选择法（SCM）调查芬兰农民对农业功能性目标政策的选择，然后用多项 Logit 模型解释芬兰农民在 12 项不同措施中的首要选择，显示了他们愿意接受促进农业多功能性为目标的农业政策。1989 年苏格兰学者同时用陈述偏好法中条件价值估算方法（CVM）和揭示偏好法中旅行费用法（TC）对女王伊丽莎白森林公园的农村休闲娱乐价值进行了实证评估（陈秋珍 & Sumelius，2007）。

定量分析与定性分析相结合、实证研究与规范研究交叉运用已成为西方农业多功能及分区战略研究的一大特色。例如 Kullmer 等国际知名学者（Kullmer，1984；Gyourko 等，1991；Jeremy，2000）运用数量经济方法，采用大量计量模型对农业功能发挥的公允性、次序性和效率问题进行了较为完备的研究和阐释。日本农林水产省综合研究所用替代法对日本 1997 年农业多功能的作用进行了定量分析，并得出了农业的八个方面功能的作用达到 68 788 亿日元/年，而 1997 年日本的农业 GDP 是 99 886 亿日元，农业多功能性的价值是农业 GDP 的 69%，作用十分显著（黑河功，2001）。Joseph（2002）分析了农业主体功能区不同区域政策对农业发展的影响。

此外有许多研究模拟"实验经济学",进行"实地研究"。国外学者对农业多功能及分区的研究,基本上是在市场机制的视角下,将其纳入农业支持政策范畴,运用规范与实证、定性与定量相结合的方法而开展的。其研究视角、思路及方法是值得我们借鉴的。

三、国内外研究评述

随着经济社会的快速发展和城乡居民生活消费水平的快速提升,人们对农业的需求越来越呈现出多元化态势,农业的多功能性越来越受到重视和关注,相应的实证研究和理论探讨也明显增加。国外的这方面研究从理论基础到发展战略,从定性分析到定量分析,从思路研究到实证研究,都有相关的研究文献涉及。不得不承认,和国外研究相比较,国内的相关研究还处于起步阶段。这和现阶段我国着力建设全面小康社会,全面提升城乡居民生活品质对农业多功能拓展的强烈需求还明显不相匹配和很不适应。

尽管国内对于农业功能及其拓展与区划问题的研究还很少,但相关领域或行业的功能区划或规划研究工作已经开展。这也表明"功能"一词早已植入了全社会各个领域,如国家海洋局的《海洋功能区划》、国家环保总局的《生态功能区划》、水利部的《水功能区划》、农业部全国农业资源区划办公室《农业资源合理利用与保护区划》等。其中,全国性粮食生产功能区的规划、划定和建设,是农业部着力推进的一项重要战略部署,是全面落实国家粮食安全战略、全方位保障粮食安全的创新实践。

从省级及地方层面来看,随着国家开展主体功能区规划,相关各省份都开展了省域的主体功能区规划。不少省份把农业多功能区划和规划作用重要板块,列入主体功能区保护开发区的重点内容。从我们所掌握的情况来看,浙江省、湖北省、海南省、黑龙江省等都开展了农业多功能区划或规划,并取得了初步成效。如:浙江省已取得了《生态功能区划与主体功能区划关系研究》、《浙江省重点开发区域与禁止开发区域初步研究》、《浙江省农业多功能区划》等阶段性成果,并提出了强化农业多功能理念和深化拓展农业功能的工作思路、建设方案和路径方法等。

总体来讲,当前国内外对农业功能领域所积累的研究成果对进一步系统整体开展农业功能理论与拓展战略研究提供了方法论基础和问题指向。但值得注意的是,农业功能是一个动态的概念,也是一个系统的概念,不同空间地域、不同时间阶段、不同社会水平,农业所表露和体现的功能性是有差别的,农业的主导功能和附属功能是完全不同的，农业多类功能的重要性程度的排序也是变化的。这就要求我们在研究农业多功能及其拓展战略时，必须充分考虑时间、空间、经济、社会、生活等多种因素，必须准确把握农业多功能是农业所固有内生的特性和属性，我们的研究目标和要求是如何根据经济社会发展的形势需求，充分认识了解农业所蕴藏的各类功能，充分挖掘农业多功能的价值作用和贡献，充分彰显和拓展农业的多重功能。全面认知农业对社会的功能价值，全面重塑农业对社会的贡献，进一步营造全社会的懂农、敬农、爱农的浓厚氛围。因而可以说，开展农业多功能理念与拓展战略研究是一项非常有意义的工作，也是一项非常迫切的工作。

第三章　现代农业的主要功能

人类社会从原始农业开始，经历了传统农业、近现代农业等不同的发展阶段，正在向以可持续发展为理念的现代农业迈进。人类文明也从农业文明、工业文明向生态文明迈进。在文明发展的不同阶段，农业的功能和作用不同，表现出从单一到多元，从简单到复杂，从初级到高级的发展趋势。进入新时期，农业生产的基本格局已经发生了根本性转变，农产品由长期的供给不足转变为总量基本平衡、丰年有余，农业农村经济发展进入了新的阶段，在这种情况下，农业所具备的其他方面的功能如生态环境功能、旅游观光功能、科普教育功能和农民增收功能等就逐渐得到人们认识和重视，并且成为现代农业发展的主要方向（刘奇，2007）。2007年"中央1号文件"《关于积极发展现代农业扎实推进社会主义新农村建设的若干意见》中明确提出要"开发农业多种功能，健全发展现代农业的产业体系"，并指出，农业不仅具有食品保障功能，而且具有原料供给、就业增收、生态保护、观光休闲、文化传承等功能。建设现代农业，必须注重开发农业的多种功能，向农业的广度和深度进军。

一、重中之重的食品保障功能

（一）食品保障与农业生产的内在逻辑

1. 食品保障是农业生产与生俱来的功能

从远古开始，农业生产的目的就是食品供给保障。一直以来，在人们的心目中，农业被认为是衣食之源和生存之本的产业。早期的人类，通过采集狩猎，主要利用自然界提供的现存产品，满足基本的生存需要。随着人口增加以及人类对自然认识的提升，为了克服自然的限制，人们开始有意识地栽培作物和驯养动物，从而发展起了真正意义上的农业生产。这时生产的目的比较简单，就是生产产品，主要是食品，以满足人们基本的生存需要。直到今天，人类的食品消费依然来源于农业生产。因此，可以说农业的产生源于人们对食物需求的保障，食品保障是农业生产与生俱来的功能。

2. 食品保障是农业基础地位的核心体现

从古至今，无论是发展中国家还是发达国家，都高度重视农业发展。农业作为最古老的社会生产部门，是人类社会存在和发展的基础。一直以来，农业被誉为是母亲产业，就好像是喂养哺育人类长大的母亲。从人类起源至今，人类从农业中获取食物这个事实，从来没有改变，维持人类生理机能所必需的糖类、蛋白质、脂肪和维生素等依然是依靠农业生产。随着科技的进步，未来农业生产形态将会发生一些变化，农业的价值和功能将会大大拓展，但只有提供食品和强化食品保障才真实反映着农业的基础地位。只要人类的食品保障离不开农业，只要农业依然为人类供给食品，农业的基础地位就不会动摇。

3. 食品保障功能是农业的基础功能

尽管农业有多重功能，有多方面的社会价值和贡献，但农业最重要的社会贡献，就是提供足量的优质农产品。可以说，无论社会发展到什么阶段和形态，我们还将长期依赖农业生产以维持自身的生存和发展。食品保障功能是农业生产区别于其他行业的特殊功能，在任何时候，农业的食品保障功能都不会丧失。完全可以认为，和其他各方面不断涌现出来的新功能相比较，农业食品保障的功能在不断淡化，但它依然是农业重中之重的基础功能和首要功能，其价值和地位无可替代。

（二）强化食品保障功能的重要意义

1. 强化食品保障功能是经济社会稳定发展的重要基石

翻开中国五千年历史，从西周后期的"国人暴动"，到陈胜、吴广领导的中国历史上第一次大规模的农民起义，以及后来的黄巾起义、黄巢起义直至太平天国运动，无一不是因饥荒而起。每当灾荒纷至，食物短缺，便出现饥民造反，导致王朝的更替。"无米则乱"成为中国社会动荡的晴雨表。食物是一个国家稳定的基石。保障食物安全不仅仅是经济问题，更是关系着国家的国内政治稳定和国际政治环境，食物安全问题将是长期关系我国经济社会发展全局的重大问题（陈锡文等，2006）。新中国成立以来，我国食物生产取得了显著成就，在人口快速增长的背景下，全国人均农产品产量仍实现了快速增长，经过半个多世纪的发展，中国农产品供给实现了由过去的长期短缺到供求基本平衡、丰年有余的历史性转变，这为解决全国人民的温饱问题和促进经济社会平稳发展做出了巨大贡献。

2. 强化食品保障功能是强化粮食安全的核心路径

粮食既是重要的生活消费品，又是关系国家社会稳定和主权安全的战略物品，粮食的生产、流通、消费始终直接关系到农民、市民和国家的利益。1994年，美国学者莱斯特·布朗在《世界观察》发表《谁来养活中国?》的文章，认为随着中国人口增加、消费结构变化，以及城市化和工业化的推进，中国在2030年粮食供应将比1994年减少20％，中国将面临巨大的粮食缺口，由此向中国也向世界提出了谁来养活中国的问题。此文一经发表，引起了各国政府、学者、媒体等的广泛关注。中国政府1996年发布了《中国的粮食问题》白皮书，向世界庄重承诺："中国人民不仅能养活自己，而且还将使自己的生活质量一年比一年提高。中国不但不会对世界粮食安全构成威胁，还将为世界粮食发展做出更大的贡献"。由此，中国始终坚守"确保谷物基本自给、口粮绝对安全"的战略底线，全面实行粮食安全省长负责制，把粮食安全摆在极为重要的战略位置上，时刻强调保障粮食安全的重要性，任何时候都紧绷粮食安全这根弦，并出台大量的政策举措，确保国家在粮食问题上拥有自主权。从粮食产量来看，2015年，中国粮食总产量62 143.5万吨，比2014年增加1 440.8万吨，增长2.4％，创造了中国乃至世界粮食史上"十二连增"的奇迹。经合组织（OECD）和联合国粮农组织（FAO）联合发布的《2013—2022年农业展望》指出："在经济快速增长和资源有限的制约下，中国的粮食供应是一项艰巨的任务。"

（三）增进农业食品保障功能的路径与策略

1. 强化食品数量安全和质量安全的"双重安全"新内涵

食品是人类赖以生存的基本物质，是人们生活中最基本的必需品。食品质量与安全关系到人类健康、社会稳定和经济发展（卢良恕，2006）。近年来，我国农产品和食品产业迅猛发展，食品种类和产量日益增多，食品供给的数量安全得到了可靠的保障，为促进经济增长，提高人民生活水平发挥了重要作用。2004—2016年，中国粮食生产实现了"十二连增"，目前我国粮食储备充足，粮食安全系数达30％以上，远高于世界粮农组织确立的17％~18％的安全线。但是，在食品产业快速发展和数量安全不断强化的同时，食品质量安全问题越来越引起全社会的高度重视和密切关注。影响食品质量安全主要反映在农业种植和养殖过程中的农业投入品不合理使用，产地环境污染等所造成的"源头"污染，以及在生产加工环节和包装、储藏、运输等管理方面所造成的二次污染。强化食品数量安全和质量安全的"双重安全"新内涵，有利于进一步强化农业生产特别是绿色化生产的重要性和紧迫性的思想认识，全面保护好农业的食品保障功能。

2. 进一步健全和完善对农业的支持与保护政策

从国内外的实践来看，农业是需要政府强有力宏观政策支持和公共服务支撑的基础产业。当前，我国应从已经具备建立以工促农、以城带乡长效机制的经济条件的实际出发，进一步加大政府在建立农业政策性保险、信贷制度、粮食、良种、农机直补制度以及对农业科技、农田水利基础设施建设投入等方面加大支持力度。党的十九大报告和 2018 年中央 1 号文件提出农业农村优先发展和实施乡村振兴战略，促进农业发展由数量导向转向质量导向，加快农业发展方式转变和质量兴农。目前来看，我们迫切需要从国家、政府、社会和农民四个层面来共同关注农业、支持农业、振兴农业。从国家层面，要强调"以法护农"；从政府层面，要强调"以公扶农"；从社会层面，要强调"以禅敬农"；从农民层面，要强调"以德务农"。各级政府都要从农业食品保障功能突出，是公共性特别强的"安天下，保民生"的基础产业的认识出发，进一步强化以工促农、以城带乡的政策导向和公共财政扶农的力度。把农业多功能拓展与农业食品保障功能紧密结合起来，全面打造高效益、全产业链、高品质的现代农业产业体系。

3. 营造一个懂农、敬农、爱农、惠农的良好社会氛围

发轫于 20 世纪 70 年代末的农户土地承包经营权的改革，使农民从僵化的集体经济组织中解放出来，赋予农户独立自主的经营权，极大地调动了农民生产积极性。然而，我们在基层调研了解到，不少地方的领导对农业不够重视，讲起来重中之重，实际工作中往往无足轻重。农业经济效益低，社会效益、生态效益高的特点未能得到社会的关注和补偿，社会上还普遍存在瞧不起农民，种田致富不靠谱，搞农业低人一等，当农民没出息的观念。这就凸显了要如何进一步改善农业发展的大环境、进一步提升农业和农民的社会地位、经济地位和政治地位的问题。因此，迫切需要进一步优化农业发展社会环境，要进行善待农业和农民的重农爱农的思想教育，要宣传农业既是生物产业又是生命产业、生灵产业，要尊重自然规律、经济规律和社会规律，对天地要有敬畏之心，对农业要有固本之意，对农民要有感恩之情，支持农业、尊重农民、善待农民就是普惠民众、行善积德的大好事。营造一个懂农、敬农、爱农、惠农的良好社会氛围，把小农与现代农业发展有机对接，有利于保护和强化农业的食品保障功能。

二、前景广阔的原料供给功能

（一）原料供给与农业生产的关系表述

1. 农业原料供给是农业外在功能拓展的重要标志

农业的原料供给功能是指农业为工业、服务等其他产业或部门的发展提供原材料支持，既包括提供农、林、牧、水产品各业产品及物料，也包括提供野生动植物资源。在农业社会时期，农业的功能主要是提供衣食住行所需要的农产品，其中也包括为手工业提供原料供给。随着经济社会的发展，特别是工业化和城市化的快速推进，农业原料供给功能得到了不断地强化和拓展。从工业革命至今，农业的原料供给功能不断丰富和发展，已成为世界各国工业化的重要推动力量（张培刚，1982）。社会的发展和农业的功能拓展总是相辅相成的，当农业发展到一定阶段，其所生产的农产品除了食用，还派生出多种用途，农业成了其他部门的重要依托，可以说，农业原料供给是农业外在功能拓展的重要标志。

2. 农业原料供给功能随着经济社会的发展不断提升

新中国成立以来，尤其是改革开放以来，我国的农业原料供给功能快速发展，以农业为原料的工业取得了长足进步。目前，我国工业原料的 40%、轻工业原料的 70% 来自农业。农业提供的原料性产品支撑了国内工业的快速发展，农产品加工业更是发展迅猛。最新数据显示，2016 年，中国规模以上农产品加工企业 8.1 万家，主营业务收入达到 20 万亿元人民币，实现利润总额 1.3 万亿元（韩长赋，2017），"十二五"期间年均增长 11%。目前，农产品加工业已经成为国民经济中活力最强、发展最快、对"三农"带动最大的支柱产业之一。从发达国家来看，这种情况也是非常普遍。以美国和法国两个经济大国为例，在美国，以农业为原料的工业在国民经济占有举足轻重的地位，食品加工业也是各制造业中规模最大的行业，虽然食品加工业总产值占制造业总体水平未呈现显著增长，但其吸纳社会就业的比重则增长快速，2005—2011 年，从 10.94% 增加到 14.42%，对美国就业贡献显著。在法国，农业加工企业占全国工业的 17%，是法国工业体系中最大的行业，法国农产品产后加工能力在 70% 以上，加工食品约占饮食消费的 90%，食品加工业已经成为法国创造就业岗位最多的行业，2015 年新创造就业岗位 4 332 个，总就业人数达到 44 万多人。

3. 农业发展方式转变不断催生新型原料供给

农业发展方式的转变，催生了诸多不同类型的新型业态，其中的现代生态循环农业发展，几乎把农业的所有成分都变成了新型原料。现代生态循环农业的核心是推进废物循环利用，构建现代生态循环农业资源再生体系。重点是集成推广农作物秸秆综合利用，全面推进秸秆机械粉碎还田、秸秆生物质发电，大力推广固化成型燃料、沼气工程、饲料化利用、基料化应用等中小规模秸秆资源化、能源化利用，推进畜禽养殖排泄物资源化利用，推进食用菌种植和农产品加工废弃物的资源化利用。同时，围绕农牧结合、种养配套的种养业生态布局要求，优化调整种植业、养殖业及其内部之间的产业结构，形成产业相互融合、物质多级循环的产业循环格局。与此同时，生物质能源产业的兴起，为农业的原料供给功能开辟了新空间。以乙醇行业居世界领先地位的美国为例，美国从 20 世纪 70 年代开始大规模使用生物燃料乙醇后，在此后的 40 年里，玉米产量由 1.48 亿吨增长到 3.53 亿吨，其最大的动力是生产生物燃料乙醇，2015 年，美国燃料乙醇产量达 4 423 万吨，90％以上的区域使用乙醇汽油，并已连续 6 年成为燃料乙醇净出口国。

（二）拓展农业原料供给功能的重要意义

1. 农业原料供给为国民经济快速发展提供了强大的基础支撑

一般来说，国民经济的发展都或多或少依赖于农业这一产业的发展，不仅是因为农业为工业化和城市化提供了农产品和食品，而且轻工业所使用的原料相当大一部分来自农业。对于大多数国家来说，工业化发展速度是以农产品增长率为条件的（赵敏，2005）。我国有着丰富的农业资源，水稻、玉米、大豆、小麦等农作物产品及水产品、畜产品、果蔬类产品的产量均居世界前列。但是，人均资源则相对紧缺。巨大的粮食需求与农业的原料供给是一个长期存在的矛盾。相对于国内工业对农产品原料生产的巨大需求，我国农业的原料贡献能力明显不足，需要通过大量进口予以弥补。据海关总署统计，2014 年，中国进口谷物（即国际统计下的粮食口径）1 951 万吨，同比增长 33.8％，创历史新高。包含大豆在内的中国统计口径的粮食，进口突破 9 000 万吨，占国内粮食产量的 15％。同时，作为工业原料的动物皮、毛进口占到畜产品进口的60％。这些农产品原料进口数量大且增长迅速，根据数据统计，2014/2015 年度中国大豆产量为 1 220 万吨，进口量为 7 140 万吨，首次突破 7 000 万吨，中国大豆需求对外依存度高达 85.41％；2014 年棉花进口量相当于国内生产量的 43％。由于农产品进口增长迅速，致使我国农产品贸易由多年的净出口变为净进口，2013 年中国农产品进出口贸易总额 1 866.9 亿美元，其中出口678.3 亿美元，进口 1 188.7 亿美元，贸易逆差高达 510.4 亿美元。新时代，拓展农业原料供给功能能有效缓解经济社会发展对原料需要紧张的趋势，通过进一步强化农业原料供给功能，发挥其对国民经济快速发展的基础支撑作用显得尤其迫切而重要。

2. 拓展农业原料供给功能将有效驱动经济业态的不断升级

一方面经济业态升级驱动着农业原料供给需要的扩大，另一方面，拓展农业原料供给功能将有效驱动经济业态的不断升级。随着科技的发展，农产品的精深加工不断开发，这既强化了农业对工业的原料支撑作用，也为农业发展开辟了新的空间（张红宇，2006）。拓展农业原料供给功能，一方面可以驱动众多以农业及农产品为原料的相关产业或行业的快速发展，另一方面也必然催生众多以农业和农产品为原料进行精深加工、转化利用的新产业和新行业的不断涌现，将有效驱动经济业态的不断升级。按照世界行业分类标准，以农产品为原料的工业有农副食品加工业、食品制造业、烟草制造业、饮料制造业、纺织业、纺织服装鞋帽制造业、皮革毛皮羽毛（绒）及其制造业、木材加工及竹藤棕草制品业、家具制造业、造纸及纸制品业、生物制品业、橡胶制品业12类，加上医药制造业、文教体育用品制造业、印刷业、工艺品及其制造业等行业的部分门类，共涉及16类工业行业。随着人们生活消费水平的提升，大众消费已从物质型消费向服务型、文化型消费升级，农业从追求"吃得饱"到"吃得好"、"吃得健康"、"吃得安全"的同时，又出现了农业不仅要"好吃"，还要"好看"、"好玩"的新时尚。消费者越来越追求高质量、高层次的商品，消费观念从模仿型、从众型消费向个性化、多样化、特色化消费升级。以农业和农产品为原料的新型行业在这个背景下将不断涌现和创新。

3. 拓展农业原料供给功能有利于促进农业一二三产业融合发展

推进农村一二三产业融合发展，是拓宽农民增收渠道、构建现代农业产业体系的重要举措，是加快转变农业发展方式、探索中国特色农业现代化道路的必然要求。促进农旅结合和一二三产业融合发展也是农业发展方式转变的重要途径和核心目标。拓展农业原料供给功能，把农业全面融入、嵌入、植入其他相关产业，按照美丽乡村建设和农业功能拓展要求和以农兴旅、以旅促农、农旅结合的思路，依托优势农产品、农耕文化、田园景观、农业设施等，发展农产品精深加工、休闲观光农业、体验农业和创意农业，构建现代农业的多重功能融合的绿色产业，实现农业产业功能多元发展和农业一二三产业的深度融合发展。通过大力拓展农业原料供给功能，发展农业服务业，促进农产品深加工发展和农村特色加工业发展，也可以进一步延伸农业产业链，从而提升农业的价值链，实现农业农村一二三产的良性互动和协调发展。

（三）提升农业原料供给功能的路径与对策

1. 大力发展农产品精深加工业

当前，农业原料供给功能已成为农业发展的至为重要的经济功能，可以预见，在未来相当长一个时期，这一功能必将在国民经济中发挥更为重要的作用，因此，必须抓紧提升农业原料供给功能。农产品加工业是农业原料供给功能在经济形态上的主要表现。从目前的实际情况来看，这一功能的拓展急需推进农产品的精深加工业的发展。农产品精深加工业不仅为农业作为重要的原料供给功能的特质开辟了广阔的前景，也是提升农业附加值，增加农民收入的重要方式。与发达国家相比较，我国农产品精深加工技术水平低，加工机械落后，加工能力不强，比重不高，发展不平衡等问题十分突出，因而进一步增加对农产品加工的资本、科技、人才、设备的投入，构建起跨地区、跨行业、跨部门的科学化、精深化的农产品加工产业化体系，全面拓展农产品的开发利用途径，显得极为紧迫。

2. 着力提高农业原料加工转化利用能力

不得不承认，由于我国农产品原料的低价便宜，在农业原料加工转化利用中还不同程度地存在着工艺粗糙，能力落后，水平低下的问题。初步调查统计表明，我国农产品加工率仅为55%，低于发达国家的80%，发达国家农产品深加工（二次以上加工）占80%，我国只有30%左右；我国农产品加工产值与农业产值的比重为2.1:1，与发达国家3~4:1和8~9:1的理论值差距很大。此外，我国每年产生7亿多吨秸秆和5.8亿多吨加工副产物，其60%没有得到高值化利用，资源浪费严重，甚至成为环境污染的源头。着力提高农业原料加工转化利用能力，充分发挥农业原料的应有价值，为农业原料创造更多的增值效益显得非常关键。要提高农业原料加工转化利用水平，实现农产品多层次的转化升值，需要在科技进步和技术研发创新、组织体系与管理体系建设、生产方式和发展理念提升等方面下工夫。

3. 把生物质产业打造成为农业原料供给的新兴领域

近年来，在全球能源危机和环境危机的背景下，生物质产业作为一种古老而又崭新的产业，逐渐露出巨大冰山之一角。生物质产业被纳入世界各国的发展战略，出现了开发热潮，并形成了全球抢占生物质产业制高点的新一轮世界竞赛。我国对生物质产业的发展非常重视，从2003年开始，已将生物质能源、生物质材料的研究与开发纳入国家中长期发展规划。预计到2020年，我国生物燃料消费量将占到全部效能燃料的15%左右，建立起具有国际竞争力的生物燃料产业（李荣刚等，2006）。生物质产业的开发和做大，为农业原料供给功能的拓展提供了有力的市场支撑和目标指向。农业原料供给功能的发挥和拓展，也为生物质产业这一新型朝阳产业创造了重要的发展基础和根基。生物质产业的发展，对解决当代人类面临的能源、生态、环境等问题，构筑新的国际分工格局，形成新的国际力量对比，将产生巨大的驱动力量。推进生物质产业的发展，首先要确定其为农业能源领域里的战略性新兴产业的定位，其次要在生物柴油、能源植物、生物酒精、生物质发电、生物质材料等重点领域和关键环节与核心技术等方面进行攻关突破。

三、保护发展的就业增收功能

(一) 就业增收与农业生产的关系演进

1. 地位凸显的农业就业增收功能

促进农民充分就业和持续增收是新农村建设的中心任务。长期以来，农业是农民就业的核心领域，农业是农户家庭收入的主要来源，农业的这种就业增收功能地位极为突出。一直以来，我国农业从业人员占据主导地位，农村居民家庭收入来源中农业从业收入占据主体地位。虽然农民收入的来源有多种渠道，但对于绝大多数农民而言，农民农业就业获得的劳动收入无疑是农民收入构成中最主要的部分。一般而言，农民收入的高低与农民就业水平有高度的正相关关系，即农民就业水平越高，农民收入也越高；反之则反是。目前，农民收入水平总体不高，与城市居民收入的差距仍然巨大，一是因为农业领域的就业时间不充分，相当一部分时间处于失业或半失业状态；二是农业劳动生产效率低，单位就业时间所获得的报酬偏低。不仅如此，农业还承载着农民的养老保障和家庭风险抵抗等功能，这都充分反映了农业就业增收功能的地位突显。

2. 不断弱化的农业就业增收功能

我国人多地少，随着经济社会的发展，农业就业比重偏高，农业就业空间紧缩，农村劳动力总量过剩，远超出农村土地的承载能力，人地关系紧张的局面开始呈现。随着工业化、城市化、城乡一体化发展和农民的分工分业分化，从事第一产业人员比重正在不断下降，农民就业门路越来越广，不少农民已纷纷走上离土离乡离农之路，农民就业形式在不断地发生转移，农民家庭收入来源呈现多元化趋势，打工、经营二三产业在家庭收入所占的比重在不断上升。可以说，农业就业增收功能在不断弱化。以浙江省为例，相关数据显示，已经近一半的浙江农民在非农产业中就业，在农业中，又有近一半的土地是经济作物。经济作物投入的劳动力一般是粮食生产的一倍。也就是说，浙江已经有约80％的农民不"种田"了。加上农业机械化程度的逐年提高，农民正在从土地上释放出来，而土地又在从单纯粮食生产上释放出来。这种农村产业结构与农民就业结构的变化，表明了浙江的农业发展已经走出了传统农业的单纯粮食种植模式，走上了与市场经济紧密结合的农业产业化发展道路。

3. 保护发展的农业就业增收功能

尽管农业就业增收功能在不断弱化，但农业仍然是实现农村劳动力就业的最主要渠道。2013年我国农村居民人均纯收入8 896元，扣除价格因素影响，比上年实际增长9.3%，并且中国农民的工资性收入首超家庭经营纯收入，收入结构发生很大变化（杜志雄，2014）。其中，工资性和家庭经营第一产业收入分别为4 025元、3 793元，工资收入仍然是农民收入增长的最大贡献因素，达到59%。由此可见，在农业全产业链中开辟就业增收渠道是非常重要的，在现有国情农情下，农村种植业、养殖业特别是农产品加工业内部的就业增收潜力还远没有发挥出来。按照农业功能多样化的发展趋势，拓展农业发展领域，开发农业多种功能，拉长农业产业链，这对农民就业增收具有十分重要意义。一方面，我们要继续推进新型工业化、新型城市化，让更多的农民到城镇安居乐业，继续转移农村劳动力，并与农民市民化结合。另一方面，还要保护发展农业的就业增收功能，提高农业生产率，进一步加大农村普通教育、职业技能教育投资，建立强有力的农民技术培训机制，让新型农民在农业中获得更多的就业和增收机会。

（二）彰显农业就业增收功能的重要意义

1. 发挥农业就业增收功能有利于稳定农民就业和促进社会稳定

农村劳动力就业是一个重大的社会问题，对社会的稳定与发展有着直接的影响。改革开放初期，我国农业在整个国内生产总值（GDP）三次产业中的比重大体为1/3，而农业劳动力在全社会劳动力中的比重大体占2/3，也就是说，是2/3的农业劳动者贡献了1/3的国内生产总值，农业劳动力对国内生产总值的人均贡献率是0.5左右。目前，全国农业占国内生产总值的比重已由原来的1/3变成1/10。从劳动力的比例关系来看，农业劳动力比重从改革开放初期的2/3变成了现在的1/3，而产出比重从1/3下降到1/10，农业在国内生产总值中的比重的下降速度大大快于农业劳动力比重的下降速度，即1/3的农业劳动力贡献了1/10的国内生产总值，农业劳动力对国内生产总值的人均贡献系数仅0.27（黄祖辉，2014）。可以说农业是国民就业的调节器，农业就业可以缓解社会就业压力，促进社会稳定，维系农村社区向前发展，对整个国民经济的发展和社会稳定具有十分重要的作用（蔡昉等，2006）。

2. 发挥农业就业增收功能有利于促进城乡协调和打造和谐社会

改革开放以来，我国农民收入有了很大提高，但城市居民可支配收入与农村居民人均纯收入差距仍呈扩大之势，由1978年的2.57∶1扩大到2016年的

2.72∶1，其主要原因在于农业与非农产业的劳动生产率的差距拉大。根据中国科学院中国现代化研究中心发布的《中国现代化报告 2012：农业现代化研究》，以农业增加值比例、农业劳动力比例和农业劳动生产率三项指标进行计算，截至 2008 年，中国农业劳动生产率比中国工业劳动生产率低约 10 倍，中国农业经济水平与英国相差约 150 年，与美国相差 108 年，与韩国差 36 年。随着农村劳动力外出务工人数的增加和工资水平的提高，非农业收入在农民总收入中所占的比例会不断提高，农业对农民收入的贡献份额不断下降。在新的发展阶段，农业的就业增收功能被赋予了新的内涵和使命。随着传统农业向现代农业的全面转型，农业就业增收功能突破了传统农业稳定农民、解决温饱的历史局限性，成为促进城乡关系、工农关系协调发展的坚实基础、必要条件和重要动力，成为拉动内需增长、促进国民经济良性运行的重要方面（韩俊，2005）。

3. 发挥农业就业增收功能有利于拉长农业产业链和实现强富美的"三农梦"

当前，我国正处在加快转变农业发展方式、推进农业供给侧结构性改革和实施乡村振兴战略的重要时期。农民收入是农民生活的基础，是农民生产积极性的支撑，也是乡村振兴实现的条件。习近平总书记指出："现代高效农业是农民致富的好路子。要沿着这个路子走下去，让农业经营有效益，让农业成为有奔头的产业。"当前我国农业农村发展潜力巨大，按照让农业成为有奔头的产业、让农民成为有吸引力的职业、让农村成为安居乐业的美丽家园的乡村全面振兴的目标要求，必须积极开拓增加农民收入的有效途径，建立保障农业内部持续增收的机制，充分挖掘农业内部增收潜力，通过拉升农业产业链，提升价值链，从而达到促进农民增收和推进农业强、农民富、农村美的乡村全面振兴的重要战略目标。

（三）保护农业就业增收功能的途径与思路

1. 做减法：以政策创新推动农业人口转移

中外历史经验表明，只有调整产业、就业结构，促进农业劳动力向非农产业转移，才能相应增加农村劳动力的耕地和提高农产品商品率，农民收入最终才可能保持和国民经济的同步增长（董全瑞，2006）。从长远来看，农业剩余劳动力向非农产业转移、农民市民化是提高农民就业、增加农民收入的关键渠道。因此要打破城乡分割的二元经济结构，不断完善社会保障制度，创新政策环境，多途径促进农村劳动力向非农产业转移。首先是实施城乡联动的户籍制度改革，既要保留进城农民在农村的权益，也要在确权的基础上实现这些权益可以交易，并且保障进城农民在城镇的基本公共权益。在这些基本原则的基础上，要改革和完善农村相关制度，尤其是农村土地制度改革，农村土地征收、集体经营性建设用地入市、宅基地制度改革以及农村承包地"三权分置"改革，是当前我国农村土地制度改革的"重头戏"。新形势下推进农村土地制度改革，必须着眼农地、农民、农业的不可分割及生态环境的整体性，实施系统推进（王立彬，2017）①。

2. 做加法：创新农业增收机制，深入挖掘农业内部增收潜力

无论到了哪种阶段，无论发展到了哪种程度，农业自身的生产和经营一定会吸纳一定数量的劳动力，农业产业仍将是在未来相当长一个时期内容纳劳动力的重要部门。发达国家的经验和进程表明，农业容纳劳动力的数量呈现了一种变化，农业的全产业链将容纳相当多的农业劳动力。美国直接从事农业的劳动力仅占全部劳动力的 2％左右，但通过后联产业、前联产业吸纳的劳动力则达 15％左右（郑有贵，2006）。就我国而言，扩大农业内部就业是缓解劳动力就业压力的有效途径。通过建立保障农业内部持续增收机制，充分挖掘农业内部增收潜力是非常关键的途径和举措。从农业仍然是弱质产业的角度出发，要进一步强化惠农补贴促农的政策力度。进一步提高财政资金补贴标准，不断扩大农业补贴范围，努力稳定农产品市场价格，防范农业经营风险。通过完善农产品市场调控体系，较大幅度提高粮食最低收购价水平，开拓大宗农产品销售市场，发展专业大户、家庭农场、庭院经济、农民专业合作社等规模经营主体，切实减轻农民负担，增加农民收入，促进最终消费增长（余蔚平，2006）。进一步拉长农产品产业链，以大农业观、整产业链、多功能化为导向，推动发展农业种子种苗、农产品精深加工、农产品品牌营销、农业现代服务业等，提高农产品附加值。将社会化大生产和现代经营理念引入农业生产，推进农业规模化、产业化、集约化、标准化发展，推进和引领小农户与现代农业的有机衔接。

3. 做乘法：培育新型职业农民，提升农民现代性和创新性

谁来搞农业是面向未来对现代农业发展的天问，也是对现代农业经营主体危机的远忧和近虑。而培育新型农民是提升农业创新力、竞争力和收益力，从而增加农民收入的重要途径。新型业态、新型理念、新型成果、新型技术最终要被农民所掌握，才能转化成为现实生产力。培育和造就一大批新型农民，可以使更多农民适应农业专业化、规模化和科技化发展的要求，不断提高经营现

---

① 王立彬. 农村土地制度改革须整体推进 [J]. 农村经营管理，2017（12）.

代农业的水平，全方位拓展增收渠道。广泛开展各种形式的农业实用技术培训、职业技能培训、劳动力转移培训，是农民增加收入的重要途径。在推进乡村振兴的战略背景下，应着眼于乡村人才振兴，应不断加强和改进涉农专业大学生服务"三农"理念的教育和塑造工作，向农村和农业长期输送大批高素质的农村基层党政人才、乡镇企业经营管理人才、涉农专业技术人才。要不断加强涉农专业实用技能的培训，提高职业农民的文化科学素质，着重提高他们的科技增收能力、市场营销能力和专业生产能力，逐步成为有文化、懂技术、会经营的新型农民。鼓励部分返乡创业农民、工商企业主、大学毕业生、退伍军人、乡贤等对农业生产的投资，形成一支具有现代市场意识、善经营、懂管理的农业产业经营人才队伍。

4. 做除法：减少农民数量与提升农民素质相结合

全面小康时代的到来，农业数量型的时代过去了，农业质量型的时代到来了，当前，推动农业发展数量导向转向质量导向的趋势十分明显。以质兴农，走高质量的发展道路是农业转型升级和发展方式转变的必然。同时随着品质生活时代的到来，数量型消费开展转向品质型消费。可以说，随着农产品需求的缓慢增长以及农业劳动生产率的显著提高，农业部门所需的劳动力必将大大下降。为此，我们必须在减少农民数量的同时，把提高农民素质作为重要的补充。全面提高农业经营门槛，让"精兵强将"成为现代农业的主体力量，增加农民的人力资本积累，增强农民的组织化程度，真正让农业经营者成为有吸引力的职业。

四、高瞻远瞩的生态保护功能

（一）农业与生态环境保护的相互关系

农业原来在人们心目中是"脏、乱、差"的代名词，自从认识到农业的生态保护功能后，这一形象终于彻底改观。农业的生态保护功能是指农业具有创造优美自然生态景观、维持良好自然生态环境、保持自然生态平衡、促进农业资源永续利用等方面的价值和贡献。1999年3月，法国政府在颁布的《农业指导法》中提出"多功能农业"，强调农业不仅是一个产业，而且与国土整治、动植物保护、生态功能维护等活动息息相关。

1. 主流：科学的农业生产活动是对生态保护的促进

从古至今，人类活动离不开农业生产活动，这其中的一层意义是特指农业的生产活动为人类提供了良好的生态环境。这其中包括绿色的大自然、清新的大气候、生活的大景观、灵动的大环境。

科学的农业生产活动是一种环境友好型的农业发展模式，其本身就是一个多样化的系统工程，通过系统的内部运转，实现机体的良性互动，能够较好地实现对环境的友好。例如生态循环农业这样一种新型农业生产模式和业态，就是紧扣物质投入减量化、生产过程清洁化、废物利用资源化、产品供给优质化等重点环节，通过农牧结合、一二三产业联动发展、减少化肥农药使用、提高农业废弃物循环利用，形成产业布局生态、资源利用高效、生产清洁安全、环境持续改善的现代生态循环农业发展模式。

科学的农业生产活动是一次增进生态功能的农业发展行动。农作物天然是一个空气净化器，农作物的生长过程是一个不断固定温室效应气体和释放新鲜氧气的过程，通过吸收二氧化碳和呼出氧气，给人们生活带来更良好的生态环境。在日本，所谓的农业房产增值功能，其实就是农业生态保护功能的具体体现。世界上没有哪一个发达国家，农业和市民生活如此之近。在日本，农业功能的拓展被惊呼达到了"逆天"的程度，高档公寓旁边，因为有了一块三尺见方的稻田，公寓房价立马翻了一番，这就是日本的"农业房产增值功能"。

科学的农业生产活动是一项增绿自然环境的神奇作品。农业生产活动是基于土地上的重要活动，由此形成的水田、湿地，以及改良的土壤和给大地带来的绿色生命，无不是一道生态景观，它给人类和动植物提供了良好的生存环境和生活空间。一年四季，农业给大地带来的都是生态作品，无论是大地本身还是农作物本身，有了农业就有了生机盎然。这是农业生态保护功能的核心体现和重要标志。

2. 支流：过度的农业开发是对生态保护的侵略

与科学的农业生产活动是对生态保护的促进相反，毫无疑问，过度的和不科学的农业开发则是对生态保护的侵略。许多地方农业存在"生态不高效、高效不生态"的问题，便是农业发展路径不科学的典型表征，也是农业对生态保护功能破坏的具体写照。20世纪50—60年代，我国实行"以粮为纲"的农业发展战略，毁林开荒，围湖造田，粮食生产虽取得了一定的增长，但自然环境却遭到了严重的破坏，森林面积缩小，山坡植被消失，湖泊数量减少，水土流失日益严重，直接造成了自然环境状况恶化，自然灾害频繁（姜春云，2004）。

具体来说，过度的农业开发包括化肥农药过度使用，土地过度耕种，过度使用种类增产增收措施等。比较明显的是，现代农业发展中资源环境开发过度、保护不足的问题十分突出。特别是绝大多数经营主体的追求还是什么来钱种什么，热衷于多施化肥农药，不愿意施有机肥和培肥土壤，造成了农业资源环境状况的不断恶化，重金属超标土地面积的不断扩大，土地污染和地力呈下降态势，农业资源开发利用不科学等问题，这不仅造成农业生产成本上升、收益下降，而且还给农产品质量安全带来隐患，对农业生产的持续发展、城乡居民品质生活带来严重影响。

由此可见，不科学的农业开发是对生态保护的极大破坏，对土地、水资源、空气、生物多样性甚至人类生命健康等都是极大损害。

（二）科学发挥农业生态保护功能的重要意义

1. 发挥农业生态保护功能是应对生态环境危机的重要选项

生态环境危机是当前人类面临的最大危机，生态环境破坏是对人类社会最大的破坏。近年来，由于农药化肥大量使用以及工矿企业排污等原因，大量农业生产的土壤遭受污染，污染的加剧导致土壤中的有益菌大量减少，土壤质量下降，自净能力减弱，由此引发的诸如"镉大米"、"重金属蔬菜"等食品安全事件不断发生。

2014 年 4 月 17 日环境保护部和国土资源部发布的《全国土壤污染状况调查公报》显示，"全国土壤环境状况总体不容乐观，部分地区土壤污染较重，耕地土壤环境质量堪忧，工矿业废弃地土壤环境问题突出。全国土壤总的点位超标率为 16.1%，其中轻微、轻度、中度和重度污染点位比例分别为 11.2%、2.3%、1.5% 和 1.1%"。耕地点位超标率为 19.4%，其中轻微、轻度、中度和重度污染点位比例分别为 13.7%、2.8%、1.8% 和 1.1%，主要污染物为镉、镍、铜、砷、汞、铅、滴滴涕和多环芳烃。

在如此严峻考验下，一方面要加快转变农业发展方式，系统推进耕地、水、生物和森林等资源的保护和生态高效利用，大力推进农业生态环境的修复和农业环境污染的治理。深入实施标准农田质量提升工程，通过休养生息、农艺修复、农牧结合等措施，尽快扭转"两区"土壤污染加重趋势。另一方面，要充分认识绿色生态也是生产力，绿水青山就是金山银山，把强化农业生态环境建设作为农业可持续发展的基础保障，全面强化农业的生态保护功能。可以说，科学发挥农业生态保护功能，进一步强化农业的生态保育作用，是应对当前生态环境危机的重要抓手和重点举措。

2. 发挥农业生态保护功能是现代农业应担负起的历史使命

基于我国已进入到农业生态文明建设新时代的实际，要充分认识到，发挥农业生态保护功能是现代农业应担负起的历史使命，这也是由农业自身的自然生态特性所决定的。为了充分发挥农业的生态保护功能，使农业真正担当起这一历史使命，迫切需要解决农业生态功能、生态效益依然是短缺的问题，农业面临着"生产发展"与"生态保育"的双重挑战。

随着城乡经济社会的快速发展和城乡居民品质消费时代的到来，这对农业如何实现既高效又生态提出了更高的目标，特别是随着各级政府生态环境保护与建设的力度加大，这使得农业"生产发展"与"生态保育"的矛盾更加突出，必须突破农业保增长与保环境的"两难困境"，在加快农业发展方式转变中找到实现农业增长与生态保育双赢的农业发展新路子。

一方面全面实行标准化安全生产技术和"减量增效"、病虫害综防技术，严格控制化肥、农药等投入，优先在主导产业中全面构建全程可追溯的安全生产体系和监管体系，落实生产经营者主体责任，加快农产品安全违法犯罪行为的惩治体系建设。另一方面，要创新和推广粮经结合、种养结合、粮饲牧结合和林下经济等高效生态新型农作制度，提高"三品一标"优质农产品的比例。同时要把生态农业作为主攻方向，努力走出一条"经济高效、产品安全、资源节约、环境友好、技术密集、凸显人力资源优势"的新型农业现代化道路。

（三）发挥农业生态保护功能的路径与举措

1. 树立农业发展新理念

当前，随着改革的深化和经济社会的快速转型，我国正跨入生态文明建设的新时代，农业的发展也到了一个加速转型发展的新时期，必须加快农业发展理念和发展方式的转变，树立"创新、协调、绿色、开放、共享"的发展理念，坚持把高效生态农业作为农业发展的目标模式。在致力于提高农业综合生产能力、农业市场竞争力和农业劳动生产率的同时，政府要树立更加全面的高效生态农业的"新安全观"，要更新和转换农业发展的"底线"思维，在发展高效生态农业中，要突破温饱和短缺年代把粮食供给安全作为唯一底线的旧观念，把生态安全作为重要的战略考量和落实政策举措的出发点。

2. 坚守生态安全新底线

坚守农业生态安全底线，既是农业数量供给安全与质量供给安全的前提，又是创建"两美浙江"的基础。一是确保农业资源数量安全底线。重点是保障农地数量底线，特别是要将粮食生产功能区划为永久性农田保护区。二是确保农业资源质量安全底线。要确保农地质量不退化并做到逐年提高，关键是确保耕地占补平衡中新增补耕地的质量，必须按"先补后占、占一补一、数量不减、质量不降"的程序办理，牢牢坚守垦造耕地的质量底线。同时，要坚守农业水资源质量，确保农业灌溉用水质量至少达到生产无公害农产品的质量要求。三是确保农业生态环境安全底线。要有效遏制农村资源环境质量下降、农业生态环境恶化趋势，重点消除工业和城市对农业农村污染，加大防治水土流失、山体滑坡、泥石流等地质灾害和洪涝灾害，严禁毁林开荒、围湖造田，切实解决农地重金属超标，土壤有机质下降，化肥、农药、薄膜等过量使用，畜禽粪便不处理排放等农业面源污染问题。

五、有序拓展的观光休闲功能

（一）农业生产与观光休闲功能的相互关系

观光休闲功能是农业的一种特殊内生性功能，它是指农业生产全过程能够为人们提供观光、休闲与游憩的场景、空间与机会。2016 年，全国观光休闲农业发展势态良好，共接待游客近 21 亿人次，营业收入超过 5 700 亿元，从业人员 845 万，带动 672 万户农民受益。全国共创建休闲农业和乡村旅游示范县 328 个，推介中国美丽休闲乡村 370 个，认定中国重要农业文化遗产 62 项，在全国培育了一批生态环境优、产业优势大、发展势头好、示范带动能力强的观光休闲农业发展典范基地和园区。

1. 乡村旅游诱发了观光休闲农业的萌动

从世界经济发展的进程来说，农业旅游的兴起时间不长。世界上最早做乡村旅游的是西班牙人。20 世纪 60 年代初，西班牙人把乡村的一些城堡改造为饭店，把大农场、庄园进行规划建设，提供徒步旅游、骑马、滑翔、登山、参加农事等项目。乡村旅游的兴起与发展使全国 4% 的农业人口，创造的农业旅游产值超过了海滨旅游，成为西班牙旅游中的重要组成部分。或许是这么强大的旅游产业的强劲带动和驱动，西班牙观光休闲农业发展迅猛，3 000 多家农业企业把农业种植与旅游业紧密结合起来。为了给游客最高档的农产品品质、品位、品相、品牌享受和观赏，生态农业、有机农业、循环农业的种植模式被大规模采用，农业的多功能化、农业结构的优化调整、农业与旅游的深度融合等方面都被开发到了极致。不断地创新创意追求，还使西班牙的农业科技处于世界领先地位。红柑橘、橄榄油、葡萄酒、海鲜饭、沙丁鱼……无不彰显了西班牙观光休闲农业的科技支撑与文化创意。

2. 农业旅游进一步放大了农业观光休闲功能

农业和乡村旅游的兴起，充分彰显了农业观光休闲功能的巨大价值，观光休闲农业也成为一种农业新型业态得到快速发展。近年来，我国不少地区相继出现了大批量的集生产、游乐为一体的多功能观光农业农场，或称"大自然乐园"，其纷纷利用区域性的特色农业种植园、特色农业养殖场，着力发展采摘农业、后备厢农业、过夜农业，利用广告策划，吸引大批城市居民全家前往休假、游乐、吃放心菜、尝无污染果，并留宿农场与庄园，充分满足游客食、住、行、购、娱、游的需求。

3. 观光休闲改变了农业比较效益低下的状况

可以说，农业生产发展到一定的阶段，农业的观光休闲功能就会被深度开发利用，特别是随着城乡居民收入水平的提高和对品质生活的不断追求，农业的生产性、创意性、观赏性、娱乐性、参与性、文化性、产品性、市场性、季节性等特质都被挖掘出其内生着无限的观光休闲元素，而被人们所推崇和追随。与此同时，农业的观光休闲功能的开发利用有效拉长了产业链、提升了价值链，推动了农业向着高效生态的方向发展。

（二）开发农业观光休闲功能的重要意义

1. 满足了城乡居民消费升级需求

随着城乡经济社会的快速发展，城乡居民生活水平不断提高，对品质化、多元化的消费需求也不断攀升，城市让生活更美好的同时，农村开始让城市更向往。望得见山、看得见水、记得住乡愁的乡村吸引力是居民消费升级的重要方向。越来越多的城市居民产生走出城市高楼大厦钢筋水泥到农村大自然去观光、休闲、度假的强烈愿望，向往着乡村独具的美丽的风景、良好的生态、宁静的环境、清新的空气、淳朴的生活、人与自然和谐相处的状态。休闲观光农业的发展，将农业观光、农事体验、生态休闲、科普教育、自然景观、农耕文化、旅游养生等有机结合起来，极大地迎合和满足了居民对返璞归真、崇尚自然、享受自然、回归自然的消费心理和对生活品质的追求。

2. 提升了农业发展层级和档次

一直以来，农业呈现给人们的是脏、乱、差的外部环境形象和没有比较优势、低竞争力、低效益的内部产业形象。客观上，同时农业发展也确实面临着资源环境压力不断加大，重塑资源节约型、环境友好型、生态保育型的产业特征显得非常关键，加快转变农业发展方式，促进农业转型升级和发展层级提升就显得尤其迫切而重要。开发农业的休闲观光功能，使农业的生产、生活、生态功能有机融合，既拉长了农业的产业链、提升了价值链，也必然驱动着农业向着绿色化、美丽化、创意化的方向发展，使美丽农业、美丽田园成为现代农业的新标签和新形象。这对于培育农业新的经济增长点，增强农业发展活力，提升农业发展层级和档次，有利于满足物质富裕、精神富有的双重要求。

3. 促进了农民创业创意和创新创富

传统农业是非常单一的产业部门，"就农业抓农业"，局限于农业生产的范畴，农业的主要效益就是看其产出和最后的产品，农业的产前、前中都是为产后的农产品进行配套和服务的过程，这个过程是农业要素投入、农业生产成本的代名词，它几乎没有任何效益产生的可能。当前，随着乡村旅游和农业休闲浪潮的兴起，农业休闲观光功能所蕴藏的巨大价值正在逐步显现。开发农业的休闲观光功能，就是把农业生产的全过程都作为创造效益和利润的环节和领域，不仅大大提高了农业的经济效益，而且充分挖掘了农民的主体性和创造性，增进了农民在农业领域的就业创业和创新创富。如浙江省的千岛湖，渔民把捕鱼这样一项原来的劳动过程，发展成了"大网捕鱼"项目，通过创新变成了休闲观光项目，吸引了大量旅客来观光体验。

4. 强化了农业相关领域的科技研发创新

作为现代农业发展演变的一种新型农业业态，休闲观光农业具有高文化品位、高科技含量、高附加价值的特点，是现代农业适应现代社会经济发展到一定阶段的必然产物，是推动农业技术的创新发展，促进农业多功能拓展的重要途径。为了推进农业休闲观光功能发展，世界主要发达国家从技术支撑上做了大量的探索和创新，引领和支撑休闲观光农业发展的生物技术、工程技术、栽培技术、装备技术、信息技术、加工技术等得到了深入研究开发和推广应用。部分国家在休闲观光农业发展上形成了种植示范、生产示范、研发试验、检验检疫、物流配送、创意加工、文化展示、休闲旅游等多功能的农业新装备、新设施、新品种、新技术，形成了集引种、保种、栽种和创新技术研发、科研培训于一体的休闲观光农业技术研发与推广体系。

5. 促进了城乡融合和产业融合

休闲观光农业是一种开放型新型产业业态，也是一项沟通城市与乡村、市民与农民、一产二产三产、农业与休闲旅游业的复合型、综合型产业。国外在休闲观光农业的产业发展上，注重挖掘农业旅游资源，弘扬农业文化资源，通过建设休闲观光农业产业带和休闲观光农业示范点，从农业自然景观到农业人文景观，从历史民俗到休闲农业文化，从大饱口福到大饱眼福，从陶怡性情到猎取知识等多方面进行有机结合，独具一格的农业新天地正在形成，农业休闲观光的吸引力正在不断显现。开发和拓展农业的休闲观光功能，实现了农业的跨界、跨域发展，产城一体、产村一体、产业一体的城乡融合和产业融合的形态正在不断推进和强化。

（三）拓展农业观光休闲功能的路径与举措

我国休闲观光农业尽管起步较晚，但由于农业资源非常丰富、农耕文明源远流长，随着城乡经济社会快速发展、美丽乡村建设提速、国家乡村振兴战略的部署和农业强农村美农民富的实现，都预示着休闲观光农业将迎来巨大的发展空间。深入拓展农业观光休闲功能的路径与举措重点体现在以下几个方面。

1. 推进农业向生态化、绿色化方向迈进

牢牢把握和深入践行绿水青山就是金山银山的"两山"重要理念，把农业的生态化、绿色化作为休闲观光农业发展的最重要的底色和最亮丽的名片，深入推进和全面突显农业的"养眼、养心、养胃、养颜、养智、养生"的功效。要立足农业自然资源与环境禀赋，科学优化区域布局，构筑农业生态化和绿色化的发展空间和产业框架，围绕一二三产业融合发展生态布局，依托优势农产品、农耕文化、田园景观、农业设施等，发展农产品精深加工和休闲观光体验，要进一步体现产业统筹、农业转型、发展模式、环境要求、理念创新等绿色化的内涵，按照农业人本发展、统筹发展、转型发展、集聚发展、借力发展、和谐发展、创新发展、创意发展、美丽发展的综合性要求，推进农业向生态化、绿色化方向迈进，最终达到农业的社会、经济、生态、政策效益多元目标的统一。

2. 推进美丽农业、美丽田园发展

我国主要矛盾已经转化为人民日益增长的美好生活需要和不平衡不充分的发展之间的矛盾。这一判断赋予了农业新的内涵，即让农业成为有市场竞争力的、让城乡居民生活更加美好的高效生态的现代产业，发展美丽农业、开启美丽田园建设的新征程是应有之义。美丽田园是一个包含生态文明理念、科学发展理念、农业转型理念的科学概念，它是美丽乡村、美丽中国战略的沿袭和升华，是清洁田园、整洁田园的升级版，是农业供给侧结构性改革、生态文明体制建设、转变农业发展方式的有效抓手，推进美丽田园建设是贯彻五大发展理念、"绿水青山就是金山银山"重要理念的必然选择，田园的"美丽"不仅在客观物质方面得到充分的体现，在精神层面和社会文化层面也要全面展现，美丽田园特征应当包括生态美、形态美、业态美、神态美、势态美的"五美"要求，美丽田园是建设美丽农业、绿色农业和发展美丽经济、拓展农业休闲观光功能的强力引擎。美丽田园不仅要以促进人与自然的和谐相处、提升农民生活品质为核心，还要在基础设施、产业发展、文化培育等方面有所创新，美丽田园建设是一项系统工程，要把握好暂时美与长久美、一处美与一片美、环境美与发展美、外在美与内在美、形态美与制度美的关系，从景观、产品、产业、文化、制度、规划等方面做出战略决策。

3. 推进农业的科技化、品牌化发展

农业出路在现代化，农业现代化关键在科技进步，走中国特色现代化农业道路，就要给农业插上科技的翅膀。2013年11月28日，习总书记在山东省调研座谈时首次提出"要给农业插上科技的翅膀"。要按照增产增效并重、良种良法配套、农机农艺结合、生产生态协调的原则，促进农业技术集成化、劳动过程机械化、生产经营信息化、安全环保法治化，加快构建适应高产、优质、高效、生态、安全农业发展要求的技术体系。开发和拓展农业的休闲观光功能，要重视和依靠农业科技进步，更好地发挥科技作用，给休闲观光农业插上"翅膀"，走内涵式发展道路，把农业科技摆上更加突出的位置。同时，要全面树立品牌意识，按照把休闲观光农业打造成为大品牌农业的目标要求和战略定位，着力打造农业区域公用品牌和专项品牌，依靠农业品牌的力量，促进农业休闲观光功能的全面开发和高效利用。

4. 推进现代农业＋互联网、＋体验、＋文化、＋创意、＋用户

随着市场化、工业化、城镇化的深入推进，休闲观光农业发展进入急需转型升级的新阶段。提升农业产业的创新力和竞争力是拓展和开发农业休闲观光功能的重要任务。必须以品质型高水平全面小康需求为导向，要跳出农业就是一产的旧思维，以农业的接二连三、多功能化、品牌化、集聚化和全产业链融合的理念来推进农业结构、产品结构、品质结构和区域结构的全面优化，做大农业产业的体量，做优农业产业的质量，实现农业产业的全面转型升级。特别是要顺应农业多功能的趋势，以"现代农业＋"的新思路培育发展农业新业态。积极发展"现代农业＋互联网"的智慧电商农业、"现代农业＋体验"的休闲旅游农业、"现代农业＋文化"的文化创意农业、"现代农业＋创意"的精致景观农业、"现代农业＋健康"的绿色养生农业、"现代农业＋循环"的生态循环农业、"现代农业＋用户"的城市微农业等多种新型农业业态，来满足品质型、小康型生活多元消费升级新需求，全面强化农业的休闲观光功能。

5. 推进农业与城市联姻、与市民打交道

休闲观光农业是一种特殊的都市农业形态，要体现和转化农业休闲观光功能的经济效益，推进这一农业形态与城市联姻、与市民打交道就显得极为必要。从城市居民的角度看，可以形象地说，认识那个种菜的人比有机认证更可靠，这说明城市居民有认识农民和愿意与农民打交道的动力。从农村居民的角度来看，携手城市居民比单纯销售农业产品更有价值，这说明农民也有想和城市居民携手联姻的动力。从这两个方面来看，推进农业与城市联姻、与市民打交道是必要且可行的。而要推进这一行动的有效实施，需要在"四通"上下功夫，即园园通、游养通、耕读通、村社通。所谓园园通，即让区域内的多个休闲观光园区之间建立紧密合作共享关系，促进园区之间的信息互通；所谓游养通，即把休闲观光农业的旅游与养生功能打通，让城市中老年人在旅游中实现养生，在养生中享受旅游；所谓耕读通，即让城市中小学生和城市小孩边读书也能边了解大自然，了解农耕文化；所谓村社通，即让农村村庄与城市社区携手结对，建立更加紧密的联系，达到真正的互通有无、城乡联姻的目的。

六、与时俱进的文化传承功能

农业的文化传承功能是指农业在产业发展进程中所蕴含和积淀的理念、思想、技艺、习俗、文化等精神财富为人类所传承和继承。农业是记录农耕文明、传统文化的重要产业载体，承载着重要的历史文化信息和符号。中华民族有着灿烂辉煌的文明史，源远流长的农业文化是其重要基础和内核。研究和发掘农业的文化传承功能，对于我们了解国情、回顾历史、展望未来，更好地推进农业农村现代化建设，具有非常重大的理论和现实意义。

（一）农业文化传承功能的内涵与特质

农业文化是人类社会在长期的农业生产实践活动中所创造的各种文化现象的总和（邹德秀，1992）。中国是世界上农业发展最早的国家之一，农业起源于没有文字记载的远古时代，中华农业文化的发展不仅为历代亿万人民提供了物质生活资料，也为科学和文化的发展创造了有利条件。远古、近代和现代等不同时期从古到今的农业文化一直在不断演进着，充分展示我国历史悠久、博大精深、种类繁多的农业文化。具体来说，可总结出我国的十大农业文化：重农思想文化、农业作物文化、农业哲学文化、农作制度文化、农艺技术文化、农业遗产文化、农事节庆文化、农业饮食文化、农业民俗文化、农业品牌文化。

1. 重农思想文化

食为人天，农为正本。农，天下之大本也，民所恃以生也。"农"是安天下与稳民心的基础，是社会存在与永续发展的基础、是人类文明积淀与承载的基础。古代人早就认识到农业的基础性和重要性，农业一直被当作传统中国决定性的生产部门，历代统治者都把发展农业当作大事来抓，亲力亲为劝导耕种，努力监督和组织农业生产。重农固本一直是历代朝廷治理国家的重中之重。由于农业生产状况的好坏直接关系到广大民众生计和国家兴衰存亡，因此随着农业在社会经济中占据越来越重要的地位，我国古代的重农思想文化也日益形成并确立，这一重农思想文化延续并影响至今。

2. 农业作物文化

农业文化在很大程度上是与农作物的生产紧密联系。距今约 1 万年左右，长江下游及东南沿海地区的上山遗址出土的夹炭陶片，表面发现了较多的稻壳印痕，胎土中有大量稻壳、稻叶，在遗址中还有稻米遗存，这被认为是长江下游地区发现最早的稻作遗存，这证实 1 万年前当地人就会种水稻，会用石磨棒和石磨盘磨稻谷脱壳。正是因为我们的祖先培育出了丰富多彩的农作物品种资源，从而形成了历史悠久、独特的农业作物文化，其中最有代表性的是粟文化、茶文化、菊文化、竹文化、麦文化、稻文化、蚕桑文化、游牧文化、丝绸文化等。这其中的每一项农业作物文化都是人类历史智慧和民族精神的彰显与重现。

3. 农业哲学文化

世界上最早的哲学和哲学思想起源于农业和农耕文化。古代劳动人民一方面积累了丰富的农业生产经验，另一方面将这些经验进行归纳、概括，形成了指导农业生产的一般原则——农业哲学。道法自然、天人合一、天地人"三才"等的农耕理论充分体现中国传统农业哲学思想。其中"三才理论"把农业生产看作各种因素相互联系的、运动的整体，阐释了农业生态系统的主要运作方式，它所包含的系统整体观、普遍联系观、发展动态观，突出体现了中国传统农耕文化的"有机统一的自然观"，代表了中国古代人们对人与自然辩证关系的认识所达到的水平，这是人类生存与发展的最高境界。

4. 农作制度文化

我国最具代表性的农作制度文化是以精耕细作著称，主要包括耕作制度、经营模式、农地关系、组织关系、家族制度等，由于受时代发展的影响，其特点是创造较好的农艺水平和土地利用效率，用较少的土地养活较多的人口。在我国古代农业社会发展中所形成了轮作制度、套种制度、多熟制度等是农作制度的最有生命力的制度创新与突破。而以土地公有制度为代表的农地关系、以家庭为单位从事生产和消费的小农经济的家庭经营制度更是我国农作制度文化的核心内容。

5. 农艺技术文化

农艺技术文化是在农业发展中所形成的农业技艺、农业技术、生产方式的知识积累和文化结晶。在世界文明发展历史中，我国的传统农业农艺技术文化曾长期领先于世界其他文明古国。在漫长的农耕演化进程中，我们的祖先创造了一整套独特的农事活动方式和农耕技术体系，尤其是农业科学技术和农业园艺技术积累了丰硕的成果，以牛拉犁、水推磨、石舂米、笼脱壳、机织布等为代表的审时相物的农事历法、精耕细作的生产技术、用地养地的循环技术、择精取华的育种技术、巧夺天工的传统农具、浩瀚丰富的古代农书等设备与技术，其精华部分，至今仍是世界现代农业科技创新、装备制造方面值得借鉴和发扬的要素。

6. 农业遗产文化

农业遗产是人类促进农业生活和农业活动的标志性元素和最核心记忆等所遗存下来的一个国家的重要宝贵财富。我国祖先在历史上创造出了极为丰厚的农业文化遗产。农业遗产既包括谷物、织物、动物等农产品遗产，也包括育种、轮种、套种、灌溉、排涝、收割储藏、施用农家肥、病虫害防治等传统耕种技术遗产文化，还包括农业文化景观、农业建筑物、农业生产场所、农业生产工具、家事耕作器具等物质文化遗产。例如：传统稻鱼共生农业生产模式——浙江青田稻鱼共生系统，世界最早的栽培稻源头——江西万年稻作文化系统，大面积山区稻作农业生产体系——云南红河哈尼稻作梯田系统，世界茶树原产地和茶马古道起点——云南普洱古茶园与茶文化系统，大型地下农业水利灌溉工程——新疆吐鲁番坎儿井农业系统等重要农业文化遗产。

7. 农事节庆文化

农业生产和农事安排受季节更替变化的影响十分明显，古人在长期农作实践中探索出了其中的规律，农事节令就是这一规律性认识的文化结晶。为了合理安排和科学计划农业生产活动，我国古人创造了反映农业生产与季节关系的二十四节气。二十四节气是我国先秦时期开始订立、汉代完全确立的用来指导农事的补充历法，是认知一年中时令、气候、物候等方面变化规律所形成的知识体系。它始于立春，终于大寒，周而复始，既是历代官府颁布的时间准绳，也是指导农业生产的指南针，它也和春节、商行、清明、中秋、重阳等民俗节日一样成为了民间重要的农事节日，并作为农事节庆文化发展到今天。

8. 农业饮食文化

中国自古注重饮食，特别重视饮食文化，它是中华民族的个性与传统。农业饮食文化内涵极为丰富，"色、香、味"俱全的讲究是农业饮食文化的突出体现。农业饮食文化是在几千年的农业生产和乡村生活实践中沉淀下的精神财富。自从燧人氏钻木取火，农业饮食文化从此展开，《黄帝内经》更是农业饮食文化的集大成者的标志,满汉全席代表了我国古代农业饮食文化的最高水平。农业饮食文化包括饮食结构的变化,烹调方法的多样化,饮食工具器具的特色化等诸多内容,其影响广泛而深远。

9. 农业民俗文化

农业生产与民间的民俗习惯同样紧密联系,农业民俗文化是民间靠口头和行为广泛流传的各种风俗习尚的总称,包括生活民俗如饮食、居住、服饰、手艺等,社会民俗如岁时节日、婚丧礼仪、生育风俗等,精神民俗如民间信仰、各种禁忌、口承文学、民间艺术等(刘豪兴,2004)。中国古时候有一个揠苗助长的故事就是讥刺那些不尊重农业生产规律和约定成俗的方式。农业民俗是伴随着中国古代农业经济生活而产生的文化现象,中国农业发展历史延续数千年,世代农民在长期的农业生产和农耕生活中,创造了丰富多彩的农业民俗文化,至今仍深远地影响着国人的日常和社会生活。

10. 农业品牌文化

当人们用农产品互相交换满足不同需求时,农产品开始变成商品,农业商品化演进开启了农业品牌化的征程。在封建社会,由于等级观念强烈,最底层的农民只能享用最差的农产品,而高档的农产品是上层社会和特权阶层的独享品,"贡品"是当时各地争相上贡给朝廷皇帝食用的最为名贵农产品。现代农业发展需要通过农产品品牌化、名牌化来提升农产品市场竞争力和农产品附加值。按照品牌适用的区域范围可分为国家级农产品品牌、区域公共品牌、基层特色品牌,按照品牌的知名度和美誉度可分为国家级知名品牌、地方知名品牌、企业特色品牌,按照农产品的品质质量和消费档次可分为一般产品、大众名品、高档精品、奢侈极品、顶尖贡品。

(二)保护和传承农业文化的重要意义

1. 把文化植入农业产业,有利于增强农业的文化软实力

农业文化博大精深,是农业文化软实力和综合竞争力取之不尽、用之不竭的源泉。中华民族具有 5 000 多年连绵不断的文明历史,创造了博大精深的中华文化,在漫长的历史进程中,中国人民依靠自己的勤劳、勇敢、智慧,培育了历久弥新的优秀文化。农业作为一种生产方式、生活方式,作为工业化、城市化的重要补充的基础产业,对于正在发展着的产业文化具有重要的补充作用。在农业文明基础上发展起来的农业文化,对于建设生态文明背景下的农业产业新文化也会发挥不可替代的重要作用(李祖扬等,1999)。提升农业产业的市场竞争力是实现农业强的首要任务。把文化植入农业产业发展的全过程,利用文化元素促进农业转型升级和发展方式转变，全面提升农业的内在价值，可以有效增强农业的文化软实力、创新力和竞争力。

2. 以文化为纽带，有利于增进农业与二三产业的有机融合

发展现代农业要跳出农业就是一产的旧思维，以农业的接二连三、多功能化、品牌化、集聚化和全产业链融合的理念来推进农业结构、产品结构、品质结构和区域结构的全面优化。2015 年中央 1 号文件提出，大力发展农业产业化，把产业链、价值链等现代产业组织方式引入农业，促进一二三产业融合互动。推动一二三产业融合发展，是农业发展的一大趋势，也是当前中国农业产业创新的新方向，以文化为纽带，把文化植入农业生产、农业加工业和农事体验，对推进农村一二三产业融合发展有着极大的促进作用。在农产品的生产、加工、营销的环节，都体现着文化的作用，要致力于提高农产品的文化含量。引导发展传承农耕牧渔文化，大力挖掘农村文化资源，强化农业产品、农事景观、乡土文化的文化创意，使传统农业上升为以农业文化为纽带的一产、二产、三产、四产（创意产业）的整体提升和全面融合。

3. 以文化为桥梁，有利于强化现代农业经营主体的社会责任

不可否认，现代农业经营主体的急功近利行为在一定程度上普遍存在，现代农业发展中的问题已经逐步暴露出来，特别是在增产导向下，农药、化肥的过度施用，土壤退化、水污染、食品安全无法保障等诸多问题使农业可持续发展的前景变得暗淡不明。我们的祖先摸索出的很多很有意义的生产方法，比如桑基鱼塘、间作套种技术、农林复合技术、梯田种植技术等模式和技术，已经不再是一般的模式和技术，而是一种遗产、一种文化，一种对人类今天和未来都具有重要意义的财富，为解决现代农业发展中的环境问题、发展生态农业提供了有益的启发。强化农业文化的价值，引导现代农业经营主体重视保护、传承和创新农业文化，对于破解当前农业发展中面临的一些紧迫问题，可以起到既治标又治本的作用。这是强化现代农业经营主体的社会责任感的重要支撑。

（三）增进农业文化功能的路径与举措

1. 树立以文强农、以文兴农的农业发展新理念

党的十七届六中全会做出了《关于深化文化体制改革推动社会主义文化大发展大繁荣若干重大问题的决定》，强调了推进文化建设的重要性和紧迫性。在发展现代农业的今天，我们要更加重视文化力对农业生产力的促进作用。基于我国已进入到农业生态文明建设和提升农业文化软实力新时代的实际，要充分认识文化也是生产力，文化也是竞争力和创新力，认识到保护和传承农业文

化是社会主义文化大发展、大繁荣的主要任务，也是农村文化建设的重大战略任务。进一步树立文化自信和文化自觉的思想意识，把强化农业文化建设作为高效生态现代农业可持续发展的基础保障，全面树立以文强农、以文兴农的农业发展新理念。

2. 加强对农业传统文化的深度挖掘和有效保护

我国自古以来是一个农业大国、文明古国，蕴涵着丰富的历史人文资源和深厚的中国优秀传统文化。在推动现代农业建设的进程中，我们必须加强对农业传统文化的深度挖掘和有效保护，立足农村原本存在的、世代相传的朴实优良的传统文化，挖掘其中的优秀特质，坚持保护利用、普及弘扬并重，加强对优秀传统文化思想价值的挖掘和阐发。我们既要传承和弘扬精耕细作的农耕文化和农作农艺，也要传承和弘扬中国农民勤劳朴实、诚实守信、勤俭节约、艰苦奋斗的优秀文化品质，还要用现代产业文化、先进的科学技术、先进的生产方式来加快传统农业向现代农业的转变。同时，要传承和发展以民为大、民生为重的民本文化；以农为本、劝农兴农的重农文化，还要传承和发展茶饮文化、丝绸文化、稻作文化、农时节庆等农业产业文化。努力使这些传统文化和道德思想成为新时期推进现代农业发展和乡村产业振兴的强大文化力。

3. 建立一批"农"字号的主题文化博物馆

当前，各地都高度重视农业文化的挖掘和保护，一大批"农"字号的主题文化博物馆得以兴建。以浙江为例，桐乡中国江南蚕俗文化博物馆、黄岩中国柑橘博物馆、绍兴传统农具博物馆、遂昌中国竹炭博物馆、仙居全国首家杨梅博物馆、安吉的竹子博物馆、青田的稻田养鱼博物馆、余杭的良渚文化博物馆、杭州茶叶博物馆、杭州丝绸博物馆等"农"字号的主题文化博物馆成为农业文化挖掘保护的重要标志。目前，虽然这些综合博物馆对农业文化器具器物等有所收集和展示，但仍较为零星分散，还没有上升到一种文化遗产保护的高度。仍需建立一大批综合性的农业文化博物馆，对不同区域的农具、农器、农谚、农趣、农节等进行收集、保护和展示，把农业文化综合博物馆建成农业文化传承与发展的重要平台。

4. 着力举办一批彰显文化特质的农事节庆活动

农事节庆活动既是农业文化的重要展示形式和载体，也是推进乡村休闲旅游发展的重要活动平台和支撑。农事节庆活动是"农业搭台、文化表演、经济唱戏"的一种文化创意活动，突出经贸、旅游和文化三大元素，是体验式和消费式结合的农业文化创意产品。近年来，各地高度重视农事节庆活动的举办，"一年四季周周有节庆、一月一大庆"成了不少地方促进农业文化兴盛的重要举措。以浙江省为例，有比较大影响力的农事节庆活动多达 100 余项，如西湖龙井开茶节、云和梯田开犁节、杭州塘栖枇杷节、建德新安江草莓节、奉化水蜜桃节、嘉善杜鹃花展、桐乡菊花节、新昌大佛龙井茶文化节、金东区源东白桃节、浦江葡萄节、兰溪杨梅节、开化龙顶开茶节、庆元香菇节、松阳银猴茶叶节、仙居油菜花节等。这些彰显文化特质的农事节庆活动对促进农、文、旅的融合发展发挥了重要的促进作用。

5. 着力推进农业文化与乡村休闲观光旅游的结合

党的十九大提出：进入中国特色社会主义新时代，我国社会主要矛盾已经转化为"人民日益增长的美好生活需要和不平衡不充分的发展之间的矛盾"。随着高水平全面小康时代的到来和城乡居民品质型消费需要的增长，横跨农业与旅游的乡村旅游业，正在进入多样化、规范化、品质化、文化化发展的新阶段。推进乡村旅游业和美丽经济发展，成为有效促进乡村产业振兴快速崛起的朝阳产业。如何促进农业文化与乡村旅游业相结合，让游客吃农家饭，住农家屋，干农家活，享农家乐，欣赏农业文化成为提升乡村旅游品质档次和竞争力的关键之举。这就要求我们在进一步深入挖掘各地的地方特色文化和促进农业文化与乡村旅游的结合上再下真功夫。

6. 大力提升农业经营主体的农业文化素养和素质

农业经营主体是农业文化保护和传承的最核心主角，只有提高农业经营主体的农业文化素养和素质，才能更好地实现对农业文化的保护传承，才能促进文化与产业发展的相结合，才能最终通过文化的力量提升农业的综合竞争力。农业经营主体的农业文化素养和素质涉及诸多方面的内涵，体现多元化的内在要求，包括政治素养、科技素养、道德素养、文化素养、卫生素养、生态素养、环境素养，也包括社会公德、职业道德、家庭美德等内容。如何进一步提高农业经营主体的农业文化素养，提升农业经营主体的农业文化认知和能力就显得极为关键。新时代，只有大力提升农业经营主体的农业文化素养和素质，让有文化的农民成为农业文化保护传承和创新的生力军，才能形成凝聚人心、提振精气神的农业文化软实力。

第四章　多功能现代农业的新型业态

纵观世界农业发展历程，经历了从传统农业向石油农业、化学农业跨越的发展阶段，虽然极大地提高了农业生产力，但同时也带来严峻的挑战，化学物质的过度使用已成为环境污染、生态退化的主要助推因素之一。为此，世界农业正孕育着发展理念的重大变革。低碳农业、有机农业、休闲农业、精确农业、设施农业、白色农业（微生物产业）等多功能新兴农业业态正在全球逐步兴起，成为引领现代多功能农业发展的新趋势。2016 年中央 1 号文件指出，大力推进农民奔小康，必须充分发挥农村的独特优势，深度挖掘农业的多种功能，培育壮大农村新产业新业态，推动产业融合发展成为农民增收的重要支撑，让农村成为可以大有作为的广阔天地。

现代农业的一个重要特点是功能多元化，而作为体现出多种功能的现代农业，呈现出众多的新型业态。根据高效生态现代农业技术路线创新的要求，今后要积极推广设施农业、休闲农业、循环农业、有机农业、精确农业等高效生态的现代农业的新型业态和发展模式。

一、资金密集与技术密集的设施农业

设施农业是现代农业发展的重要标志，是推动农业科技与传统农业结合、带动农业转型升级的最直接表现形式。国家在《"十二五"规划纲要》中明确将"加快发展设施农业"作为发展现代农业的重要战略。2013 年中央 1 号文件提出，要加大发展现代农业和蔬菜标准园的建设，把设施园艺产业的发展作为重要的发展内容。我国是世界上最古老的农业国，我国设施农业发展的历史可以追溯到 2 000 多年前，2 000 多年来，劳动人民创造的覆盖垄栽培、风障畦栽培、阳畦栽培等都可以算作是简易、低级的设施农业，但这些零星分散的技术仅是一些临时性生产措施，并非现代意义上的设施农业（陈文峰，2010）。国外设施农业起源于公元前 4 世纪。设施农业作为农业生产的高级方式，已经成为农业生产的重要组成部分，广泛应用于园艺植物和重要经济作物生产。

（一）设施农业的内涵特征

设施农业是伴随着工业和农业的现代化进程以及农村种养业结构调整发展起来的新兴产业，其投入高、产出也高，是资金、技术、劳动力密集型产业，是具有朝气的当今新兴产业。设施农业是现代农业的重要标志，是按照动植物生长所要求的环境，综合运用现代装备技术、生物技术和环境技术，进行动植物生产的现代农业生产方式。设施农业是一种兼有资金密集、技术密集、劳动密集特征，着眼于提高土地产出率的现代农业生产模式，也是人多地少型发达国家比较常见的一种农业生产模式。

目前国内学者关于设施农业的概念基本一致，认为设施农业是通过利用人为建造的一定设施和工程技术手段，为种植业、养殖业、产品的贮藏保鲜等提供优良的可控环境条件，以期将农业生物的遗传潜力变为巨大的生产潜力，从而以最少的资源投入，获取速生、高产、优质、高效农产品的现代农业（王双喜、王旭，2006）。设施农业在国际的称谓上，欧洲、日本等通常使用"设施农业（Protected Agriculture）"这一概念，美国等通常使用"可控环境农业（Controlled Environmental Agriculture）"。根据其含义，设施农业的特征表现在以下几方面：

1. 知识与技术高度密集

这是设施农业最突出的特点，这为农业高新科技的应用提供了条件。设施农业是先进的生物技术、信息技术、通信技术和管理技术的高度集成，涵盖了建筑、材料、机械、通信、自动控制、环境、栽培、管理与经营等学科领域的系统工程（高峰等，2009）。

2. 高投入、高产出和高效益

由于设施农业是科技含量及集约化程度非常高的现代农业生产方式，因此在前期的研发、资金、设备及人员等方面都要求有非常高的投入量，其物质和能量的投入量也非常大。高产出和高效益是发展设施农业的根本目标，也是通过农业科学技术和其他领域科技联合应用的结果。高产是设施栽培最显著的特征，特别对于蔬菜作物、特种水产等能够大大提高土地年产出率；高效是这种模式的第二特征，特别是蔬菜、果品、水产的反季节、提早、延迟收获，可以显著地增加单位产品的经济效益；优质安全更是这种模式独有的优势，特别对我国最为令人关注的蔬菜作物的安全性来说，通过价廉物美的防虫网技术是很容易实现的。所以这种模式对我国这种人多地少、资源要素紧缺的国家来说，具有普遍的推广价值。

3. 具有经济、社会和生态三重特征

首先，设施农业是对传统农业的革命。设施农业是农业领域的一场革命，它完全打破了传统农业的时空观，生产过程不受季节和节令限制，如蔬菜产品的反季节生产；种养品种不受生态区域限制，如南果北种；可以充分利用生物的生长发育潜力，缩短生产周期，提高产品品质，这体现了设施农业的经济特征。其次，设施农业可为人们提供新鲜、奇特、健康、安全的农副产品，满足城乡居民对农产品的市场需求，从而取得社会效益。再次，设施农业可使农业资源得到优化配置和高效利用，其资源节约、环境友好的技术特征有利于改善农业环境，取得生态效益。

4. 资源利用率高，抗灾能力强

使农业生产环境变得"可控制"是设施农业的一个典型特征，设施农业可以通过相应的技术支撑对农业生产的各个环节进行人为干预和控制，使农业生产和农产品的储藏都不再受自然环境的控制。如温室大棚可以有效地防风、防寒、防雹、防涝，植保方便且宜于防治病虫害，浇灌方便且宜于防旱，更易于集雨节水。

（二）发展设施农业的重要意义

20世纪70年代以来，西方发达国家在设施农业上的投入和补贴较多，设施农业发展迅速。荷兰、以色列、美国、日本等设施农业比较发达的国家，在设施环境调控、土壤特性演变、肥水管理、专用品种选育等方面进行了全面系统的研究，并形成了完整的设施农业栽培技术体系（高峰等，2009）。中国设施农业研究始于20世纪80年代后期，经过几十年的发展，虽然取得了举世瞩目的成就，但与设施农业比较发达的国家相比，仍有较大差距。在当前情况下，发展设施农业具有以下重要意义：

1. 发展设施农业是提高农业生产率、实现农业发展方式跨越式发展和建设现代农业的重要内容

设施农业是提高农业生产率的有效途径。设施温室每年可增加农业生产5个月左右的有效生长期，园艺作物产量可提高2～5倍；在与外界隔离的现代化植物工厂里产量提高的幅度则更大（王玉军、张本华，2008）。设施农业对生产效率的提高还体现在它能够克服当地稀缺资源对农业生产的约束，规避气候变化和自然灾害对生产的影响，从而实现农产品常年生产。因此，设施农业在稳定农产品产量和质量等方面均具有传统农业无法比拟的优势（张忠明等，2011）。设施农业通过运用各种先进设施和技术手段，有利于推进农业标准化、

机械化生产和产业化经营，实现节本增效，促进农业发展方式转型升级；有利于不断转变农业发展方式，促进农村水利化、机械化、信息化融合发展。同时设施农业按照动植物生长的要求，为其提供最佳生长环境，实现了农业生产的集约化、商品化和产业化，具备了现代农业的典型特征（赵玲等，2010）。

2. 发展设施农业是实现农业增效、农民增收的有效途径

大力发展设施农业，对于调整农业产业结构、提高农副产品质量、活跃农副产品市场、不断满足日益增长的社会需求、发展生态休闲农业、促进农业增效和农民增收具有重要意义，也是实现农业可持续发展的有效途径。发展设施农业，有利于破解土地、季节、水源等障碍因素，充分利用光温土等自然资源，有效提高土地产出率，丰富农产品供应。设施农业与观光农业、休闲农业等多种类型现代农业发展模式的结合，为农民开辟了绿色、生态、环保的增收新途径，从长远来看，这一方面可以提高农民的技术水平，另一方面可以提高人们的收入水平。发展设施农业将带动大棚、喷滴灌设施等相关产业发展，有利于拓宽农业投资渠道，扩大农村内需，促进农村经济的发展。设施园艺中设施蔬菜占95%左右，设施果树、设施花卉各占2%左右。截至2013年初，整个蔬菜产业的产值已经超过1.2万亿元，相当于粮食总产值，而设施蔬菜几乎达到蔬菜总产值的一半。在山东省寿光市233户调查农户中，大棚蔬菜经济效益良好的比例达到100%（张震、刘学瑜，2015）。

3. 发展设施农业是发展资源节约、环境友好型农业的重要手段

资源短缺和生产环境恶化是当今我国农业发展中面临的挑战和问题。设施农业改变了传统农业生产方式，使现代科学技术广泛运用于农业生产，实现农业生产的资源节约和环境友好，达到农业生产方式的快速和有效转变，促进生态文明建设。另外，大力发展设施农业可以提高单位面积的产量，从而减少农业生产对耕地、化肥、农药的过度、过多依赖，显著提高农业生产资料的使用效率。

4. 发展设施农业是实现农产品稳定供给、保障食品安全的重要措施

设施农业运用现代化的设备装置，使农业生产在一定程度上摆脱自然环境的束缚，并能够充分挖掘生物生长的潜能，提高产量，同时有利于抵制一定程度的不利天气影响，使农业生产趋于稳定。同时，设施农业可以通过调控生产环境，提高农产品的鲜活度，并实现农产品的周年持续供应。设施农业发展到一定水平，对生产的各个环节都有严格的标准和检验，从而有利于保障食品安全，不断改善民生，促进社会和谐稳定（罗娇赛，2014）。据调查，设施农业与相同作物露地栽培相比，设施栽培是露天种植产量的3.5倍。因此，设施农业是缓解我国人均耕地面积紧张问题和实现可持续发展的最有效工程（张震、刘学瑜，2015）。

（三）设施农业发展的典型模式

在设施农业发展的过程中，我国许多地方根据自身的地理位置、经济条件、产业基础，加强探索，逐步形成了具有地方特色的发展模式。从技术和设施水平来说，允成、王立祥（1999）认为设施农业的发展模式主要有简易覆盖型、简易设施型、一般设施型、复杂设施型 4 种；从产业差异的角度，陈友等（2010）将设施农业分为设施园艺业、设施畜牧业和设施渔业。而本文根据在设施农业的发展过程中，起支撑作用的主体的差异，分为以下三种模式：

1. 市场拉动型

在该模式下，典型的组织方式为"市场＋基地＋农户"。该模式的核心在于充分发挥市场机制的作用，向基地和农户传导市场需求信息，带动产品生产。这种模式的基本特点是：以规模较大的综合性（或专业性）农产品市场为依托，分区域建立"一地一品"的专业化生产基地，组织引导农户从事特色产品栽培；而大量专业化农产品生产流通又促进了市场的繁荣和扩张，进而形成市场与基地、农户的良性互动。

2. 政府主导型

政府主导、科技示范是一种特点十分鲜明的设施农业发展模式，主要适用于农业高新技术推广示范。一般是为推广农业高新技术，由政府牵头创办示范园区，通过有力的组织推动、有力的资金保障、有力的技术支撑，发展基地、带动农户，达到既推广农业高新技术、高新品种，又带动一方发展，致富一方农民的目的。这种模式的典型代表是陕西杨凌农业高新技术产业示范区。

3. 合作引领型

合作引领、特色支撑模式是一种值得大力度推广的设施农业发展模式，其主要特点是：专业合作组织把分散的农民组织起来成为发展设施农业的主体，围绕特色农产品，通过统一生产、统一营销、统一服务等一系列措施，增强农民联结程度和对外竞争力、影响力，增强抗御生产风险和市场风险的能力（陈文锋，2010）。

二、资源节约与环境友好的循环农业

在土地等资源不断减少的情况下，2015 年我国粮食实现了"十二连增"，但其增长的实质是以化肥、农药等投入增加、农业开发强度濒临极限、生态环境牺牲为代价的。数据显示，2013 年我国中重度污染耕地已达到 5 000 万亩[①]左右，耕地污染超标率为 19.4%，超标面积达 3.5 亿亩。我国每亩耕地化肥施用量是发达国家的 3 倍左右，化肥单季利用率仅为 30% 左右，低于发达国家 20 个百分点以上。农药利用率仅为 33% 左右，低于发达国家 20～30 个百分点，全国约有 1.4 亿亩耕地受农药污染，土壤自净能力受到严重影响（程国强，2015）[②]。因此发展资源节约与环境友好的循环农业势在必行。

（一）循环农业的内涵特征

循环经济是以资源的高效利用和循环利用为目标，以"减量化、再利用、资源化"为原则，以物质闭路循环和能量梯次使用为特征，按照自然生态系统的物质循环和能量流动的方式运行的经济模式。循环经济的核心是资源利用和节约，最大限度地提高资源的使用效率，其结果是节约资源、提高效率、减少环境污染（李虹、王靖添，2008）。

作为循环经济的一个重要形态和关键性环节，循环农业是以农业资源的高效利用和循环利用为核心，倡导农业经济系统与生态环境系统相互协调、互为依存，以生态学、生态经济学、生态技术学原理及其基本规律为指导，以减量化、再使用、再资源化、再思考为原则，以低投入、低消耗、低排放、高效益为特征，符合可持续发展理念的农业经济新业态。

和其他产业相比，农业的生产过程更易于发展循环经济。农业生产系统是种植业、林业、渔业、牧业及其延伸的农产品生产加工业、农产品贸易与服务业、农产品消费之间相互依存、密切联系、协同作用的耦合体。农业具有与自然生态环境紧密相连、水乳交融、密不可分的"先天条件"，使农业经济系统更易于和谐地纳入到自然生态系统的物质循环过程中，建立循环经济发展模式。

循环农业一般要求遵循以下"4R 原则"：

减量化原则（Reduce）。主要针对农业生产的"输入端"，就是希望用较少的土地、水、光等基本农业生产要素和种子、肥料、饲料等生产资料的投入来达到既定的生产目标。这一原则追求的是提高包括水资源、土地、能源等在内的资源生产率。

再利用原则（Reuse）。主要针对农业生产的"中间过程"。农业生产的中

---

① 亩为非法定计量单位，1 亩≈667 平方米。

② 程国强. 中国粮食安全的真问题 [OL]. http://opinion.caixin.com/2015-02-05/100781776.html.

间过程包含了农产品、农业产业内部和农业产业间等三个层次。依靠技术创新和组织创新，可以使层次物能相互交换，互利互惠，提高资源重复利用率，降低单位产值或产品的污染排放率。

再资源化原则（Resource）。主要是针对农业生产的"输出端"，就是要求农业生产后的废弃产品，通过加工处理，使其变为再生资源，重新进入生产领域。这一原则追求的是提高废物回用率。

再思考原则（Rethink）。就是不断地深入思考与探索在经济运行中如何系统地避免和减少废物，最大限度地提高资源生产率，实现污染排放最小化，废弃物循环利用最大化。

需要指出的是，同时满足"4R 原则"，属于循环农业；主要满足其中"1R 原则"或"2R 原则"或"3R 原则"，也属于循环农业。前者可以称之为高级形态的循环农业；后者可以称之为一般形态的循环农业。

（二）发展循环农业的重要意义

人口多、耕地资源少、淡水资源紧缺、农业资源供给严重不足，这是我国农业农村经济发展的最大制约因素。而随着工业化、城市化和农业农村现代化的快速发展，水污染、大气污染、固体废弃物污染及城乡垃圾污染等均成为和谐社会建设的重大障碍，农村生态环境面临巨大压力。

严峻的现实决定了农业发展必须坚持走资源集约开发、节能减排、循环利用的可持续发展之路。发展循环农业、循环农村经济，促进我国农业发展方式转变和农产品综合竞争力的提高，是解决我国农业发展与资源约束矛盾的有力措施。通过走技术密集、资金密集、劳动密集相结合的路子来获得农业资源利用的经济效益、生态效益、社会效益的最大化，充分体现资源的集约、节约、循环和永续的有机统一，这既是不断提高资源利用效率和农业生产经济效益的有效途径，也是农业资源实现农业可持续发展的有效途径。大力发展循环农业，合理开发和节约、高效利用农业资源，改善和保护农村生态环境，不仅是贯彻落实科学发展观，促进经济社会可持续发展的需要，也是缓解资源供需矛盾，促进农业增长方式转变的需要，是建设节约型社会、环境友好型社会的有效途径。

发展循环农业的典型意义主要在于：

1. 发展循环农业是全面发展循环经济、建立循环社会的关键性基础环节

循环农业是把农业经济活动建立在 GDP 增长、集约化、结构优化、人口规模、环境意识、环境文化等经济社会指标与生物多样性、土地承载力、环境质量、生态资源数量与质量等生态系统指标综合分析、合理规划的基础上，遵循"减量化、再利用、再循环、再思考"4R 的行动原则的新型农业业态。发展循环农业是整个国民经济体系全面建设循环经济、建立循环型社会的关键性基础工程，没有循环农业的发展就不可能建设整个社会的循环经济。

2. 发展循环农业是解决"三农"问题，实现农业现代化的现实可行途径

经过 40 年的改革开放，工业化、城市化、市场化、国际化快速推进，中国经济社会发生了重大变革，进入了经济转轨、社会转型的发展新阶段。统筹城乡发展、推进社会主义新农村、走中国特色的农业现代化道路成为十分紧迫的新任务。在这一新形势下农业增长方式转变和农业发展转型显得越来越迫切。发展循环农业是实现高产、优质、高效、生态、安全现代农业的重要途径。在农业生产各个环节厉行节约，科学合理施肥施药，加强农村沼气等可再生能源综合开发与资源循环利用，建设节约型农业，可解决目前农业投入品利用效率低、农业生产成本高等问题，实现节本增效。

3. 发展循环农业是建设资源节约型、环境友好型社会的有效途径

大力发展循环农业，合理开发和节约、高效利用农业资源，改善和保护农村生态环境，不仅是贯彻落实科学发展观，促进经济社会可持续发展的需要，也是缓解资源供需矛盾，促进农业发展方式转变的需要，是建设节约型社会的重要内容。大力发展循环农业，从农业资源短缺的实际出发，走农业资源节约使用、循环利用、综合开发、低碳发展之路，积极推广"节地、节水、节肥、节药、节能、节工、节本"各种资源节约型生产经营模式，大幅度地提高农业资源的利用率。按照人与自然和谐发展的要求，推进农业标准化清洁生产，加强农业污染治理，加快培育和发展农业生物技术产业、生物质能产业，重点发展生物农药、生物肥料、生物饲料、现代中药、生物兽药，生物能源等绿色农用生物产品（原料）的生产。大力创新和利用"资源—废弃物—再生资源"的循环农业发展模式，促进农业废弃物从污染治理向资源化利用转变。鼓励利用山地丘陵、沿海滩涂发展农牧结合生态畜牧业，全面改善农业的生态环境，全面加强农田水利等基础设施建设，推进农业节能减排。积极推广高效生态循环农业模式。探索实行耕地轮作休耕制度试点，通过轮作、休耕、退耕、替代种植等多种方式，对地下水漏斗区、重金属污染区、生态严重退化地区开展综合治理。

4. 发展循环农业是加快农业转型升级和发展方式转变，提高农产品竞争力的有效途径

当前，我国经济发展进入新常态，正从高速增长转向中高速增长，经济发展方式正从规模速度型粗放增长转向质量效率型集约增长，经济结构正从增量扩能为主转向调整存量、做优增量并存的深度调整，经济发展动力正从传统增长点转向新的增长点。我国正处在现代农业建设的重要时期，工业化、城镇化深入发展，城乡之间、农业与非农产业之间联系日趋紧密，国内外经济形势变化对农业发展的影响越来越大，对农业基础性支撑作用的要求越来越高。但同时人增地减水缺、环境脆弱对农业的约束日益增强，巩固农业基础地位、推进农业现代化、缩小城乡差距、应对国际挑战、突破资源环境约束和化解农业生产面临的气候风险，迫切需要加快农业转型升级和发展方式转变。但从当前总体来看，我国改造传统农业、建设现代农业的进程不快，力度不够，尚处于生存型的传统农业向发展型的现代农业缓慢转变的进程之中。特别是随着工业化、城市化和信息化的加快，农业功能不断增加，农业领域不断拓宽，农业发展仍然面临技术短缺、体制不全等问题。在新的形势下，必须根据农业发展的资源基础和产业特色，走循环经济发展的道路，促进传统农业的改造，加快农业的升级换代，实现农业整体竞争力的提升和农民收入的稳定增长。

（三）循环农业的典型模式

当前，我国各地出现了众多的循环农业发展的典型模式。有以提高农业环境资源和生物资源的利用率为主要目标，开展稻鸭共育、稻田养鱼（虾、蟹）、间套复种轮作模式；有积极探索秸秆还田和汽化技术等有机废弃物再生利用模式；有推广果园、桑园、竹园、茶园和其他林地的土鸡养殖等新型种养结合模式；有以生猪集约化养殖排泄物沼气无害化处理为重点，着力推广猪—沼气—园林地、鸡粪—鱼塘等农业废弃物食物链开发利用模式等。在人地关系的胁迫下，在科学技术创新和产业组织创新的推动下，近年来，浙江各地根据实际探索发展了一些循环农业发展的新模式和好路子。以浙江为例，按照循环农业的发展要求，循环农业的发展模式可划分为减量型模式、再使用型模式、再资源化模式等三类。这三种模式分别表示通过投入端、中间过程、输出端和外部性方面的改造实现循环经济。

1. 减量型模式

这一类型的循环农业发展模式主要表现为农业生产中投入物的绝对或者相对减少，如：节地、节水、节肥、节药、节电、节油、节煤、节粮等。它是通过提高外部投入的使用效率或者质量，促进资源的集约、节约、循环和永续利用，从而实现减量。

（1）集约高效利用土地。浙江集约利用耕地是通过多条途径实现的。一是加强标准农田的建设和管理。到 2009 年底，全省已建成标准农田 1 000 多万亩，旱涝保收农田比重达 65.8%，并启动了标准农田管理地理信息系统，实现对耕地质量的动态管理。二是抓好"沃土工程"建设。按耕地综合生产能力对标准农田进行分等定级，抓好土地整理和中低产田改造，提出相应的培肥改良和利用保护措施，推动耕地综合培肥改良，促进化肥减量增效和有机肥资源开发利用，提高耕地综合生产能力。三是通过种植制度的改造和创新来集约利用土地。通过改革和创新传统农作制度，提高土地利用率，提高绿色、有机农产品比例，提高农业综合生产能力。如浙江大部分城市郊区在每年 10 月底晚稻收获后在田里搭大棚，种植草莓、瓜类、蔬菜等大棚作物或养鸡，到次年 6 月，拆掉大棚种水稻。上虞市在虞南山区积极实施板栗林套种高秆型名茶实现集约利用土地。地处山区的磐安县通过菇—稻轮作、席草—水稻轮作、西瓜—水稻轮作和药材（元胡）—水稻轮作等途径提高土地利用效率，使每亩土地的产值达到 2 万多元。

（2）发展节水型农业。虽然浙江的水资源在全国相对丰沛，但由于水资源的时空分布不均，以及社会经济和城市化的发展，城镇生活用水、工业用水挤压农业灌溉用水十分明显。2009 年，全省年供水总量约 207.44 亿立方米，其中农田灌溉用水 89.67 亿立方米，比重仅为 43.1%，并逐年下降。通过技术创新，改造外部投入物，发展节水型农业成为浙江农业的必然出路。浙江发展节水型农业主要的做法是：

一是通过实施"千万亩十亿方"节水工程，不断加强农田水利基本建设，完善农田沟渠排灌系统，有效节约水资源，提高水资源的利用水平和提高抗御自然灾害的能力。地处浙中盆地的金华市，水资源随工业化、城市化的推进而越来越紧张。同时，由于年久失修，金华市渠系设施老化，渠系供水利用系数只有 0.5～0.6，渠系配套性差。为保障水资源的供应，该市的义乌、东阳、武义、婺城、金东等县市区广泛建设节水灌溉工程，配套改造灌区的渠系工程，提高水资源利用效率。东阳市横锦水库灌区通过改造使供水能力新增 5 300 万立方米，干渠水利用系数提高到 0.9，渠系水利用系数提高到 0.65，节约灌溉用水 2 981 万立方米。同时，扩大灌溉面积 4.59 万亩，恢复灌溉面积 3.2 万亩，改善灌溉面积 8.14 万亩。

二是推广农业节水灌溉技术。通过加强喷灌和"微蓄微灌"节水农业技术的推广，扩大喷灌、滴灌等设施农业技术应用，加快保水剂应用的试验示范，发挥节水、节肥、增效作用。如义乌在全市推广喷滴灌技术。义乌水资源一直紧缺，从 2003 年开始，义乌市政府制定了资金补助扶持政策，在茶园、果园、苗木、花卉、草皮及部分棚栽蔬菜方面推行滴灌及喷灌等节水方式。义乌市园林源种业有限公司在650亩种植基地内建立了喷滴灌系统，节约了50%以上的农业用水，企业用工和生产成本分别节约30%和15%。

三是通过农艺与工程措施有机结合，大力推广利用冬春季闲置水田、水稻旱育秧、强化栽培、薄露灌溉、免耕直播和保护性耕作等节水技术，提高水资源利用效率。义乌市拨出专项经费，鼓励农户开展大豆、高粱等杂粮的节水农业连片种植，一些因缺水而抛荒的田地也被农户连片租种。到目前，已在全市10多个镇建立了30亩以上节水农业示范基地近50个。按节水农作物每亩节水160多立方米计算，义乌12万亩节水农作物可节水近2 000万立方米。冬种节水农业种植面积预计将达12万亩，比夏季种植面积增加近4万亩。

（3）提高农业投入品利用效率。这里的投入品主要包括肥料、农药、种子和农膜。在提高农业投入品利用效率上的主要做法有：科学施肥、大力推广节约型施药、使用良种、提高农用薄膜回收率。

浙江全面实施"肥药减量增效工程"，推广测土配方施肥技术，调整优化用肥结构，提倡增积增施有机肥，开发利用优质有机肥料，重点推广配方肥、专用肥、掺混肥等。到目前，全省推广测土配方施肥技术400多万亩，化肥利用率提高了2~3个百分点；秸秆综合利用率达70%以上。

浙江从科学合理用药和提高农药利用率两方面入手，推广高效、低毒、低残留农药新品种的应用，推广农业有害生物综合治理技术，建立了一批农药减量增效控污示范区，建立健全了农业有害生物综合治理示范体系。同时，推广新型植保器械，淘汰存在严重的"跑、冒、滴、漏"等问题的植保器械。

浙江省科学合理使用良种，全面推广应用主要农作物精量半精量播种技术，普及应用种子精选分级、包衣、药剂拌种、沼液浸种等加工处理技术，提高了种子质量和良种供应能力。与此同时，通过加强宣传、引导，提高农民对不降解农用薄膜回收重要性的认识。加强监督、检查，防止废膜大量残留土地；依靠科技进步，推广使用可降解农膜及适期揭膜技术，努力提高农用薄膜回收利用率。

（4）发展生产节能型农业。近年来随着能源价格的上涨，发展生产节能型农业成为循环农业的重要内容。浙江省各地从多个方面探索发展节能型农业。一是推广应用节能增效农机设备、技术。一些地区研究和示范推广农机节油新技术新产品。二是扩大太阳能在设施农业和农村生活中的应用。开发应用了高可靠性新型真空管集热器、大面积中高温太阳能热水系统、全天候太阳能热水系统等。三是在农产品加工过程中，逐步淘汰一批耗能大、质量差的小茶厂，改进和推广省柴灶，达到节煤、节电的目的。位于绍兴县的绿神特种水产养殖有限公司投资近 100 万元兴建了 2 400 平方米太阳能集中供热工程，利用太阳能光热技术制取热水，用于繁育甲鱼。据统计，按出水温度 35℃ 计算，利用该工程春秋季正常晴天日可产温水 400 多吨，每天可直接减少原煤消耗 3 吨。通过该工程，每年可直接减少 1 000 多吨原煤的燃烧，减轻了 SO_2、CO_2 等排放物对大气的污染，此外，甲鱼在适宜生产的水温下养殖，生长速度快，经济效益明显。另外，还通过推广太阳能热水器，提高了农村清洁能源利用率。

2. 再使用型模式

这一类型的循环农业发展模式主要表现为农业生产中通过中间农业生产系统的内部改造，针对"中间过程"的高效循环运作提高农业内部的生产效率，从而实现单位产出所依赖的投入物的减少。根据农业中间过程的三个层次，可以有三个循环层次：一是在农产品生产层次中推行清洁生产，全程防控污染，使污染排放最小化；二是在农业产业内部层次通过物能相互交换，实现互利互惠，废弃物排放最小化，如种植业的立体种植、养殖业的立体养殖等；三是在农业产业间层次通过相互交换废弃物，使废弃物得以资源化利用，如种养结合的稻田养鱼，稻田为鱼提供了较好的生长环境，鱼吃杂草、害虫，鱼粪肥田，减少了水稻化肥农药使用量，控制了农业面源污染，保护了生态环境，增加了经济效益。

（1）农村废弃物综合循环利用型。农业生产过程中，以及农产品进入生活消费或者工业加工后，形成了大量废弃物，最常见的是畜禽粪便直接排放、秸秆堆放等。一些特种渔农产品还产生形成了特种废弃物。例如地处浙东沿海岛屿的舟山市，大量海虾在加工成为虾仁后，其壳被废弃；在盛产山核桃的"森林之乡"临安市，山核桃食用后，大量的核桃壳也被废弃；此外，在"毛竹之乡"新昌县，竹子加工后大量的梢头也被废弃等。

浙江省不同地区在社会主义新农村建设过程中，重点加强了农村沼气能源的综合开发利用。围绕"811"环境污染整治目标，在规模畜禽养殖场推广"能源生态型"、"能源环保型"等不同处理模式的沼气工程，促进畜禽养殖废弃物的减量化、无害化处理和资源化利用。推广农村户用沼气池建设，与农村"改圈、改厕、改厨"相结合，加大"猪、沼、作物"生态模式推广，综合利用沼气、沼液、沼渣。在"千村示范、万村整治"工程建设过程中，组织实施"百万农户生活污水净化沼气工程"，实现农村生活污水达标排放或污水回用，改善农村居住环境。同时，加强沼气发电技术的推广。绍兴县杨汛桥镇展望村秸秆气化集中供气工程占地 3 亩，建成 500 立方米的贮气罐两只，2 套

JQ2500－B型气化机组，可供400户常年用气。该工程从投入运行到现在，能稳定地向本村居民提供清洁的秸秆燃气，日耗秸秆等250千克，充分利用了秸秆资源，真正实现了"二人烧火，全村做饭"，提高了村民的生活质量，改善了农村生态环境。安吉竹子"竹屑"制造成为炭。竹子叶提取黄酮，竹纤维制造成为衣服，竹根雕成为工艺品，竹竿制造成为竹胶板。2005年，在浙江林学院的支持下，章村镇研究发展了这一产品。每年消费6 000吨，产出1 000吨，产值3 800万元。

（2）生态链联结与转换型。浙江各地中最为突出的典型是：畜禽养殖业低排放与粪便利用的资源化、"稻、萍、鱼立体种养"生态农业模式、"猪（羊）—沼—粮（蔬果）"生态农业模式。此外，嵊州市良种场采用"猪—沼—菜"模式、稻鸭无公害共育、"猪—蚯蚓—甲鱼"生态工程技术也是典型的生态链联结与转换型模式。甲鱼吃的是纯天然的蚯蚓或螺蛳，是名副其实的生态甲鱼，其他农产品，如猪、蔬菜、水稻、甘蔗等将化肥、农药使用量，控制在绿色、有机农产品标准范围内。

另外浙江还有茭白田养鱼、池塘混养模式、海湾鱼虾贝藻兼养模式、基塘渔业模式、稻田养殖模式、湖泊网围模式和渔牧综合模式等。绍兴县福景达农业有限公司于2000年投资兴建的大型沼气工程，每天可处理100多吨猪粪便污水，沼气池所产沼气供应本公司茶叶炒制等生产用能和梅里村360户农户的常年生活用能，同时产生沼液、沼渣作为800亩菜园、100亩果园、480亩粮田的有机肥料。通过沼气工程建设，有效地解决了畜禽粪便对环境的污染，改善了周围生态环境。

嵊州市良种场采用"猪—沼—菜"模式。该项目日处理猪粪尿15吨，年减排污3 500吨左右。同时能年产沼气5 500立方米，可供农场、猪场、农科所食堂80多人炊事之用，具有良好的节能效益。经过无害化处理的沼液作为嵊州市三新技术园区的优质有机肥，真正实现了畜禽规模化养殖无害化处理、资源化利用，实现"猪—沼—菜"生态小循环。

3. 再资源化模式

这一类型的循环农业发展模式主要针对农业生产的"输出端"，体现在对各类农产品、林产品、水产品及其初加工后的副产品及有机废弃物进行系列开发、反复加工、深度加工，不断增值，实现农业生产效率的提高。此类又可以进一步划分为两种：一是对输出废弃物进行综合利用，使其变为再生资源重新进入生产领域，提高综合效益；二是通过加工等途径，实现产出物的增值。

（1）生态化、规模化、集中化发展畜牧养殖业。按照现代畜牧业发展的要求，积极推进畜禽适度规模养殖，加强畜禽养殖排泄物治理，在粪污相对集中的规模化养殖场或养殖小区，重点实施畜禽粪污能源利用工程，大力推广雨污分流、干湿分离和设施化处理技术，使畜禽粪尿转化为农村清洁能源和有机肥。加快标准化畜禽生态养殖小区建设，积极鼓励并加快畜牧业生产方式转变，逐步引导传统散养方式向规模化、小区化集中饲养。位于嘉兴南湖区七星镇国家农业科技园区内的浙江绿嘉园牧业有限公司。整个养殖场占地近 150亩，年出栏肉猪 2.5 万头，存栏 8 000 多头。养殖场采用"四化"养殖技术。一是标准化：场地建设整齐划一，肉猪饲养统一品种、统一规范运作；二是现代化：养殖场内配置自动喂料、喂水、温控、采光以及计算机整合系统；三是生态化：通过猪粪发酵、沼气发电系统，实现养殖场生态链循环；四是信息化：终端感应探头与终端计算机连接，对猪舍温、湿度和光照进行数字化处理，并下达控制指令。完全按照国家科技部绿色产品饲养模式来喂养生猪，从猪舍、品种、饲料、兽药投入到疫病防治、畜产品检疫检验实行全程监管，泔水、剩余食物等传统喂猪方式都被禁止。所有猪粪实行干湿分离，干粪通过添加菌种成为优质有机肥，得到了循环利用，对周边环境不但没有污染，而且节约了资源。污水则进入酸化池作酸化处理，经酸化处理的污水再进入厌氧消化池作厌氧降解处理，每天产生沼气 220 立方米。然后采用双燃料混合发电，用79％的沼气和 21％的柴油，每天可发电 440 千瓦时，而牧场日用电量约为 500千瓦时，两者基本持平；沼液又通过管道自动输送到无公害蔬菜基地作肥料。发展养殖小区，有效破解畜牧业面临的三大问题：从源头上解决"放心肉"问题，有效抵御畜禽疫病，解决畜禽粪便造成的面源污染。

（2）功能开发型。在稳固生产功能、保护生活功能基础上，浙江一些地区开始注重农业功能的"多样化"开发，促进农业向经济型、生活型、生态型、观光型和文化型等方向发展，进一步挖掘生态功能，大力发展观光农业、旅游农业；进一步挖掘文化功能，弘扬农耕文化、品牌文化、合作文化等，积极开发农业文化产品，提升农业品位；进一步挖掘教育功能，促进人与自然的和谐，开发农业新的价值。诸暨花果山庄休闲观光园"山顶翠绿戴帽，山间果花缠腰，山下珍珠鱼苗"，诱人的各种果子，赏心悦目的各类花卉，绿荫缤纷的幽静环境，再加上现代的珍珠养殖，吸引了大量的城市居民来旅游。2007 年接待游客 4.9 万人，并带动一大批诸如白洋山生态园、沿山万亩杨梅观光园等生态园。如越城区的方圆农业观光园，园内建有水产养殖区、花卉种植园、垂钓休闲区、野禽养殖区、餐饮服务区，是一个集观光、旅游、休闲、度假、垂钓、文化娱乐于一体的农业观光园。该园 2007 年接待游客 6 万人次，年产值

1 500万元，创利税380万元。

（3）加强生态建设，实现生态环境增值。治理和防治水土流失，搞好小流域治理；对城镇臭水沟、污水塘的污水进行治理并绿化好，周边地价就会增值。"万物土中生"，"万物离不开水"，土壤、耕地和水资源的保护和可持续利用要予以特别关注，实现土、水净化。

三、多种现代化技术结合的精准农业

（一）精准农业的内涵特征

精准农业（Precision Agriculture）是当今世界农业发展的新潮流，精准农业是建立在高新技术基础上的新型农业，是由信息技术支持的根据空间变异，定位、定时、定量地实施一整套现代化农事操作技术与管理的系统。20世纪80年代初，美国首次提出精准农业的概念，并于90年代初将相关技术应用于生产。此后，随着可持续发展理念的发展，许多发达国家相继开展精准农业研究。1992年，明尼苏达大学土壤系在程惠贤教授的指导下开始使用"Precision Agriculture"一词，并被普遍接受（田家治，2014）。

精准农业的基本涵义是根据作物生长的土壤性状，调节对作物的投入，即一方面查清田块内部的土壤性状与生产力空间变异，另一方面确定农作物的生产目标，进行定位的"系统诊断、优化配方、技术组装、科学管理"，提高土壤生产力，以最少的或最节省的投入达到同等收入或更高的收入，并改善环境，高效地利用各类农业资源，取得经济效益和环境效益。由于许多与农业有关的因素如品种、肥料、病虫害等会随着时间、空间的变化而变得复杂，精准农业就是根据时空变化数据，在正确的时间、正确的地点，运用正确的方法做正确的事情。

精准农业的兴起有两个主要背景：一是可持续农业为世人所接受；二是全球定位系统、遥感、地理信息系统、人工智能等高新技术的产生或民用化，前者导致人们发展农业的观念发生转变，后者使得这种观念转变成为可能（吴才聪，2002）。精准农业技术是基于信息技术、生物技术和工程装备技术等一系列科学技术成果上发展起来的一种新型农业生产技术，由全球定位系统、农田信息采集系统、农田遥感监测系统、农田地理信息系统、农业专家系统、智能化农机具系统、环境监测系统、网络化管理系统和培训系统等组成。其核心技术是"3S"，即GPS（Global Positioning System）全球定位系统、GIS（Geographic Information System）地理信息系统和RS（Remote Sensing）计算机自动控制技术（武军等，2013）。精准农业的技术思想主要表现为以下三方面：一是认识农田作物生长环境条件和产量差异；二是分布式投入，实现农业资源潜力的均衡作用；三是优化经营目标，实施目标投入，即以获取高产为目标，以适度投入、获取最佳经营利润为目标，以减少环境危害为目标。

精准农业使农业生产由粗放型转向集约型经营，其重要性是使各种原料的使用量达到非常准确的程度，经营可以像工业流程一样连续地进行，从而实现规模化经营。精准农业并不过分强调高产，而主要强调效益。精准农业通过精心计算出庄稼所需化肥、水分、农药等的量，就可以极大地节约各种原料的投入，大大降低生产成本，提高土地的收益率，同时十分有利于环境保护。它将农业带入数字和信息时代，是21世纪农业的重要发展方向。实践表明，"精准农业"的特点是"精确"，精确施肥、精确估产、精确作业，其效益目前主要来源于减少投入、降低成本（宣金祥，2009）。

精准农业要素间的相互作用见图4-1。

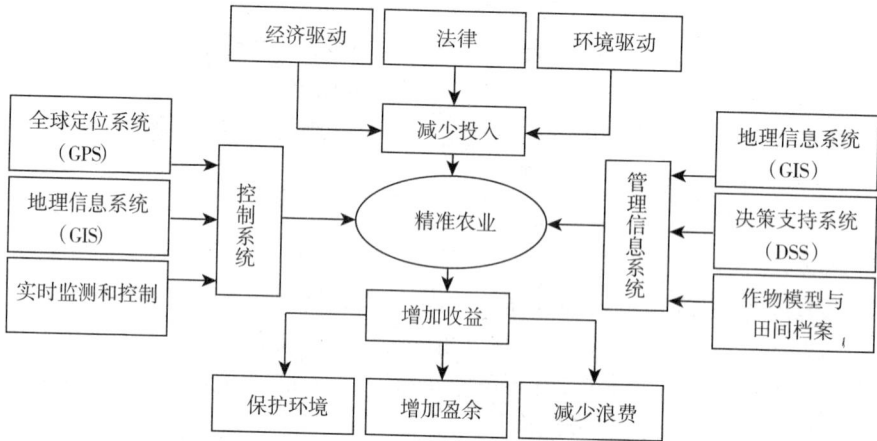

图4-1　精准农业系统构成

注：引自侯建平（2007）。

（二）发展精准农业的重要意义

精准农业充分体现了农业生产因地制宜、合理投入、科学管理的技术思想，实现了在时间维和空间维方面对农业生产的精细管理，提高农业资源的利用效率。精准农业通过现代化农业机械的规模化作业，大幅度提高了农业劳动生产力和生产效率，改变了传统农业中农民面朝黄土背朝天的落后的生产方式和粗放经营管理方式（赵春江，2010）。目前，农业发达国家对精准农业体系的发展潜力及应用前景有了广泛共识，精准农业必将成为当今世界农业科学可持续发展最富有吸引力的前沿课题和 21 世纪全球农业的发展趋势和方向。精准农业作为"精耕细作"的传统农业在现代信息社会的延伸，是科学合理利用农业资源、提高农作物产量和品质、降低生产成本、改善生态环境，促进经济和环境协调发展的典范。

我国在 1994 年就有学者进行精细农业的研究。国家"十五"科技战略重点将发展精准农业技术、提高农业生产水平作为重中之重，并首次在"863"计划中支持研究机构进行精准农业技术自主创新。《国家中长期科学和技术发展规划纲要（2006—2020 年）》中明确把农业精准作业与信息化作为农业领域科技发展的优先主题（武军等，2013）。发展精准农业的重要意义表现在：

1. 精准农业是我我国农业可持续发展的战略需要

自党的十六届三中全会提出了"坚持以人为本，树立全面、协调、可持续发展观，促进经济社会和人的全面发展"以来，农业和农村的可持续发展成为我国坚持走可持续发展道路的优先领域和根本保障。但中国农业的传统性、弱质性和靠天吃饭的境况并未得到切实改变，中国农业依然处在现代农业发展的初级阶段，中国农业的整体发展水平较低，存在着经营规模狭小、农业结构不合理、农业组织化程度低、农民受教育程度低、农业科技水平低等问题，致使我国农村始终处于粗放型经济的发展模式，造成大量的土地资源、水资源及相关生产资料的浪费，严重违背了农业可持续发展的基本要求。随着我国经济的迅速崛起，大国地位日趋显著，对于环境的重视程度逐年提高。农业作为我国经济发展的第一产业，对环境起着重要的影响作用。为了改善农业生态环境，发展高效、绿色、循环农业经济，我国政府大力倡导农业发展必须坚持走可持续发展的道路，采用科学发展观的思想解决上述存在的现实问题，探求农业新技术、创新经营模式，从而实现在改善农业生态环境、发展绿色、循环农业前提下的农业增效及农民增收（王永峰，2015）。精准农业对农业生产的布局、规划、投入、产出等都能精确可控，在此基础上赋予生态平衡和可持续发展原则，便可使农业进入可持续发展的长期轨道（聂兵，2009）。

2. 精准农业是建设社会主义新农村的根本措施

在农业生产过程中引入全球定位系统、农田信息采集系统、农田遥感监测系统、农田地理信息系统、农业专家系统、智能化农机具系统、环境监测系统、系统集成、网络化管理系统和培训系统，形成一个完善的农田信息系统（GIS）。精准农业实质上是以高技术为支撑，将信息技术和数字化管理带入到农业领域，从而彻底改变传统农业发展过程中过分依赖于生物遗传育种技术、化肥、农业、矿物能源、机械动力的现状，为建设社会主义新农村提供了坚实的科技保障（王永峰，2015）。

3. 精准农业是发达国家农业发展过程经验借鉴的必然选择

20世纪90年代，欧美发达国家为了缓解农业现代化、集约化生产带来的环境污染问题以及降低生产成本之需，借助于信息技术，陆续展开精准农业生产模式的研究与实践。如今，精准农业在美国、英国、德国、荷兰、意大利等西方发达国家已蓬勃兴起，各国家针对本国农业特点，逐步建立了相应的精准农业体系。最近20多年，我国农业发展虽取得了巨大成就，但多数地区的农业生产基础依然十分薄弱，生产方式落后，除集约化程度较高的农垦生产区和大型农场以及经济比较发达的地区外，依然采用传统农业生产模式。我国作为一个占全球人口25％的传统农业大国，无论是农产品的种类还是耕作面积均远远大于上述西方发达国家，然而，至今仍没有建立起与我国农业发展相适应的精准农业经营模式，与西方发达国家存在着较大的差距。因此，要缩小与国外发达国家农业发展水平，将来跻身于世界农业强国的行列中，发展精准农业是目前我国农业发展的必然选择。

4. 精准农业是提高农村劳动生产率，有效解决"三农"问题的有效途径

《中国21世纪议程》提出："农业和农村可持续发展是中国可持续发展的优先领域和根本保证"。科学发展观的实质是发展的科学性。我国"十一五"规划提出："发展必须是科学发展，要坚持以人为本、转变发展观念、创新发展模式、提高发展质量，把经济社会发展切实转变到协调可持续发展的轨道。"2016年中央1号文件指出，破解"三农"难题，必须坚持不懈推进体制机制创新，"三农"问题成了我国全面建成小康社会，走和谐发展道路亟待解决的首要障碍。中央多次指出"三农"问题是关系社会经济发展全局的重大问题，建设社会主义新农村是我国现代化进程中的重大历史任务。"生产发展、生活宽裕、乡风文明、村容整洁、管理民主"的二十字方针，既是对社会主义新农村的全景式描述，也是我国建设社会主义新农村的具体目标和要求。精准农业是由现代信息技术支持实施的新型现代化农业操作技术与管理系统，它的出现将引发新一轮的农业科技革命。精准农业能最有效地提高资源利用率，更合理地利用各项农业生产要素，降低生产成本，从而促进农民增收，成为解决"三农"问题的有效途径。

（三）精准农业的典型模式

以美国为代表的世界精准农业经过20年的快速发展，形成了不同的精准农业发展典型模式，其中，温佳伟等（2014）根据时间演变将其分为五代精准农业模式（表4-1）。

表4-1　世界精准农业的五种发展模式

标志性会议	代表性精准农业模式名称	开始时间
1990年第一届国际精准农业会议	处方农作	20世纪90年代初期
	基于传感器的处方农作	20世纪90年代中期
1996年第三届国际精准农业会议	精准农业	1996年
1997年第一届欧洲精准农业会议	美式精准农业	20世纪90年代后期
2005年第一届亚洲精准农业会议	日式精准农业	2000年

注：引自温佳伟等（2014）。

杨盛琴（2014）根据目前世界各国农业经济发展水平的差异，认为精准农业的模式可分为发达国家的高级精准农业、新型工业化特色精准农业，以及发展中国家、欠发达国家的初级精准农业。杨盛琴（2014）的精准农业划分方法更能体现国别经济社会发展水平的差异，对于我国分阶段、分层级发展精准农业更具有借鉴意义。

1. 美国的高级精准农业发展模式

美国是世界上最早研究与应用精准农业技术的国家，在20世纪90年代中期，美国就进行了土壤结构密度传感技术、土壤传导性技术、电磁感应技术等农业工程领域的研究，这些技术现在已经陆续在农业生产中使用，对土壤元素测定、农作物产量监测、施肥变量反应等耕作技术起到实质性推动作用。美国的精准农业起源于明尼苏达州，1993—1994年，精准技术思想首先在该州的两个农场进行试验。结果，用全球定位系统指导施肥的农田产量比传统平衡施肥的产量提高了约30%，而且减少了化肥施用总量，经济效益大大提高（唐凤，2015）。

2005年美国农业部对其全国农场的调查显示，中等规模和几乎所有大型农场都已安装了全球定位系统，82%的农场进行土壤采样时使用农田地理信息系统，38%的收割机带有产量测量器，61%采用产量分析（唐凤，2015）。21世纪以来，美国全面进入精准农业时代。

目前美国精准农业技术最具有代表性的系统是约翰迪尔公司（John Deere）推出的"绿色之星"（Green Star）精准农业系统和凯斯"先进农业"精准农业系统AFS（Advanced Farming System，AFS）。

"绿色之星"采用全球卫星定位系统，对农业生产的全过程，如收获、播种及施肥撒药进行测量和控制，它适合在大规模农业经营和机械化操作条件下使用。"绿色之星"精准农业技术包括（侯建平，2009）：①全球卫星定位系统（GPS），实施数据采集及田间耕作、播种、施肥、喷洒农药和收获等作业的准确定位；②地理信息系统（GIS），包括数据输入、数据库管理、数据分析及输出系统；③传感器技术，实施数据采集及田间作业参数监测；④监视器及计算机自动控制技术；⑤智能化控制农业机械。"绿色之星"精准农业管理系统见图4-2。

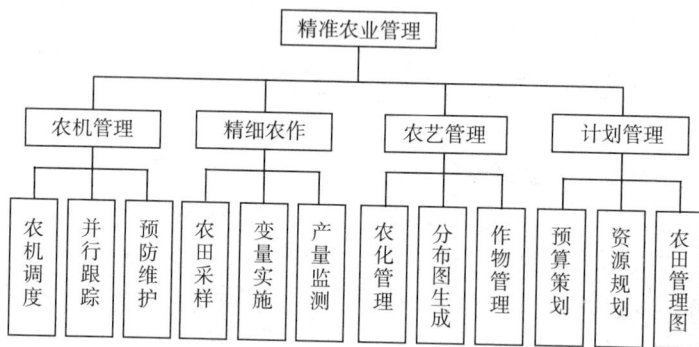

图4-2 "绿色之星"精准农业管理系统流程

注：引自侯建平（2009）。

凯斯"先进农业"精准农业系统是凯斯公司在1996年第一代精准农业系统基础上推出的新产品，其宗旨是挖掘农作物产量潜力，提高生产收益，已经在北美洲及澳大利亚得到了广泛的运用，比较适合种植水稻、玉米、大豆和小麦等作物。凯斯"先进农业"精准农业管理系统见图4-3。

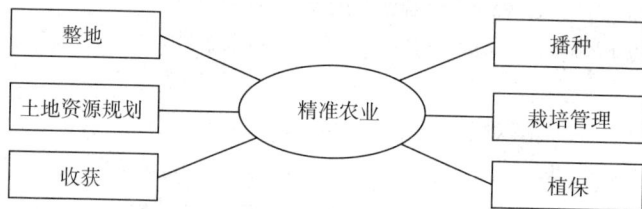

图4-3 凯斯"先进农业"精准农业管理系统示意图

注：引自徐元伦（2001）。

2. 新兴工业化国家特色精准农业发展模式

以色列面临恶劣的自然环境，其农业却取得了举世瞩目的成就，因此可以作为新兴国家精准农业的代表。以色列国土狭小，资源贫乏，国土面积2.5万平方千米，沙漠就占去了 60％以上，可耕地面积占国土面积的 20％左右，人均占有的水资源仅为世界人均水平的 1/33。在这种艰难的情况下，以色列根据其自身的资源配置情况，不断开发应用新技术调整农业产业结构，确立了高科技、高投入、精准化、集约化的发展模式，走出了一条具有以色列特色的农业发展道路（张春拥、盛伟东，2002）。

（1）新型灌溉技术。以色列大部分地区干旱少雨，土地贫瘠，提高水资源的利用率是以色列解决农业发展的最大问题，因此，节水技术研究一直是以色列农业科学中最显要的课题。从 20 世纪 50 年代开始，以色列政府大规模进行水利建设，将北部水源引入到沙漠纵深，将地下水抽取连成全国网络，在此基础上积极发展节水灌溉技术。滴灌与喷灌是以色列的节水灌溉技术的主要形式，发展到今天，已经是第七代技术，广泛运用于温室、沙漠地带、绿化带等区域，由于其全国的地下水已经形成了联网（杨盛琴，2014）。目前，以色列节水灌溉率达到 90％以上，水资源利用率达到了 98％，位居世界首位（宋喜斌，2014）。

（2）温室栽培技术。以色列的温室技术从 20 世纪 70 年代至今，完全实现了智能化与自动化，一个温室大约 4 000 平方米，从播种开始到收获，全过程电脑控制，基本上不需要人力，而且将滴灌技术引入温室系统，进一步提高了花卉、蔬菜等农作物的产量。

（3）制种育种技术。大力使用生物基因工程改良品种，利用充足的阳光和基因工程使农作物品种的培育期和改良期缩短。培育了一系列崭新的杂交一代供给世界各地的需求（张春拥、盛伟东，2002）。

3. 越南等国家的初级精准农业发展模式

越南精准农业体现为通过劳动力的优势来弥补其科技的落后，在一定规模的区域内仍然可以从事小农经营的精准农业种植方式。这种精准农业为人力资源型精准农业，也为发展中国家和欠发达国家精准农业的发展提供了一种可借鉴的模式（杨盛琴，2014）。

以上三种模式代表了精准农业的三个层级，反映了不同类型的精准农业技术水平的高低，也反映了农业生产方式的差异。这为我国发展和推广精准农业提供了经验。

四、信息化与"互联网＋"的智慧农业

（一）智慧农业的内涵特征

随着全世界的信息化浪潮的兴起，依托信息化和互联网而催生的一种新型农业业态——智慧农业横空问世。信息化具有强大的带动性、渗透性和扩散性，"互联网＋"正以前所未有的速度、力度和广度向农业、工业、城市、乡村等经济社会领域全面渗透，深刻变革着人类的生产生活方式。以物联网、移动互联网、云计算、大数据为代表的现代信息技术向传统农业和城市的快速渗透，使得"智慧农业"与"智慧城市"应运而生，发展方兴未艾（李道亮，2015）。

党的十八大提出了"促进工业化、信息化、城镇化、农业现代化同步发展""四化同步"的战略决策，"四化同步"中，农业现代化是短板，农业信息化是关键，这对农业信息化和智慧农业提出了新的更高的要求。2015 年 3 月 5 日李克强总理在政府工作报告中提及要制定"互联网＋"的行动计划，而智慧农业是"互联网＋"的重要抓手，"互联网＋"必将推动智慧农业快速发展（李道亮，2015）。

从理论角度来看，智慧农业是农业中的智慧经济，抑或是智慧经济形态在农业中的具体表现。它充分应用现代信息技术成果，集成应用计算机与网络技术、物联网技术、音视频技术、3S 技术、无线通信技术、专家智慧与知识，实现农业可视化远程诊断、远程控制、灾变预警等精准感知、智能管理、智能自动化，是现代信息科技革新农业过程中诞生的一种把农业全产业链有机联结起来的新型农业发展业态。从广义上讲，智慧农业涵盖农业生产、加工、流通、销售各个环节的信息化，还包括农业电子商务、食品溯源防伪、农业休闲旅游、农业信息服务等方面的内容。

从网络载体上看，智慧农业是农业生产的高级阶段，是集新兴的互联网、移动互联网、云计算和物联网技术于一体，依托部署在农业生产现场的各种传感节点（环境温湿度、土壤水分、二氧化碳、图像等）和无线通信网络实现农业生产环境的智能感知、智能预警、智能决策、智能分析、专家在线指导，为农业生产提供精准化种植、可视化管理、智能化决策。

从信息技术应用上看，"智慧农业"是云计算、传感网、3S 等多种信息技术在农业中综合、全面的应用，实现更完备的信息化基础支撑、更透彻的农业信息感知、更集中的数据资源、更广泛的互联互通、更深入的智能控制、更贴心的公众服务。"智慧农业"与现代生物技术、种植技术等高新技术融合于一体，对提高现代农业水平具有重要意义。

从表现形态来看，智慧农业是在信息化和互联网快速发展的大背景下，由设施农业、精准农业、数字农业、农业自动化、农业信息化、农业物联网、农业互联网、农业电子商务、农业大数据、农业云计算等多种新型形态所组成。

物联网技术是基石，大数据与互联网（移动互联网）是"翅膀"，三者把现代农业真正推向一个崭新的高度。

相较于其他农业生产模式，智慧农业有如下特点：

一是智慧农业的工程系统性。智慧农业是一项综合性的系统工程，智慧农业依托现代信息技术通过对农业生产环境的智能感知和数据分析，实现了农业生产的精准化管理和可视化诊断，是农业发展的最高形态，对变革农业生产方式意义重大（胡亚兰、张荣，2017）。

二是智慧农业的经营智能性。按照便捷性生产、自动化操作、程序化指令、智慧化管理的目标要求，让农业插上了信息化、智慧化的翅膀，推进了农业向更高层次的转型升级和发展与经营方式的转变调整。

三是智慧农业的经济高效性。智慧农业因为借助了信息化和互联网的智能翅膀，用智能农业机械进行农业生产作业，可以大幅提高农业劳动生产效率，用精准化的技术手段，降低化肥、农药、用水、用光、升温等成本开支和要素投入量，提高农业资源利用率、劳动生产率和经济效益。

（二）发展智慧农业的重要意义

智慧农业通过信息技术将农业产业的特性融合在一起，创造出一个循环的系统化产业链农业形态。从典型代表国家——美国、日本和法国的智慧农业体系发展模式中可以看出，尽管这些国家在智慧农业发展过程中的整体战略、技术人才战略以及信息服务战略并不一致，但都极为重视智慧农业相关技术的研发与集成应用，善于运用政府的宏观调控和管理服务。与发达国家相比，我国智慧农业发展仍相对落后，应积极完善集成化人力资源体系，协同以政府为主导的各方主体，共建高效可持续的智慧农业（蒋璐闻、梅燕，2018）。实施"互联网＋现代农业"行动，推进现代信息技术应用于农业生产、经营、管理和服务，鼓励对大田种植、畜禽养殖、渔业生产等进行物联网改造。采用大数据、云计算等技术，改进监测统计、分析预警、信息发布等手段，健全农业信息监测预警体系。大力发展农产品电子商务，完善配送及综合服务网络。在实施乡村振兴战略和全面建成小康社会的新背景下，生态、安全、高效的农业生产方式成为目标模式，信息智能技术及设备在农业生产中的应用为其提供了有力武器。发展智慧农业，对于转变农业发展方式，推进农业现代化进程，促进产业结构转型升级具有十分重要的作用。

从我国智慧农业发展态势来看，智慧农业借助我国"互联网＋"发展战略的东风，发展态势欣欣向荣并呈现出"四增"态势，即：销售模式增多、电商企业参与主体增多、产品附加值增多、政策支持增多。智慧农业已经成为未来农业发展的主要方向与模式，但作为一项新兴产业，智慧农业仍然存在运营成本高、人才不足以及信息数据存在巨大隐患等诸多问题，需要政府与社会各界协同合作、共同解决（龙江、靳永辉，2018）。具体而言，发展智慧农业可以起到如下几个方面作用（张叶，2015）：

1. 农业生产操作精准化

农业生产操作精准化就是对不同的农业生产对象实施精确化操作。如在种植业生产过程中，智能化设备可以对土壤肥力、病虫害、需水量等状况进行实时动态监测，从而做到精确施肥、用药、用水。生产主体如有疑难问题，可以通过网络向专家咨询解答。这样既可以满足作物生长需要，同时也可以避免资源浪费和环境污染。

2. 农业生产过程标准化

农业生产标准化包括生产环境的标准化、生产过程的标准化、生产产品的标准化。生产环境的标准化是指智能化设备可以做到对土壤、大气环境、水环境状况实时动态监控，使之符合特定标准；生产过程的标准化是指根据效率效益最大化原则，在生产的各个环节按照一定技术经济标准和规范要求进行生产，如统一深耕、播种、施肥、施药、除草等作业，而这一过程可以通过智能化设备应用提高效率；生产产品的标准化是指生产的最终产品符合相应的质量标准，包括有益成分的含量与有害成分的含量。智能化设备可以做到实时精准地检测这些有益有害成分的含量。

3. 农业生产环境生态化

通过计算机智能设备，按照绿色环保生态的发展理念进行智慧化生产，精准控制化学品投入，合理施用有机肥和生物肥及生物农药，减少对农业生态环境的不利影响。进行循环生产，精准控制各个环节的资源配置，设计最佳生产模式，提高资源的利用效率。通过计算机模拟和智能监测控制，合理安排用工用时用地，减少劳动和土地使用成本，实现农业生态效益的提高。

（三）智慧农业的典型模式

我国农业要实现跨越式发展，必须加快转变农业发展方式，利用现代信息技术推动农业的现代化、智慧化发展（侯秀芳、王栋，2017）。发展智慧农业，应加强顶层规划设计，完善"慧农"发展机制，优化农业可持续发展环境，推动农业服务业发展，加快农业与现代信息技术的融合，推进农业智能化发展，加快农村电子商务发展，构建起农业产供销网络，加强"三农"人才队伍建设，促进农民职业化发展。智慧农业的发展目前在我国尽管还处于起步阶段，但随着政策举措的大量出台，各地都在以高瞻远瞩的眼光加以积极推进和实施，目前初步呈现出了智慧农业发展的若干种典型模式：

1. 以智慧农业的综合运用为主题的智慧农业示范园区发展模式

智慧农业示范园区，是指在农业园区中广泛集成使用农业信息化、智慧化、智能化技术、装备和设施，实施农作物遥感监测、水肥一体化和智能节水灌溉施肥、病虫害预警等精准化作业，提升种植业生产现代化；加快畜禽、水产养殖智能化，实施智能感知、无线传感、自动远程控制等集成技术，发挥信息科技在生产要素配置中优化作用，实现养殖精准化、过程可视化、全程可溯现代化管理，它是智慧农业集聚化发展的先行区、示范区和试验区。

2. 以农业物联网应用作为单一技术主题的智慧农业示范点模式

智慧农业的发展模式，首先需要从单一技术主题的应用开始，通过试验示范，然后才能进行综合性集成应用。这里的"农业物联网应用示范点"，是指农业生产过程中应用单项或多项农业物联网技术，实现农产品生产、经营、管理的智能化，形成物联网应用优化方案，在同类产业中具有示范作用，并具有可复制性、易学易推广，是基层普遍优先使用的智慧农业发展的应用模式。

3. 以农业高端化综合服务为主题的农业大数据应用云平台模式

智慧农业的一个最大应用举措就是把原来分散在各个部门、各个领域、各个时期的数据进行大数据分析，让各经营主体在数据共享、数据服务的基础上实现科学化、精准化的生产经营。农业云平台与大数据的结合，现代农业新型服务业的核心内容。搭建专业的农业云服务平台，汇集政府、企业、社会、历史等多方位、多维度的海量数据，打破信息孤岛，实现资源互联互通，深度探索农业云计算、大数据应用领域。

4. 以农产品的互联网＋经营为主题的线上线下智慧新零售模式

随着电子商务的迅猛发展，智慧零售营销新模式不断创新，农产品新零售时代正在向我们阔步迈来。通过打造信息化电子商务综合服务平台，集农业政策资讯、农产品宣传展示、品牌申报、产销对接、专家智库等服务于一体的农产品信息化、智慧化、综合性服务平台，利用"农业互联网＋"构建农产品电子商务运行模式，为专业大户、家庭农场、农民合作社、农业产业化龙头企业等经营主体开展全方位的电子商务服务，服务内容包括生产资料、生产过程、流通贸易、网上超市，服务跨区域化和专业化，构建批发市场、商贸中心、物流仓储为依托的农产品电子商务服务体系，形成线上线下互动的"O2O"全新营销模式，将超市搬到网络上来，让消费者以更低的价格、方便快捷地购买到高品质的农产品。

五、体现时代需要与要求的休闲农业

(一) 休闲农业的内涵特征

当今人类社会正快速步入"休闲时代"。世界未来学协会副会长格雷厄姆·T. 莫利托研究到，休闲是所谓 21 世纪全球化经济发展的五大推动力中的首要动力引擎，受若干趋势影响，将出现"一个以休闲为基础的新社会"。休闲将会成为人类生活中的一个重要组成部分。休闲产业必然会成为下一个经济大潮的组成要素，并风靡世界各地，休闲农业产业的发展越来越被许多国家所关注（赵航，2012）。

国际学术界对休闲农业的研究最初是从乡村旅游的角度进行的。乡村旅游兴起于 19 世纪的欧洲。1863 年，旅行社之父托马斯·库克组织了到瑞士农村的第一个包价旅游团。1865 年，意大利"农业与旅游全国协会"的成立标志着休闲农业的发展进入萌芽时期。19 世纪 50 年代后期，出现了休闲农业专职从业人员，标志着休闲农业开始成为一个新兴产业，并进入全面发展阶段。20 世纪 70 年代，在日本和欧美等发达国家逐步开始形成休闲农业产业模式，并走上规范化的发展道路（詹玲等，2009）。台湾地区的休闲农业起于 20 世纪 70 年代，而我国大陆休闲农业起源于 20 世纪 80 年代（杨荣荣，2014）。

休闲农业是伴随着农业生产的发展产生的新的农业生产活动行为，是现代农业在发展阶段中出现的新事物，是以农业活动为基础，农业和旅游业相结合的一种新型高效农业。

休闲农业一词来源于英文 Agri-tourism，是由农业（Agriculture）和旅游（Tourism）两个词组合起来翻译的。休闲农业概念最早出现于台湾大学 1989 年"发展休闲农业研讨会"。会议为休闲农业定义为：利用农村设备和空间、农业生产场地、农业产品、农业经营活动、自然生态、农业自然环境、农村人文资源等，经过规划设计，以发挥农业和农村休闲旅游功能，增进民众对农村和农业的体验，提升旅游品质，并以提高农民收益、促进农村发展的一种新型农业（陈昭郎，2004）。近年来，国内外学者在相关研究中对休闲农业的概念做出了不同的阐述，对休闲农业内涵的认识不断深入。国内外学者关于休闲农业代表性的定义分别见表 4-2 和表 4-3。

表 4-2　国外学者对休闲农业的定义

年份	学者	定义
1974	Dart	农场中的旅游或者休憩事业
1983	Frater	在具有生产性的农庄里经营对于农业活动具有增补作用的观光事业
1990	Pearce	将乡村休闲农业所在地的村民作为所有者，与小型的中介组织紧密合的一种经营形式
1993	L. A. Dernoi	基于农场的生产、生活、娱乐、接待等设施而开展的休闲活动
1994	Lane	在农村地区以多元活动的复合型态，提供参与传统农业活动的观光休闲体验服务
1994	OECD	观光休闲农业是以农村为场地举办观光活动，而农村气息是主打观光休闲农业的核心
1996	Clarke	观光休闲农业以具有生产力的农场，进行所有泛观光或游憩的休闲活动
1996	Oppermann	野外观光、户外休闲活动都源于观光休闲农业，以具生产种植的土地，在农村环境进行包含观光游憩等相关活动
1997	Sharply & Sharply	在农村地区，传统社会结构之下、低密度居住人口、以农业生产为经济基础来发展观光活动
1997	Waver	是营运中农场环境和盈利性旅游的有机结合
2001	Rorberts & Hall	利用农村环境，进行观光休闲游憩活动
2004	Sharply & Rorberts	以农村为活动场地，提供现代人从事接触自然的观光活动，利用异质式发展有益身心、社会、政治等多元化大众休闲
2005	Sonnino	休闲农业是指农场主和其家人提供的一种接待服务，这种服务必须和农业活动紧密联系

注：引自赵航（2012）。

表 4-3　国内学者对休闲农业的定义

年份	学者	定义
1991	陈宪明	观光农业是在有生产性的农村环境上发展观光游憩业
1997	范子文	观光休闲农业是把农业和旅游业结合在一起，利用田园景观、农业生产经营活动和农村自然环境吸引游客前来观赏、品尝、习作、休闲、体验、健身、科考、书画、摄影、购物、度假的一种新型农业生产经营形式
1998	林梓联	休闲农业是利用农村的自然环境、景观、生态、农村设备、农村空间、农村产品及文化资源等，经过设计规划发挥农业与农村观光休闲功能，增进人们对于农业与农村生活的体验

（续）

年份	学者	定　义
1998	祁黄雄	休闲农业是一种以农业和农村为载体的新型旅游业
1999	郭焕成，刘盛和	休闲农业是以充分开发具有旅游价值的农业资源和农产品为前提，把农业生产、科技应用、艺术加工和游客参与融为一体的农业旅游活动
2000	郭焕成	休闲农业是以农业活动为基础，农业和旅游业相结合的一种新型交叉产业
2001	俞文正	休闲农业是指以现有或开发的农业和农村资源为对象，按照现代旅游业的发展规律和构成要素，对其进行改造、配套、组装和深度开发，在至少保证基本生产功能和有利于生态环境优化的基础上，因地制宜，赋予其观赏、品尝、购买、娱乐、劳动、学习和居住等不同的旅游功能，创造出可经营的、具有农业特色和功能的旅游资源及其产品，形成一产和三产相融合，生产和消费相统一的新型产业形态
2001	叶澄，刘杰	休闲农业是在现有农业资源基础上，以旅游内涵为主体的规划、设计与施工，把农业建设与示范、农艺展示、科学管理、农产品加工等活动与旅游者参与融为一体，使旅游者充分领略农业艺术与自然情趣的一种新型旅游形式
2004	郑健雄	休闲农业是利用田园景观、自然生态及环境资源，结合农林牧渔生产、农业经营活动、农村文化及农家生活，提供人们休闲，增进人们对农业及农村体验为目的农业经营形式
2006	刘莹莹，原梅生	利用农村设备与空间、农业生产场地、农业产品、农业经营活动、自然生态、农业自然环境、农村人文资源等，经过规划设计，以发挥农业与农村休闲旅游功能，增进民众对农村与农业的体验，提升旅游品质，并提高农民收益，促进农村发展的一种新型农业
2007	郑健雄，陈昭郎	休闲农业主要是结合农业和农村等有形资源及其背后隐含的休闲观光、教育体验与经营管理能力等无形资源所形成的一种新兴的休闲服务产业
2008	孙明泉	休闲农业是利用农业资源环境、田园景观、农业经营活动及农耕文化，为都市人提供观光、休闲、度假、娱乐、体验农业和农村生活方式的一种农业经营活动，是一项集生产性、生活性、生态性"三生"于一体的多功能产业
2008	郭焕成	休闲农业是利用农业自然环境、田园景观、农业生产、农业经营、农耕文化、农业设施、农家生活等资源，为游客提供观光、休闲、体验等多项需求的农业经营活动，是以农业为基础，以休闲为目的，以服务为手段，以城市游客为目标，农业和旅游业相结合，第一产业和第三产业相结合的新型产业形态

（续）

年份	学者	定　义
2009	詹玲	休闲农业是指在充分利用田园景观和农村特有的人文景观的基础上，结合农林牧渔生产经营活动、农村传统文化及农家生活，通过以旅游内涵为主题的精心策划和开发，充分发挥农业的多种功能，满足人们各种休闲需求，使农业和旅游业有机融合形成的一种新型产业
2009	肖君泽	休闲农业是指利用田园景观、自然生态及环境资源，结合农林牧渔生产、农业经营活动、农村文化及农家生活开展的供人们休闲娱乐，体验农家生活的新型经营活动
2009	黄映晖等	休闲农业是指在农村范围内，利用农业自然环境、田园景观、农业生产、农业经营、农业设施、农耕文化、农家生活等旅游资源，通过科学规划和开发设计，为游客提供观光、休闲度假、体验、娱乐、健身等多项需求的旅游经营活动
2009	赵国如	通过对农村景观、农业资源、农家生活、村寨文化等综合利用开发，除提供特色农业产品外，同时向人们提供观光、旅游、度假、疗养、学习、体验、购买等休闲产品的一种现代农业经营方式

注：引自包乌兰托亚（2013）。

以上定义是中外学者根据不同时期休闲农业发展现状而提出的个人看法。针对中国的情况，农业部发布的《全国休闲农业发展"十二五"规划》给出了一个比较全面的休闲农业的定义，即休闲农业是贯穿农村一、二、三产业，融合生产、生活和生态功能，紧密连接农业、农产品加工业、服务业的新型农业产业形态和新型消费业态。

与传统农业相比，休闲农业存在以下突出特征：①自然性。休闲农业的资源主要来自于田园景观、自然生态及环境资源，而非人工建造的景观，也就是保持原有的农业生产特性，结合农业的自然资源及农村人文资源所进行的休闲观光活动。②体验性。休闲农业是一种体验活动，重在亲身感受。既是旅游观光活动，又在旅游的过程中参加农业生产，亲历农村的生活方式。③休闲性。休闲农业的目的是提供国民休闲，增进城乡之间的交流互动，让游客在休闲的同时参与认识农业和农村，体验农村生活。④产业性。休闲农业是一种综合了农业和旅游业的新型产业经营模式（郑颖、王鹏，2008）。⑤生态性。观光农业是人类在长期脱离大自然，忽视生态环境之后，重新认识、反省并返璞归真，回归大自然的一种行为，因而在开发时会更加珍惜和保护自然资源的本色。它在开发中是定位于旅游业和农业协调发展的地域特点，具有地域农业文化特色，选择生态效益型道路，保持农业生态环境和人文环境，既强调农业生产组织这一环节，又更强调社会效益、经济效益、环境效益的统一（耿芳，2011）。

（二）发展休闲农业的重要意义

休闲是实现自由，满足人们最终需要的重要方式之一。随着人类社会的发展和进步，休闲产业的发展水平已经成为衡量区域及国家经济社会发展水平的重要标志。

2006 年中央"关于建设社会主义新农村"的 1 号文件出台，"新农村、新旅游、新体验、新风尚"的"中国乡村游"项目启动，这一年也被国家旅游局确定为"乡村旅游年"。2007 年又被确定为"城乡和谐旅游年"。2009 年被国家旅游局确定的主题为"中国生态旅游年"，口号为"走进绿色旅游，感受生态文明"，由此推动休闲农业的发展（高志强，2011）。2007 年中央 1 号文件指出，"建设现代农业，必须注重开发农业的多种功能，向农业的广度和深度进军"。2009 年《国务院关于加快发展旅游业的意见》提出，要"开展各具特色的农业观光和体验性旅游活动，规范发展农家乐、休闲农庄等旅游产品"。2010 年中央 1 号文件提出要"积极发展休闲农业"，这些都为休闲农业的发展指明了方向。2011 年农业部颁布了《全国休闲农业发展"十二五"规划》，确定了休闲农业发展目标。2015 年 12 月国务院办公厅发布的《关于推进农村一二三产业融合发展的指导意见》指出，要"积极发展多种形式的农家乐，提升管理水平和服务质量。建设一批具有历史、地域、民族特点的特色旅游村镇和乡村旅游示范村，有序发展新型乡村旅游休闲产品。"

2016 年中央 1 号文件明确提出，"要大力发展休闲农业和乡村旅游。引导和支持社会资本开发农民参与度高、受益面广的休闲旅游项目，并将休闲农业和乡村旅游项目建设用地纳入土地利用总体规划和年度计划合理安排。"这表明发展休闲农业已经成为我国城乡协调发展和产业融合发展的重要组成部分。

发展休闲农业的意义是：

（1）有利于调整和优化农村产业结构，延长农业产业链，带动二、三产业的发展，提高农业的综合效益。休闲农业打破了一、二、三产业的界限，引进和发展休闲农业龙头企业，综合开发休闲农业资源，带动相关联产业聚集发展，形成供产销、旅工农、科工贸产业化经营体系，从而提高农村第二、三产业比例与农业经济效益，实现农业产业结构效益优化，全面推进农业和农村经济发展（张胜利，2014）。

（2）有利于农村剩余劳动力转移和就业。因为休闲农业是劳动密集型产业，不仅需要生产、管理人员，而且还需要从事住宿、餐饮、交通、商业等服务人员，为农村剩余劳动力转移和增加农民收入创造了条件。据研究测算，休闲农业每增加 1 个就业机会，就能带动整个产业链增加 5 个就业机会。一个年接待 10 万人次的休闲农庄，可实现营业收入 1 000 万元，直接和间接安置 300 名农民就业，可带动 1 000 户农民家庭增收（张天佐，2011）。

（3）休闲农业有利于城乡人员、信息、科技、观念的交流，不仅使城市人了解和体验农业，而且也使农民转变观念和提高素质，加强城乡互动，促进城乡协调发展。休闲农业以农业为依托，以农村为空间，以农民为主体，以城市居民为客源，休闲农业的空间布局、产业链条扩展、产品结构的安排都以城市客源地需求为导向，而城市的经济、科技优势又可促进和反哺农业发展，使得城乡互为资源、互为市场、互为环境，形成相互依存、相互补充的一体化关系。另外，休闲农业发展有利于城市文明向农村延伸，有利于促进农村社会的进步，提升农村生活品质，改善农村经济状况，加快城乡差距的缩小。

（4）休闲农业有利于挖掘、保护和传承农业文化，保护农村资源和生态环境，实现农业的可持续发展（郭焕成，2010）。休闲农业的发展贯穿了生态思想。一方面，休闲农业开展以保护农村自然生态环境为原则，注重农村生态环境品质的提升与生态系统的良性循环（郭焕成、吕明伟，2008），另一方面，休闲农业可以通过宣传教育及农业生态模式的观赏和学习，提高旅游者对环境保护与生态保育重要性的认识，促进生态环境的保护（包乌兰托亚，2013）。

（三）休闲农业的典型模式

观光农业开发的模式应该是以农业资源条件为前提，以农业结构调整为主线，以城市为依托，以农业高科技为手段，强调生产性，关注生态性，重视生活性，突出观光性的"四以"、"四性"可持续发展道路（耿芳，2011）。

目前我国对休闲农业发展模式的分类有多种标准，如按照农业结构分为休闲种植业、休闲牧业、生态农业、休闲渔业、高科技农业园和民俗文化园（李继东，2003；史亚军，2006）；按照经营时间分为常年型和季节型（郑雨尧等，2006）；根据距离中心城市距离分为近郊型、中郊型和远郊型（韦林娜，2004）；根据功能分为观光农园、休闲农园、科技农园、生态农园、休闲鱼园、农业公园；根据区位可分为城市郊区型、景区周边型、风情村寨型、基地带动型、资源带动型（郭焕成，2010）。

按照各地发展休闲农业所依托的资源优势（袁力，2009；胡爱娟，2011），有以下经典发展模式：

（1）田园农业休闲模式。以特色农产品为依托，以农业观光、产品采摘为休闲主题，以农业生产活动和特色农产品为休闲吸引物，开发农业游、林果游、花卉游、渔业游、牧业游等不同特色的主题休闲活动，满足游客体验农业、回归自然的心理需求。

（2）民俗村镇休闲农业模式。民俗村是指在具有民族特色或民间传统文化、建筑保存较好的古镇、古村落等农村地域，利用其特有的民族风情或乡土文化开展旅游活动，使游客在感受自然美景和参与农事活动的同时感受到浓郁的地方特色和风土人情（钟平，2012）。以农村风土人情、民俗文化为旅游吸引物，充分突出民俗文化、乡土文化和农耕文化特色，开发时令民俗、节庆活动、民间歌舞、民间技艺、农耕展示等休闲旅游活动，增加乡村旅游的文化内涵（胡爱娟，2011）。

（3）农家乐模式。即指农民利用自家庭院、自己生产的农产品及周围的田园风光、自然景点，以低廉的价格吸引游客前来吃、住、玩、游、娱、购等旅游活动。

（4）村落乡镇旅游模式。以古村镇宅院建筑和新农村格局为休闲吸引物，开发观光休闲。

（5）休闲度假模式。依托自然优美的乡野风景、舒适怡人的清新气候等，结合周围的田园景观和民俗文化，兴建一些休闲、娱乐设施，为游客提供休憩、度假、娱乐、餐饮、健身等服务。

（6）科普教育模式。利用农业观光园、农业科技生态园、农业产品展览馆、农业博览园或博物馆，为游客提供了解农业历史、学习农业技术、增长农业知识的旅游活动。

（7）回归自然休闲模式。利用农村优美的自然景观、奇异的山水、绿色森林、静怡的湖水，发展观水、赏景、登山、森林浴、滑雪、漂流等旅游活动，让游客感悟大自然、回归大自然。

休闲农业自身的特点决定了其开发规划原则有别于其他旅游产品，观光农业的开发应遵循"结合实际，因地制宜"、"科学规划，巧妙设计"、"突出特色，确定重点"、"着眼长远，永续发展"的基本原则，同时，休闲农业旅游资源开发还要遵循生态与经济相结合的原则，并且要与农村规划和城市规划相协调的原则。

六、经济与生态效益融合的有机农业

有机农业的起源，要追溯到 1909 年，当时美国农业部土地管理局局长

King 途经日本到中国，他考察了中国农业数千年兴盛不衰的经验，并于 1911 年写成《四千年农民》一书。书中指出：中国传统农民兴盛不衰的秘密在于中国农民的勤奋，智慧和节俭，善于利用时间和空间提高土地的利用率，并以人畜粪便和一切废弃物、塘泥等还田培养地力①。

受该书的影响，英国植物病理学家 Albert 于 20 世纪 30 年代初在《农业圣典》一书中提出了有机农业的思想；受其思想的影响，1940 年美国的 J. I. Rodale 买下了位于宾州库兹镇的一个农场，从事有机园艺的研究，1942 年出版了《有机园艺和农作》，标志着有机农业实践的开始。有机农业的思想经过半个世纪的实践，直到 20 世纪 80 年代，一些发达国家的政府才开始重视有机农业，并鼓励农民从常规农业生产向有机农业生产转换，有机农业的概念开始被广泛地接受（温明振，2006）。国际有机食品市场对中国有机产品的需求推动了中国有机农业起步。1990 年荷兰有机认证机构 SKAL 对中国浙江省茶园和茶厂的有机认证，标志着中国有机农业和有机食品生产的正式起步（宗良纲等，2003）。

（一）有机农业的内涵特征

目前学术界对于有机农业的含义还没有统一的解释，各国或地区对有机农业的定义主要有以下几种：

（1）国际有机农业运动联盟（IFOAM）的定义是：有机农业包括所有能促进环境、社会和经济良性发展的农业生产系统。这些系统将土壤的肥力作为农业生产成功的关键。通过尊重植物、动物的自然生长能力，达到使农业和环境各方面质量都最完善的目标。有机农业通过禁止使用化学合成肥料、农药而极大地减少了外部物质的投入，相反利用强有力的自然规律来增加农业产量和抗病能力。有机农业坚持世界普遍可接受的原则，并根据当地的社会经济、地理气候和文化背景实施（李在卿、梁平，2009）。

（2）美国农业部的定义为：一种完全不用或基本不用人工合成的肥料、农药、生产调节剂和畜禽饲料添加剂的生产体系。在这一体系中，尽可能地采用作物轮作、作物稻秆、畜禽粪肥、豆科作物、绿肥、农场以外的有机废弃物和生物防治病虫害的方法来保持土壤的生产力和可耕性，供给作物营养并防治病虫害和杂草滋生。该定义描述了有机农业的主要特征。

（3）加拿大"有机生产基本和要求（CAN/CGSB‐321310）"的定义为：

---

① 资料来源：http://amuseum. cdstm. cn/AMuseum/agricul/1_2_4_youjny. html.

有机生产是以优化农业生态系统中各种群落/体（如土壤生物、植物、畜禽和人类自身）的活力及其健康为目的一种综合体系。有机生产首要目标是发展可持续的、并与环境相协调的产业。有机生产建立在健康生产原则基础之上，这些原则旨在通过特殊的管理和生产方法来提高和维持高质量的环境条件，并着眼于确保人道地对待动物，并为此制订了有机生产的七条原则。

（4）欧洲的定义：一种通过使用有机肥料和适当的耕作和养殖措施，以达到提高土壤的长效肥力的系统。有机农业生产中仍然可以使用有限的矿物物质，但不允许使用化学肥料，可以通过自然的方法而不是通过化学物质控制杂草和病虫害①。

（5）中国的定义：2005 年，中国质量监督检验检疫总局和中国国家标准化管理委员会根据中国国情以及目前有机农业发展特点，颁布了中国有机产品标准（GB/T 19630—2005），标准中的定义为："有机农业（organic agriculture）遵照特定的农业生产原则，在生产中不采用基因工程获得的生物及其产物，不使用化学合成的农药、化肥、生长调节剂、饲料添加剂等物质，遵循自然规律和生态学原理，协调种植业和养殖业的平衡，采用一系列可持续的农业技术以维持持续稳定的农业生产体系的一种农业生产方式。"

从以上定义可以看出，有机农业强调要保持人类和环境的平衡、人类和资源的平衡，在农业生产的过程中要维护生态环境，保护动植物多样性，以生态系统的承载力为基础，达到人与自然的和谐。有机农业的特征具体表现为：

（1）有机农业既提供有机农产品，更提供生态环境。有机农业的出发点是致力于消除化肥、农药以及添加剂等给人类带来的潜在危害，努力生产出比无公害、绿色农产品更为安全和可靠的精品农产品的一种农业业态。因而有机农业一方面高度重视农产品生产的严格要求，另一方面有机农业也高度重视生态平衡，重视人与自然，动物、植物与生态环境等和谐相处。

（2）有机农业对产地环境要求严格。有机农业对产地的严格要求，不是说只有特定的产地才能发展有机农业。尽管那些产地远离市区、污染源、矿区以及生活垃圾场所的原生态的土壤环境有利于推进有机农业发展，但是按照有机农业发展的内在要求，不论什么产地环境，只要做好相关的隔离屏障设置，土壤有机养护，土壤生态修复等，也是可以发展有机农业和推进有机种植。

---

① Ministry of Agriculture，Food and Rural Affairs of Ontario. Introduction To Organic Fanning［OL］. http://www.omafra.gov.on.ca/a3glish/crops/facts/06-l03.Htm.

（3）有机农业是一种重要的新型生产过程。有机农业的选种、耕种、施肥、除草、采收，都遵循着农业生态环境呵护保护，农业生产理念尊重自然规律，农业生产过程的清洁绿色，农业产品的安全营养，它在增加土壤的有机质含量的同时，也极大地丰富了生物多样性，强化农业绿色科技的应用，它是一种全新的农业生产方式与生产过程。

（二）发展有机农业的重要意义

发展有机农业既是我国农业结构调整的选择，又是农业可持续发展的方向，是实现结构优化、产业产品升级，也是新时期农业和农村经济发展的方向（韩东梅等，2007）。截至 2013 年底，综合有机种植农地和野生采集的土地，中国获得认证的全部有机农地面积为 272.2 万公顷，有机产品生产企业为 7 894 家，有机生产基地为 6 628 个，有机加工厂为 3 910 个（刘晓惠，2015）。中国的有机农业生产在世界上具有重要地位。2014 年，中国有机农业耕地面积为 190 万公顷，居世界第四位。中国的有机蔬菜耕地面积仅次于美国，居世界第二位。在亚洲国家中，中国的有机农业用地面积居第一位，是居第二位的印度有机农地面积的 2.67 倍。发展有机农业的意义主要表现为：

1. 具有强大市场需求潜力

1999—2014 年，伴随着全球经济的发展，全球有机食品销售总额由 152 亿美元增加到 800 亿美元，年均增长 11.71%；有机食品的人均消费金额由 2009 年的 8 美元增加到 2014 年的 11 美元。欧美发达国家对有机食品消费的增长速度始终处于世界前列。例如，2014 年，全球最大的有机食品市场依然是美国、德国和法国，销售额依次为 271 亿欧元、79 亿欧元和 48 亿欧元，中国位列第四为 36 亿欧元，但是与不断增长的消费需求相比，近年来欧美发达国家有机农业生产的增长速度却非常缓慢。例如，在 2011 年，根据有机农业用地面积增长幅度排名的前 10 个国家中，有 7 个属于发展中国家。在 2012 年，发展中国家占据 7 个席位；2013 年占据 5 个席位；2014 年占据 6 个席位。详见表 4-4。中国属于有机农业发展迅速的发展中国家之一。2011 年，中国有机农业用地面积比上年增长 51 万公顷，增幅居世界第一位，2013 年，这一数字比上年增长 19.4 万公顷，增幅仅次于澳大利亚，居世界的第二位，2014 年虽然中国的有机农地面积有所减少，但中国的有机食品市场却以 36 亿欧元位居全球第四位。因此可以说，有机农产品的国内市场需求有巨大潜力，并且有很好的出口前景。

表 4-4　全球有机农地面积增幅最大的 10 个国家

	2011	2012	2013	2014
第 1 位	中国	希腊	澳大利亚	乌拉圭
第 2 位	印度	墨西哥	中国	印度
第 3 位	西班牙	哈萨克斯坦	秘鲁	俄罗斯
第 4 位	加拿大	土耳其	意大利	西班牙
第 5 位	法国	坦桑尼亚	乌克兰	意大利
第 6 位	波兰	意大利	苏丹	法国
第 7 位	俄罗斯	罗马尼亚	葡萄牙	印度尼西亚
第 8 位	哈萨克斯坦	法国	加拿大	斯里兰卡
第 9 位	土耳其	波兰	巴拉圭	刚果
第 10 位	罗马尼亚	丹麦	法国	加拿大

注：根据 FiBL 发布的《2016 年世界有机农业报告》整理而来。

2. 保护自然，维护生态平衡

目前，我国整体上已经进入以环境优化、生态协调的经济增长为主的新阶段，促进现代农业的发展必须优先考虑环境问题，持续发展环境友好型农业新模式。农业系统作为人工的生态系统不可避免地受到城市化和工业化发展的影响，加上较长时间以来传统经济观念对农业掠夺性地经营，我国农业生产环境面临的问题也十分严峻。构建生态文明，发展循环经济，促进农业生产与环境建设协调发展，已成为农业生产的当务之急和最终出路（张莹等，2010）。有机农业提倡的是农业资源的节约、环境的保护、人与自然的和谐及农业自身的可持续发展。有机农业模式能将生态环境保护与农业的发展结合起来，注重二者相互促进、共同发展，最终获得生产发展、生态环境保护、能源的再生利用和经济效益"四效合一"的综合性效果。

3. 长远解决粮食安全问题

我国人多地少，人地矛盾一直很紧张。粮食自给过去一直是我国政府农业发展的首要目标。2013 年以来，习近平总书记多次指出"把饭碗牢牢端在自己手上"，保障国家粮食安全是一个永恒课题。一方面，随着人口增加、城镇化推进，粮食需求量刚性增长，到 2020 年将达到 7 亿吨，粮食增长要赶上消费增加的速度，压力很大。另一方面，人多地少水缺的国情制约着粮食生产潜力的挖掘，"种地一年不如打工一月"影响着农民种粮积极性。

随着经济发展和人民生活的改善，人们的食物需求目标从数量向质量转变。

虽然总的食物收入需求弹性小于1，但其中高质量食物的需求弹性较高，而劣质食物的收入需求弹性非常小，其结果是随着消费者收入提高对有机食品等高质量农产品的消费量增加，而对劣质农产品的需求则迅速下降（周继强，2010）。

4. 保证食品安全

有机农业是安全的农业，安全是有机农业的基本原则。随着生活水平的不断提高，人们更加关注生活的质量和身心的健康，追求绿色、无污染、无公害的放心食品。而发展有机农业生产，开发有机农产品和食品正可满足这一要求。有机农产品追踪系统可以使消费者追踪到有机农产品从"田间到餐桌"的全部环节，以杜绝有机农产品生产者在生产有机农产品过程中的投机行为，将有机农产品控制在有机体系之内，依赖食物链和生态平衡使有机农业种养区形成一个完整的有机生态体系，为人类提供营养丰富、质优味美、安全性好的有机产品（黄惠英，2013）。

5. 增加农村就业，提高农民收入

由于有机农业是一种劳动集约型和技术集约型的农业，需要的劳动力比较多，农民可以利用较多的时间从事有机农业生产和食品加工，发展有机农业在增加农民收入的同时，可以为农村创造更多的就业机会，从而减少农村剩余劳动力对城市的压力，这十分有利于保障城乡社会的和谐与安定（刘瑞宇，2010）。

6. 提升我国农产品国际竞争力，突破国际"绿色壁垒"

我国农业是弱质产业，随着国际经济一体化进程的加快，特别是进入WTO以后，更容易受到全球经济一体化的冲击，尤其在农产品出口方面，更容易受到各种"绿色壁垒"的限制。绿色壁垒虽然成为我国出口贸易的障碍，但其初衷是保护环境和人类健康，适应国内经济发展、生活水平和环境意识提高的要求。发展有机食品，将成为我国农业突破绿色壁垒的一条出路，也有利于提高我国农业的国际竞争力。有机食品要求在生产和加工中，不使用任何化学农药、化肥和化学防腐剂等合成物质，有机食品比国外通行的绿色食品的环保标准更高，获得了有机产品认证也就等于获得了国际农产品贸易的"绿色通行证"，而且有机产品价格也比普通农产品高出数倍（周继强，2010）。

7. 有利于实现农业可持续发展

在我国，人口对于农业资源、生态环境始终是一个巨大的压力。根据国内学者估计，到2030年，我国人口将达到峰值16亿人，接近人口承载量的极限。因此，要养活16亿人，必须既要保护好现有的自然资源，又要治理好水土流失，扼制土地沙漠化，增加森林覆盖率，改善生态环境，才能实现农业可

持续发展。在当前农产品相对过剩的今天，保护农业的生产力要比稳定农产品产量，更重要也更有效率。有机农业对于保护环境和资源，消除传统农业的负面影响，促进农业可持续发展具有积极的作用（田爱梅等，2009），它通过减少对农场以外投入的依赖和创造更平衡的营养成分和能源流动，增强生态系统恢复力，尊重生态的承载能力，成功地调和了食品生产和环境保护之间的矛盾。

8. 有利于实现城乡协调发展

有机农业产业化，由于需要合理地组织有机农业生产、加工、储运与销售，从而使一大批乡镇企业迅速崛起。有机农业产业化，可以调整农业产业结构以及农村经济结构，因地制宜，发挥区域优势。有机农业产业化，可以确定主导产业，使乡村与城市之间的资金、资源、先进技术、人才等生产要素合理配置。有机农业产业化，是生产基地在农村，消费市场在城市甚至国外，所以，其发展服务于城市，依托于城市，使农村与城市的关系更加紧密，在一定程度上促进了有机农产品加工业向镇、乡、村扩散，加快了农村城镇化建设，促进了城乡结合，推进城乡一体化。有机农业产业化，还可以有效地推动农村向生态城镇化发展，农村生态城镇化反过来又可以更有效地为有机农业产业化服务，可见，农村生态城镇化与有机农业产业化是相互联系、相互促进的。

（三）有机农业发展的路径选择

1. 加大生态型技术的研究与开发

到目前为止，我国有机农业的研究只涉及有机农作系统，且只涉及有机农作系统中的培肥技术和植物保护技术，而在农场整体水平上的研究如农林结合、农牧结合等综合农业系统几乎没有。以植物保护为例，如果只考虑田间水平的植物保护技术，而没有基于生态系统整体的健康环境的建设和周边生物多样性保护的技术往往不是非常有效的。因此，在技术开发上既要重视单一技术的突破，又要重视综合技术的组装和配套。生态农业和有机农业的许多原理是一致的，因此利用我国在生态农业中取得的成绩，可以很好地应用到有机农业的发展中（王宏燕，2003）。

2. 完善有机农产品认证制度，把好有机农产品质量关

有机产品认证之于有机农业健康发展至关重要，既是基础，又是前提，没有有机产品认证，就不可能有有机农业持续健康的发展前景，这是与食品本身的质量属性相关的。为了促进我国有机认证市场的规范发展，自 2011 年起，我国陆续修订和完善了《有机产品国家标准》、《有机产品认证实施规则》（简称新《规则》）、《有机产品认证管理办法》（简称新《办法》），并发布了《有机产品认证目录》。但从实际操作来看，我国有机产品认证机构数量多、规模小，认证市场仍然呈现出鱼龙混杂、良莠不齐的混乱局面。根据国家认监委官网数据显示，截至 2016 年 4 月，中国有机产品认证机构已从 2004 年的 36 家减少到了 23 家。其中北京五洲恒通认证有限公司、北京中绿华夏有机食品认证和南京国环有机产品认证中心三家认证机构稍具规模，市场占有率分别为17.95％、14.51％、1.02％，而其余认证机构的平均市场占有率仅为 3.3％。因此，一方面要提高有机食品认证机构的整体水平，制定利益冲突回避规则，强化认证机构的独立性，同时完善认证机构问责机制，督促认证机构"循规蹈矩"；另一方面，要构建利益驱动机制，促进企业自律管理（宗良纲等，2003）。

3. 在发展方向上，要注重培育国内和国外两个有机食品市场

目前中国有机农业市场份额还比较小，未来的发展方向应该是大力发展出口有机食品的同时，注重国内消费群体和市场的培育。目前，中国有机食品无论发展规模还是市场发育程度还很低，现有的有机食品都是面向国际市场的，而且品种单一、数量少；而国内市场几乎处在零水平上。国际市场对有机食品的需求是公认的，但却忽略了国内正在兴起的有机食品市场。因此，在发展国际市场、丰富种类的同时，开拓国内市场是我国食品行业的一个新的兴奋点和生长点。在充分重视和发展我国特色的绿色食品的同时，也要把有机食品的发展放在议事日程上（王宏燕，2003）。

七、科技与文化深度融合的创意农业

当前，随着世界创意浪潮的兴起和创意经济时代的到来，创意所蕴藏的巨大价值正在逐步显现。著名经济学家约翰·霍金斯在《创意经济》一书中指出，全球创意经济所创造的产值每天达 220 亿美元，并以 5％的速度递增。全球范围内的创意经济既是发达国家推动经济持续发展的强力引擎，也正成为发展中国家实现经济转型升级的重要战略。

创意农业起源于 20 世纪 30 年代的西方国家，70 年代得到规模化发展，90 年代后快速扩展至全球。创意农业由创意产业衍生而来，创意产业（Creative Industries）一词于 1997 年被首次提出，当时英国首相布莱尔组织成立了"创意产业特别工作小组"，该小组于 1998 年率先对创意产业概念进行了界定，"是指源于个体创意、技巧及才华，通过知识产权的开发与运用，具有创造财富和就业潜力的产业"（褚劲风，2005）。国外学者使用较多的术语是"乡村创意产业（Rural Creative Industries）"与"乡村创意经济（Rural Creative Economics）"两词，而"创意农业（Creative Agriculture）"一词则主要出现在中文文献中（林炳坤、吕庆华，2103）。

我国的创意农业研究始于 2007 年，随着我国农业现代化进程加速，创意在农业中的作用受到了重视，创意农业的实践在全国各地迅速展开。五谷叶脉画、草编蔬菜书，酒瓶风景树，飞龙景观藤，架上草莓架下菇、半棚蔬菜半棚鸡，稻田种出世博印、西瓜长出福禄禧……近年来，我国上海、北京、浙江、四川、河南等省市都认识到创意的力量和效益，开始重视通过发展创意农业拓展农业的功能，适应消费个性化、多样化、品质化需要。

将创意经济的理念引入到现代农业建设，运用创意经济的思维逻辑和发展模式推进高效生态现代农业发展，是培育农业新经济增长点，增强农业发展活力，增加农民收入的现实需要。创意农业作为现代农业发展演变的一种新型农业业态，是新型农业现代化发展的重要标志。创意农业具有高文化品位、高科技含量、高附加价值的特点，是现代农业适应社会经济发展到一定阶段的必然产物，是推动农业技术创新发展，促进农业多功能拓展的重要途径。

（一）创意农业的内涵特征

2016 年中央 1 号文件提出，要依托农村绿水青山、田园风光、乡土文化等资源，大力发展休闲度假、旅游观光、养生养老、创意农业、农耕体验、乡村手工艺等，使之成为繁荣农村、富裕农民的新兴支柱产业。创意农业首次由中央 1 号文件提出，彰显了创意农业发展新阶段的到来。

随着农业技术的创新发展和农业功能的快速拓展，创意产业的理念在国外尤其是发达国家形成并迅速在全球扩展。从农业生产的研究视角看，可以把创意农业界定为与农业生产过程相关的各类创意活动及其载体。从创意产业的研究视角看，创意农业是无边界的创意产业与农业产业的融合，创意农业不仅生产创意农副产品，而且创新农业发展模式。同创意产业一样，创意农业是"无边界产业"，要求第一、第二、第三产业的融合发展，绝非传统农业的单一生产功能，它以科技创新和文化创意作为两大驱动"引擎"，以自然农业生态为依托，以高效农业生产为基础，以提高人居生活品质为目的，实现城乡互动、互融、共赢。

创意农业是把创意作为农业生产的一种新型要素和生产力，利用农业的生产、生活、生态资源，借助创意产业的思维逻辑和发展理念，发挥创意、创新构思，有效地将科技和人文要素融入农业生产，进一步拓展农业功能、整合资源、拉长产业链，把传统农业发展为融生产、生活、生态为一体的新型农业业态。

把创意资源作为一种生产要素投入到农业各个环节，实现农业新发展的新业态，创意农业具有以下几方面的典型特征：一是独创性，创意农业凝聚着人的智力劳动，这是它的首要特征；二是融合性，它是集思想、技术、文化、学科的多维融合与物化；三是增值性，创意导致差异化、差异化带来高附加值；四是高赢利性，创意农产品高起点、高投入、高目标、高质量、高安全的"六高"特点，满足了消费者追求新鲜的心理，使其在销售过程中取得较高的利润（章继刚，2008）；五是高风险性，处于发展初期的创意农业对资金、技术的投入需求较高，虽然创意农产品单价远高于传统农产品，但若不能取得足够的市场份额，创意农业的经营将面临较大的风险（王爱玲等，2010；秦向阳等，2007）。见表4-5。

表4-5　创意农业的典型特征

特征	具体描述	提出人
独创性	创意农产品以原有的农业资源为载体，辅以新的资源，通过重新设计、开发、包装等手段，实现其新颖、奇特的特征，独创性是创意农业的首要特征，是创意农产品获得消费者认可、取得竞争优势的重要筹码	秦向阳，2007；章继刚，2008；俞晓晶，2008
产业融合	以农业生产为中心，结合农业融资、生产、加工、销售和信息提供等，实现产加销的联动，更具有"三产"产品的特性，是农耕文化与现代都市生活的交叉，满足人们物质与精神双重需求，丰富人们的精神生活	秦向阳，2007；李瑞芳，2010；张若琳，2012
高附加值	将单纯的农业生产与农耕文化结合起来，将农产品与文化开发结合起来。运用新理念、新科技促进农业生产的升级换代，其科技和文化知识附加值会明显高于普通农产品及其服务	秦向阳，2007；章继刚，2008；王爱玲，2010
高赢利性	创意农业通过技术创新手段改良品种，通过文化融合提高创意水平，通过营销方式提高品牌知名度，通过结构调整提升产业层次，以上方式使整个产业带的生产能力和产品综合竞争力得到了显著的提高，实现创意农业的高赢利性和可持续发展	章继刚，2008；李瑞芳，2010
风险性	创意农业比传统农业在市场上有着更大的商机，但其科技投入较大，市场认知度有限，市场定位有待加强，这些使创意农业在发展过程中面临着较高的风险	张若琳，2012

资料来源：本研究根据林炳坤、吕庆华（2013）的综述及相关文献整理。

（二）发展创意农业的背景意义

我国正处于科技时代、文化时代、创意时代和休闲时代，同时也处于农业"重中之重"的重农时代，推进创意农业发展必须充分考量现实经济社会发展的大背景，把握时代发展的新趋势：一要把握我国进入了科学发展的新时代和全面建成小康社会的攻坚期；二要把握加快农业现代化建设的步伐和实现"四化同步推进"的新要求；三要把握进入生态文明建设新时代和建设美丽中国、注重可持续发展的新趋势；四要把握现代农业多功能、全产业链的发展新趋势；五要把握现代农业示范园区建设注重创新、提升质量层次的新动向。

当前，我国农业发展既面临全面进入以工补农、以城带乡、工农互促发展阶段的历史机遇，也面临着资源环境制约加剧、市场竞争日趋激烈的严峻挑战，迫切需要加快转变发展方式、推进农业转型升级。创意农业契合了现代农业多功能化特征，以增加农产品附加值为目标，利用农业农村的生产、生活、生态等资源要素，发挥创意创新构想，研发设计和生产出具有独特性的创意产品或活动，创造出新的城乡消费市场。近年来，我国各地正在积极探索尝试推进创意农业发展，并初步取得了显著成效。以农业园区化为主平台，以科技创造和文化创意为主动力，大力发展创意农业，是增加农民收入、提高农业产出率和经济效益的重要路径，是推动农业转型升级和发展方式转变的重要方向。发展创意农业，对于促进农业资源再生利用、推进农业增效农民增收、促进美丽乡村建设、推动乡村旅游发展、实现农业转型升级，促进"四化同步"发展等具有十分重要的现实意义。

（三）发展创意农业的典型模式

近年来，我国各地通过发掘农业传统文化，拓展农业多种功能，培育特色优势产业，强化农业设施栽培，开展农业节庆活动，推广生态养殖与立体种养等现代农业模式与旅游观光功能有机耦合，形成了一大批产业依托明显、规模层级较大、知名程度较高、带动能力较强的休闲观光农业园区。这些多层次、多类型、多形式的现代农业休闲观光园区，都按照农业多功能化的发展趋势，把特色精品农产品生产与发展休闲农业、创意农业很好地结合起来，使创意农业成为农业增效农民增收的一个新亮点。

1. 产业"接二连三进四"模式

"接二连三进四"是传统农业迈向高效生态现代农业的一条重要途径。"接二"就是借助工业化手段，发展农产品精深加工业；"连三"是发展以休闲观光、科普教育、保健养生为主要内容的农业服务业；"进四"是依托农业特色产业资源，发展农业文化创意产业。在浙江，不少地方依托创意农业发展，实现了农业的"接二连三进四"，不仅拉长了农业产业链，还极大提升了农业价值链。

金华武义的传统养牛畜牧业已发展成为集"养牛、解牛（牛肉精深加工）、斗牛、吹牛"于一体的新产业。武义县壶山街道桃溪滩村陈宴殿斗牛是久负盛名的斗牛民俗活动，始于赵宋明道年间，是省级非物质文化遗产项目。而号称"吹牛"的创意金点子大赛则是通过广泛征集"农民创意发明"和"农业创新项目"等金点子，以"创造性、新颖性、推广性、实用性"作为评判标准，金华多项农民的"吹牛"创意金点子屡获"农民创富大赛"金奖。

淳安千岛湖有机鱼休闲观光园区推出了"湖水养鱼、千岛湖鱼头加工、巨网捕鱼、宣纸拓鱼"等项目，把农业的一二三产业与文化创意紧密结合起来，成为创意农业进园区的成功范例。千岛湖拥有 5 万公顷水面，87 种淡水鱼，捕捞队投放三层挂网，当鱼儿都进入"埋伏圈"后，渔工们开始收网，形成了"百鱼欢跃"的壮观景象。拓鱼，是一种将鱼的形象用墨汁或颜料拓印到纸上的技法和艺术，千岛湖宣纸拓鱼被称之为"复活的艺术"。

2. 农产品生产布局创意模式

农产品生产布局除了因地制宜、适地适生外，通过创意设计、文化植入和技术支撑，就会产生富有创意的、能带来视角冲击的农产品生产布局，从而显著提升产业附加值，增进产业规模效应和文化价值。杭州八卦田，曾经的南宋皇家御耕处，通过生产布局的文化创意，种上五彩水稻，结合农耕采摘和农家乐，创造了全新的产业价值。

仙居油菜花海织出"最大中国地图"。近年来，仙居农民共种植了 5 100 公顷油菜花，形成了连绵数千米的动感花海，利用不同花色的油菜花，用种植和修剪技术呈现出"最大的油菜花中国地图"和"仙居欢迎您"字样，同时还布置了形态不一、多姿多彩的稻草人，花田里的创意稻草人和油菜花相映成趣，是艺术美与自然美的巧妙融合。

江山开展彩色水稻"稻田艺术"创意工作，利用紫色稻、淡黄色稻、淡绿色稻、绿色稻等 4 种水稻种质源创建彩色稻——"江郎山·江山"标志，展示出美丽、宏伟的"江郎山"图案。

3. 农业与自然景观结合模式

农业景观和农村自然空间景观的结合，就会产生一种新型农业经营形态和农业景观模式，从而产生了极富创意的农业与自然景观结合的创意农业新模式。云和县把高山梯田改造成了梯田农业文化创意园，武义县把十里河道改造成了十里荷花农业文化创意带，就是把农业与自然景观紧密结合的典型样板。

云和梯田农业文化创意。云和梯田最早开发于唐初，沉淀千年农耕文化，垂直落差1 200米，有700多层，是华东最大的梯田群，被誉为"中国最美梯田"。主营高山生态米种植、黑木耳与香菇栽培、农家乐经营、梯田观光、梯田农事体验等，同时将银矿文化、农耕文化和传统文化赋予新的内涵，融入景区建设，开发出七彩梯田、四季花海、天籁云和、六月六开犁节等旅游产品。

武义十里荷花文化创意。"宣莲"是金华武义县的知名农产品。武义柳城畲族镇农民有数百年种植莲子的传统。现在，畲乡农民从单一的种莲子、卖莲子转向卖景色，把这里"十里荷花"当作特色产品经营，推出"戏莲叶、赏荷花、品莲子"特色游，通过挖掘开发古莲文化，建立了"十里荷花"农业观光科技园，引种352个莲花品种，成了长三角地区荷花物种保存最多的科技园。

4. 农产品后续加工创意模式

借助于创意思维和现代加工技术，如根雕、蛋绘、米塑等，对原生态的农产品进行创意性加工，所形成的创意农产品就从一般消费品变为高档礼品和艺术品，经过创意加工的农产品给人们带来味觉和视觉的双重盛宴，农产品的产业链和价值链得到同步提升。这种农产品后续加工创意模式已成为创意农业发展的一种典型路径。

西瓜灯是平湖民间流行的一种民俗文化，已有300多年的历史，是浙江省民间艺术保护项目之一。西瓜灯是在西瓜上雕出各种精美的图画，内置蜡烛或电灯。仲夏之夜，平湖的河面上不时飘过一盏盏西瓜灯，有的如芙蓉出水，亭亭玉立；有的似龙舟并行，威风凛凛；小孩们提着瓜灯一路玩耍，像星星闪烁，又似游龙舞动。1991年举办首届平湖西瓜灯文化节，至今已举办多届，已成为有特色、有影响的地方民间文化节之一。

"天台山"艺术葫芦是一种人工与天然相结合的工艺美术品，它的艺术造型栩栩如生，浑然天成，是具有收藏和观赏价值的艺术新宠。它以艺术创新为理念，结合天台佛教文化、造佛艺术和现代制模技术，将自然生长的葫芦与天台山文化相结合，农产品生产与艺术文化造型相结合，圆雕式范模工艺与葫芦自然生长相结合，成功开发出各类人物造型、茶具器皿的"天台山"艺术葫芦。

5. 农业文化发掘与博览模式

农业是文化之根、文明之基、智慧之源，农业历史源远流长，农耕文化悠久灿烂。浙江有着中国大陆上至今为止最为古老的农业文化遗址并形成了系列：上山文化、跨湖桥文化、河姆渡文化、马家滨文化、良渚文化。以农业生产经营为基础的文化遗产与产业经久不衰：余杭良渚遗址、嵊州小黄山遗址以及陆羽《茶经》专著等文化遗产集中展现了浙江源远流长的稻作文化和璀璨夺目的丝茶文化；湖州善琏镇湖笔、嵊州沙地村竹编、乐清黄杨木雕和青田方山稻田养殖田鱼等非遗文化产业，桐乡土丝缫制技艺、西湖龙井茶炒制技艺和富阳竹纸制作技艺等非遗展演项目以及舟山东极渔民画、东阳石鼓岭下村中国结等新兴文化产业，展现了浙江农民文化在传承中保护、在保护中创新的发展成果。

同时体现农业文化的农业博物馆也在大量兴起，如桐乡中国江南蚕俗文化博物馆是一个以蚕丝为主题的博物馆；黄岩中国柑橘博物馆是我国第一座以柑橘和橘文化为主题的大型专题博物馆；绍兴传统农具博物馆集中陈列耕作、收割、加工、生活、捕捞、喜庆、祭祀等各种类别 400 多件农具；遂昌中国竹炭博物馆是国内首家以炭历史文化及国内外炭产品展示为主题的博物馆；仙居建成全国首家展示杨梅历史文化与现代果品加工技术的杨梅博物馆。此外，还有诸如茶叶博物馆、丝绸博物馆、青田的稻田养鱼博物馆、余杭的良渚文化博物馆、安吉的竹子博物馆等。

6. 现代农业综合体模式

现代农业综合体模式是以发展现代农业为核心和主业，以产业链整合、要素整合、功能价值整合、城乡空间整合为支撑和动力，通过多方主体合作，建设体现农业行政新特区、农业科技新城区、农民居住新社区和农业生产新园区等多种综合性功能的区域政治、经济、科技、文化发展的新平台。现代农业综合体模式是一种典型的创意农业发展的新形态，是探索我国发达地区现代农业发展的全新模式和重要的创意载体。

2012 年 7 月，嵊州市、绿城集团与浙江省农科院合作建设的绿城现代农业综合体就是这一典型模式。这一模式采用"嵊州市政府＋绿城集团＋浙江省农科院"三位一体为支撑架构。绿城现代农业综合体规划总面积 1 173 公顷，由甘霖和崇仁两个区块组成。甘霖区块形成"一带、两心、四区"的总体格局。该综合体以打造大型精品农产品基地为目标，以农业工业化为新经营理念，将农业综合体建设成为具有技术开发、成果转化、产业带动和培训示范功能，集精品农业、创意农业和观光农业为一体的现代农业示范基地。

"田园鲁家"国家级田园综合体，区域面积 49 平方千米，农村人口近 1 万人。2017 年 4 月，农业农村部部长韩长赋和浙江省委书记车俊在全国休闲农业与乡村旅游大会上为安吉鲁家开园试运行揭牌，鲁家模式得到各级部门和领导的认可。"田园鲁家"国家级田园综合体高举"绿水青山就是金山银山"的

"两山"理念的伟大旗帜，按照财政部、国务院农村综合改革办公室和浙江省委省政府决策部署，加快推进农业供给侧结构性改革和深化农村综合改革，培育农村发展新动能。

（四）发展创意农业的主要路径

当前，创意农业发展有着供给与需求两方面良好的现实基础，发展前景十分看好，但与发达国家相比，我国创意农业发展尚处于以点带面的探索起步发展阶段，整体水平还不高，存在不小差距和不少制约因素，包括认识上的偏颇、行动上的偏差和操作上的偏误。加快创意农业发展需要依托政府、社会、各类经营主体的力量，围绕创意农业发展的科技创新与文化创意，确立跨越式发展理念，发挥比较优势、打造竞争优势、构筑产业优势，把创意农业打造培育成为现代农业的"第四产业"。

1. 把创意农业定位为农业战略性新兴产业

创意农业是新兴科技和农业的深度结合，可以推动新的农业革命，既代表着农业科技创新的方向，也代表着现代农业发展的方向，将创意农业作为农业战略性新兴产业加以培育，可以为创意农业发展创造更加良好的政策制度环境。各级政府要按照农业战略性新兴产业的培育方向，研究创意农业发展面临的困难和问题，制定相应的规划、政策、制度和规定，加快制订创意农业产业发展相关标准，加大对创意农业发展的资金支持力度和政策扶持力度，现有基本建设和财政资金项目要向创意农业领域倾斜。要将创意农业的公共基础设施建设，纳入当地基础设施建设计划予以支持。逐步建立创意农业发展基金，专项支持创意农业的规划设计编制、基础设施建设、宣传推介和产业促进等工作。

2. 提升创意农业经济效益与质量水平

当前，创意农业正处于加速发展和转型发展的关键时刻，一系列强农惠农富农政策的导向下，带动了各级政府都增加对创意农业投入，也吸引了越来越多社会资本投入创意农业。但创意农业高投入、低产出、低效益的问题十分突出，绝大多数创意农产品卖方市场特征十分明显，投入偏大而效益偏低的现象严重困扰着创意农业发展。同时创意农业知识含量低，产业链条短，品牌意识薄弱、市场不活跃的问题十分显著。创意农业主要被理解为郊区观光、旅游农业。不少创意农业简单模仿，同质化严重、生产粗放、产品粗糙、品牌缺乏文化内涵和产品创新动力。提高创意农业的投入产出率、资源利用率、劳动生产率和提升创意农业发展的质量和水平，必然成为打造浙江农业升级版的关键举措。

3. 加强创意农业战略规划和总体设计

随着市场需求的不断扩大，创意农业取得了长足发展，但相应的认知与准备严重不足，发展创意农业缺乏战略规划和总体设计。对创意农业经营主体培育不够，政府、社会、市场、企业、农民分工不明确，产业发展规划、创意设计、顶层设计、政策设计缺失，发展处于无序化。大多数创意农业均为自发形成，个体经营居多，布局凌乱，各自为战。农村地区绝大多数具有优良的自然环境，独特的历史文化，浓郁的民族风情，由于观念落后、人才匮乏、设计滞后，大量宝贵的创意农业资源未得到有效开发。政府也没有专门的战略规划和政策支持，基础设施和公共服务缺乏，分散零星的创意农业示范点还形不成规模效益和优势品牌。

4. 改变创意农业专业人才缺乏的状况

创意农业是创意理念、新兴科技和现代农业的深度融合，创意农业的设计人才、技术人才、研发人才、文化人才是产业发展的核心支撑。当前，我国创意农业严重缺乏专业人才，特别是具有创意理念的高素质农民和产品品牌运作的高层次人才。创意农业领域中掌握宏观经济、产业格局、整合营销、品牌管理、文化开发的复合型人才数量较少。农业劳动者素质整体不高，在接受新观念、获取信息、提高技能、参与市场竞争等方面面临较多困难，发展创意农业正面临着各类农业专业人才缺乏的主体危机。

5. 构建创意农业综合性支撑平台

目前浙江已经涌现出了300余个休闲创意元素凸显、产业集聚度较高的创意休闲园区。这些园区在支撑浙江创意农业发展中具有举足轻重的地位，但相应的创意农业技术研发、规划设计、政策支持、专业人才、融资信贷、风险保险等支撑、服务和保障创意农业发展的专业机构与公共平台的缺乏，特别是创意农业的产学研协作、农科教一体的农技推广通道的缺失，众多有着强烈创意意愿和创意需求的生产主体和农业园区依旧是依靠原有的农业发展平台在支撑着创意农业园区的发展，这种生产关系严重不适应生产力发展状况，使它们遇到了难以克服的"成长烦恼"，有些创意园区只有创意农业"形"而没有创意农业的"神"，在项目审批、投资融资、配套产业、科技转化、农具农艺等领域都陷入了"老水牛拉现代车"的窘境，严重影响着创意农业园区的效益和长远的发展。

6. 创新创意农业政策支持引导机制

创意平台的搭建、创意环境的营造、创意氛围的塑造、创意意识的提升、创意产品的创建、创意人才的培养等项目的前期投入时间长、资金沉积量大，单靠企业力量无法完成，需要政府政策支持与引导。但由于对创意农业发展认知与准备不足，现有农业发展政策中，很难看到具体支持创意农业发展的政策内容，更缺少真正意义上创意农业项目的资金支持，驱动创意农业发展的市场机制不完善，公众参与形式单一及参与领域有限，缺少提高农业创意转化率的价格形成机制，农业创意知识产权保护机制缺位，土地、税费、用水、用电等一系列优惠扶持政策缺乏系统性设计，目标一致、协办配合的工作机制尚未建立，急需按照政府引导、企业主体、市场驱动、社会参与的原则，创新创意农业的支持政策、引导体制与激励机制。

7. 强化文化在创意农业发展中的软实力

创意农业的发展与悠久的农业文明和农耕文化有着密切的关联性。在发展创意农业的今天，要更加重视文化软实力对创意农业发展的促进作用，既要传承和弘扬精耕细作的农耕文化和农作农艺，也要运用和创造新时期的新农业文化，依靠体制创新、科技创造、文化创意来推动创意农业的集约化、产业化和品牌化。在创意农产品的生产、加工、营销的环节，要体现科技与文化的作用，致力于提高创意农产品的科技含量和文化含量。要着力开发农业文化功能，充分挖掘各地深厚的稻作文化、蚕桑文化、茶文化、柑橘文化、笋竹文化等农业文化资源，大力发展农产品创意加工业、休闲观光农业和文化创意农业，拉长农业的产业链，提升农业的价值链，走出一条尊重自然规律、市场规律和社会规律的科教兴农、文化惠农的创意农业发展的新路子。

8. 注重技术在创意农业发展中的硬支撑

创意农业是智力密集型产业，体现创意农业的新品种、新技术、新方法、新成果等是创意农业的生存之本、壮大之源。要结合各地区农业产业实际，强化创意农业的新技术研发，重点加强关键技术研发和核心技术综合集成，用以支撑创意农业发展对技术创新的依托。一方面从国内外引进有关农业科技、文化创意的农业企业高端人才、专家学者，加强与有关创意设计公司、营销策划公司以及大中专院校、科研机构的合作，重点培养一批发展创意农业的技术骨干；另一方面，大力培养农业创意开发的专业团队，从市场定位、项目策划、价值分析、设计建造、招商营运方面，为创意农业的发展提供人才智力支撑。

第五章　农业资源环境现状及农业主要功能

　　农业资源是人类社会赖以生存和发展的重要物质基础，它不仅是农业生产发展的基本资料，也是一个地区整个国民经济和社会发展的条件保障。农业资源不仅为种植业、林业、畜牧业、渔业生产发展所利用，而且随着城镇化和城乡一体化的推进，工业制造业、商贸服务业等快速发展也在大量挤占、消耗甚至污染着农业资源。越是经济发达国家和地区，农业自然资源就越是极为珍贵，保护和利用这些资源的意义也更为重大。

　　当前反映农业资源的数量与质量的指标大大小小有几十项，这些指标相当分散，掌握这些指标的部门也相当分散，建立一套相对完善的综合评价指标体系非常有必要。为了充分把握农业资源禀赋紧约束的形势，本章以地处中国东南沿海发达地区的浙江省为例，通过遴选和设置若干指标，组成综合评价指标体系，以更好地考量和评价区域农业资源禀赋及利用情况，为进一步加强对农业自然资源的精准管理和综合管理提供量化依据。

一、农业资源环境现状评价

（一）地形地势特点

　　浙江省位于我国东南沿海长三角南翼，东临东海，南接福建，西与江西、安徽相连，北与上海、江苏接壤。全省东西和南北的直线距离均为 450 千米左右，陆域面积 10.18 万平方千米，为全国的 1.06%，是中国面积最小的省份之一。

　　浙江省地形复杂，素有"七山一水二分田"之称，全省山地和丘陵占 70.4%，平原和盆地占 23.2%，河流和湖泊占 6.4%，耕地面积仅 1 984.8 千公顷（2013 年）。地势由西南向东北呈阶梯状倾斜。地势西南部高，东北部低，自西南向东北倾斜，呈梯级下降。西南部为平均海拔 800 米的山区，1 500 米以上的山峰也大都集中在此，龙泉市境内的黄茅尖，海拔 1 929m，为浙江省最高峰；中部以丘陵为主，数十个大小"红层"盆地错落分布于丘陵山地之间；东北部为冲积平原，属长江三角洲一部分，地势平坦，土层深厚，河网密布。

按照地貌形态类型组合特征，全省地形地貌可分为山地、丘陵、平原三大类，并可分为浙北平原、浙西丘陵、中部金衢盆地、浙南山地、东南沿海平原及其滨海岛屿 6 个区。山地面积 50 779.46 平方千米，占全省土地面积的 48.3%，其中，中山占 26.7%，低中山占 6.6%，低山占 15.0%，主要分布在浙南与浙西，山体主要由火山岩构成，一般坡度在 25°以上，宜发展林业。丘陵面积 26 401.47 平方千米，占全省土地面积的 25.1%，主要分布在浙中、浙东地区，宜发展多种经济作物。平原面积 27 952.29 平方千米，占全省总土地面积的 26.6%，平原一般分布在 50 米以下，按形态特征可分为山间谷地、河谷平原、水网平原、低洼水网平原、河口平原、滨海平原和浅海滩涂等形态类型，全省主要有杭嘉湖、萧绍宁、温（岭）黄（岩）、温（州）瑞（安）等平原，以及较大盆地的河谷平原与谷地，主要有金衢、永康、诸暨、新嵊、天台、碧湖、松古等盆地，是浙江省种植业和水产养殖业的主要地区。

（二）农业气候特征

浙江位于中低纬度的沿海过渡地区，属典型的亚热带季风气候，气候总的特点为季风显著，气温适中，四季分明，光照充足，雨量充沛。2014 年，全省年平均气温 17.6℃、较常年同期偏高 0.4℃，年平均降水量为 1 635.5 毫米、比常年偏多一成，日照时数全省平均为 1 642.3 小时，比常年同期偏少 117.0 小时。总体来说，全省农业气候条件属于正常年景。

浙江省农业气候资源丰富，光热水组合较好，气候地带性差异较大，小气候类型多样，对农业发展具有多宜性、多熟性、多层性、多类型的特点，从而为浙江省农业结构调整提供了有利的气候条件。但是，由于季风气候的不稳定性，尤其是在全球气候变暖背景下，台风、洪涝、干旱、高温等农业气象灾害频繁发生，在一定程度上制约着农业的发展。

（三）农业土地、水资源

浙江拥有较丰富的土地资源、水资源、海洋资源和旅游资源，但由于人口总数较大，人均拥有土地、水等自然资源低于全国平均水平。据 2014 年土地变更调查统计，至 2014 年末，浙江省各类土地面积为 1 055.21 万公顷，其中农用地 862.43 万公顷，占 81.73%；建设用地 126.61 万公顷，占 12.0%；未利用地 66.17 万公顷，占 6.27%。

浙江省耕地主要分布在杭嘉湖、宁绍、温台三大平原及金衢等盆地和各河谷低丘地区，按耕地资源的地区构成分析，2006 年占全省耕地总量比重最高的为嘉兴市，为 13.316％，其次分别为宁波市占 13.169％、杭州市占 11.445％、绍兴市占 10.458％、金华市占 10.401％。近年来，随着工业化、城市化快速发展，土地资源消耗量较大，而耕地后备资源比较缺乏，加上人口的自然和机械增长，浙江省人均耕地面积已从 1949 年的 0.086 公顷减少到 2009 年的 0.037 公顷，约为全国人均耕地 1/3，低于联合国粮农组织规定的人均 0.053 公顷的警戒线。

根据有关统计资料分析，1993—2006 年，浙江省因各类建设占用、农业结构调整占用和自然灾害毁坏等共减少耕地 66.79 千公顷，年均减少耕地 5 137.6公顷。减少的耕地主要流向建设用地，占全省耕地减少的 69.24％，其次流向农用地中的其他占地，占 18.46％。13 年来，土地整理已成为浙江省年内耕地增加的主要途径，尤其自 1997 年开展土地整理活动以来，土地整理面积一直呈明显的上升趋势，通过土地整理增加的耕地占年内耕地增加总量的比重为 53.37％，其在年内耕地增加总量中的贡献率也从 1997 年的 16.55％上升到 2006 年的 71.29％。

浙江省河流众多，集水面积在 10 平方千米以上的河流多达 2 442 条，其中集水面积在 1 500 平方千米以上且独立入海（湖）者有 8 条，主要水系自北而南有苕溪、钱塘江、曹娥江、甬江、灵江、瓯江、飞云江和鳌江，除钱塘江发源于安徽省外，其余河流均发源于省内，其中苕溪注入太湖，属长江水系，余者均流入东海，上游坡陡流急，下游感潮是浙江河流的特点。此外尚有京杭大运河贯穿杭嘉湖平原中部。浙江海岸港湾众多，主要有杭州湾、象山港、三门湾、台州湾、乐清湾、温州湾等。

浙江省内陆水域约 5 582.7 平方千米。多年平均水资源总量为 937 亿立方米，按单位面积计算居全国第 4 位，但人均水资源占有量只有 2 008 立方米，最少的舟山等海岛人均水资源占有量仅为 600 立方米，低于全国人均水平。

据《浙江省地下水资源调查与规划》报告，浙江省地下水天然资源（总补给量）约 113.9×10^8 立方米/年，约占全省水资源总量的 11％。由于地下水埋藏特征、补给条件、水质状况的差异，地下水资源分布不均，实际可供开发利用的可采资源（允许开采资源）48.4×10^8 立方米/年，占天然资源量的 42.9％（见表 5-1、表 5-2）。

表 5-3 是以行政分区的水资源分布，从列表中的数据可以看出浙江省水资源的地区分布不平衡，特别是经济发达地区水资源总量相对缺少，而经济欠发达的西南山区降水更为丰富，水资源总量相对宽裕。表 5-4 为浙江省农田灌溉亩均用水量。

表 5 - 1　浙江省地下水资源一览表

地下水类型			天然资源量 （10^8 立方米/年）	可采资源量 （10^8 立方米/年）
松散岩类孔隙水	孔隙潜水	河谷潜水	23.52	20.83
		平原区	8.34	4.46
	孔隙承压水			2.96
	岩溶水		12.51	3.04
	红层孔隙裂隙水		9.15	2.75
	基岩裂隙水		60.39	14.37
	合　计		113.91	48.41

表 5 - 2　2015 年浙江省流域分区降水量与地表水资源量

流域分区	降水量		地表水资源量 （亿立方米）
	毫米	亿立方米	
鄱阳湖水系	2 736.31	13.99	10.70
太湖水系	1 688.31	207.21	122.8
钱塘江	2 190.58	925.88	628.45
浦阳江、曹娥江、甬江及浙东沿海诸河	1 994.71	253.11	156.09
椒江、瓯江及浙南沿海诸河	2 023.09	677.64	430.52
闽东诸河	2 491.75	30.82	21.56
闽江	2 316.49	26.17	18.28
全省	2 060.60	2 134.83	1 388.42

数据来源：2015 年《浙江省水资源公报》。

表 5 - 3　浙江省行政分区水资源总量

单位：亿立方米

年份 城市	2001	2002	2003	2004	2005	2006	2007	2008
合　计	936.82	1 230.48	574.48	675.67	1 014.35	903.59	892.15	855.23
杭州市	157.7	213.07	102.65	85.28	90.64	109.82	104.13	154.38
宁波市	75.7	100.47	29.31	67.96	92.6	55.31	17.86	27.31
温州市	146.95	141.1	80.76	111.31	196.69	173.97	33.64	46.85
嘉兴市	19.09	28.78	4.69	9.01	12.23	13.45	58.94	56.55

（续）

年份 城市	2001	2002	2003	2004	2005	2006	2007	2008
湖州市	33.37	46.7	21.35	23.41	29.63	28.63	83.2	71.6
绍兴市	58.36	93.79	30.82	44.25	52.8	42.18	5.33	8.08
金华市	70.4	130.16	57.37	54.25	84.3	75.99	72.31	79.14
衢州市	90.69	146.18	81.5	64.84	87.05	89.64	62.71	86.54
舟山市	6.45	12.55	1.7	5.86	8.53	5.5	179.92	111.7
台州市	93.95	101.02	36.3	80.23	141	86.63	102.25	67.75
丽水市	184.16	216.66	128.03	129.27	218.88	222.45	171.86	145.34

年份 城市	2009	2010	2011	2012	2013	2014	2015	—
合　计	931.35	1 397.61	744.21	1 444.79	930.9	1 130.69	1 405.11	
杭州市	141.5	190.4	136.7	221.26	141.15	163.01	239.06	
宁波市	26.48	30.04	61.23	129.82	81.03	85.06	126.04	
温州市	46.71	46.3	88.76	183.94	138.08	159.01	155.74	
嘉兴市	65.78	75.9	15.01	36.87	21.7	23.52	38.76	
湖州市	87.48	96.22	34.72	56.48	30.19	39.45	60.64	
绍兴市	7.11	7.53	58.58	102.23	67.04	72.4	106.77	
金华市	80.48	152.22	80.19	144.34	81.66	115.13	139.17	
衢州市	80.73	158.77	81.96	154.15	72.18	120.27	163.73	
舟山市	140.86	196.47	4.26	13.05	5.69	7.94	11.78	
台州市	83.96	139.62	63.94	129.58	99.79	112.31	106.18	
丽水市	170.28	304.13	118.86	273.07	192.4	232.59	257.23	

数据来源：2002—2015 年历年《浙江省水资源公报》数据整理。

表 5－4　浙江省农田灌溉亩均用水量

单位：立方米

年　份	1997	1998	1999	2000	2001	2002	2003	2004	2005	2006
亩均用水量	524.47	542	542	508	473	480	444	447	414	409

年　份	2007	2008	2009	2010	2011	2012	2013	2014	2015	—
亩均用水量	398	379	365	363	347	335	346	346	355	

数据来源：2002—2015 年历年《浙江省水资源公报》数据整理。

（四）森林资源

1. 森林资源禀赋[①]

根据 2015 年浙江省森林资源年度监测资料，浙江全省林地面积 660.49 万公顷，其中森林面积 605.68 万公顷；活立木蓄积 3.31 亿立方米，其中，森林蓄积 2.97 亿立方米。全省乔木林单位面积蓄积量 69.41 立方米/公顷，其中，天然乔木林 67.09 立方米/公顷，人工乔木林 75.70 立方米/公顷，乔木林分平均郁闭度 0.60。全省毛竹总株数 28.53 亿株，毛竹林每公顷立竹量 3 311 株，全省活立木蓄积总生长量与总消耗量之比为 2.41∶1，活立木蓄积量继续呈现生长大于消耗的趋势。全省森林覆盖率 59.50%，按浙江省以往同比计算口径，则森林覆盖率为 60.96%，继续位居全国前列。

浙江省竹种资源丰富，全省竹林面积 91.02 万公顷，占森林面积 15.03%。其中：毛竹林 79.75 万公顷，占竹林面积的 87.62%；杂竹林 11.27 万公顷，占竹林面积的 12.38%。全省毛竹总株数 28.53 亿株，毛竹林每公顷立竹量 3 311 株，当年生新竹占毛竹总株数的 19.20%。

全省经济林面积 97.38 万公顷，占森林面积的 16.04%；经济林蓄积 412.69 万立方米，占森林蓄积的 1.39%。森林植被十分丰富，全省有高等植物 288 科，1 471 属，4 600 余种，素有"中国东南植物宝库"之称。茶叶、油茶、柑橘、杨梅、板栗、蚕桑、山核桃七大经济树种，合计占经济林面积的 86.48%。

2. 森林资源区域分布

（1）地理区域分布。根据浙江自然地理特征，全省分为浙北平原、浙西北中低山、浙中丘陵盆地、浙南中山、浙东南沿海 5 个自然地理分区，森林资源总的趋势是西南部山区的林区县（市）森林资源多，北部平原和东南沿海地区的非林区县（市）森林资源少。

浙北平原区：本区位于浙江东北部、太湖以南的杭州湾两岸，是浙江省经济最发达的地区，区内地貌以平原为主，地势低洼、水网密布，具典型的江南水乡风貌，但森林资源较少。全区林地面积 612.9 千公顷，占全省林地面积的 9.18%，森林面积 560.3 千公顷，森林覆盖率 32.55%。活立木总蓄积 1 293.51 万立方米，占全省活立木总蓄积的 6.67%，其中森林蓄积 937.99 万

---

① 根据 2017 年公布的"浙江省森林资源及其生态功能价值公告"整理而来. http://www.zjly.gov.cn/art/2017/3/10/art_1275964_5887374.html.

立方米。

浙西北中低山区：本区位于浙江西部山区，是浙江省竹木重点产区，山地广阔，人口密度较低。全区林地面积 1 434.1 千公顷，占全省林地面积的 21.47％，森林面积 1 206.7 千公顷，森林覆盖率 68.66％。活立木总蓄积 4 552.38 万立方米，占全省活立木蓄积的 23.49％，其中森林蓄积 4 157.66 万立方米。

浙中丘陵盆地区：本区位于浙江中部、中东部腹地，是浙江主要商品粮基地和多种经营内容较多的农业经济综合区，也是经济比较发达的地区之一。全区林地面积 1 395.8 千公顷，占全省林地面积的 20.90％，森林面积 1 261.7 千公顷，森林覆盖率 58.88％。活立木总蓄积 3 587.03 万立方米，占全省活立木总蓄积的 18.51％，其中森林蓄积 3 250.68 万立方米。

浙南中山区：本区位于浙江南部，是浙江森林资源最多和商品材生产量最大的林区，区内地貌以中低山为主，山地广阔，交通不甚方便。全区林地面积 2 219.4 千公顷，占全省林地面积的 33.22％，森林面积 1 958.4 千公顷，森林覆盖率 71.01％。活立木总蓄积 7 637.53 万立方米，占全省活立木总蓄积的 39.40％，其中森林蓄积 6 854.18 万立方米。

浙东南沿海区：本区位于浙江东南部沿海地区，是浙江省沿海经济发达地区，依山面海，海岸线长而曲折，港湾和岛屿众多。全区林地面积 1 017.5 千公顷，占全省林地面积的 15.23％，森林面积 857.1 千公顷，森林覆盖率 47.61％。活立木总蓄积 2 312.48 万立方米，占全省活立木总蓄积的 11.93％，其中森林蓄积 2 022.63 万立方米。

（2）主要流域分布。浙江江河众多，自北而南有苕溪、钱塘江、甬江、椒江、瓯江、飞云江、鳌江 7 条主要水系，浙、赣、闽边界河流有信江、闽江水系，还有其他众多的小河流等。其中，除苕溪注入太湖水系、信江注入鄱阳湖水系，二者属长江水系外，其余均独流入海。流域林地面积大于 1 000 千公顷的河流有钱塘江、瓯江两条。

钱塘江流域：钱塘江流域面积占全省国土面积的 43.04％，林地面积 2 966.4 千公顷，占全省林地面积的 44.41％；森林面积 2 607.3 千公顷，占全省森林面积的 44.61％；森林覆盖率为 59.51％。活立木总蓄积 9 042.51 万立方米，占全省活立木总蓄积的 46.65％。森林蓄积 8 274.87 万立方米，占全省森林蓄积的 48.04％。森林面积中，乔木林面积 1 869.9 千公顷，竹林 311.2 千公顷，国家特别规定灌木林 426.2 千公顷；天然林 1 362.3 千公顷，占森林面积的 52.25％；人工林 1 245.0 千公顷，占 47.75％。

瓯江流域：瓯江流域面积占全省国土面积的 17.97%，林地面积 14 126 千公顷，占全省林地面积的 21.15%；森林面积 1 206.7 千公顷，占全省森林面积的 20.65%；森林覆盖率为 65.97%。活立木总蓄积 4 629.03 万立方米，占全省活立木总蓄积的 23.88%。森林蓄积 4 073.84 万立方米，占全省森林蓄积的 23.65%。森林面积中，乔木林面积 924.1 千公顷，竹林 129.3 千公顷，国家特别规定灌木林 153.2 千公顷；天然林 761.3 千公顷，占森林面积的 63.09%；人工林 445.3 千公顷，占 36.91%。

（3）林区分布。浙江省现有 90 个县级行政单位，其中 51 个林区县，39 个非林区县。林区县中：龙泉、遂昌、景宁、松阳、庆元、开化、淳安、临安、安吉等 9 个县（市）为重点产材县，其余 42 个县（市、区）为一般林区县。重点产材县、一般林区县、非林区县占全省土地面积的比例分别是 22.0%、59.4% 和 18.6%。

重点产材县：重点产材县林地面积 1 850.7 千公顷，占全省林地面积的 27.71%；森林面积 1 625.7 千公顷，森林覆盖率 72.39%。活立木总蓄积 7 139.35 万立方米，占全省活立木蓄积的 36.83%，其中森林蓄积 6 472.78 万立方米。森林面积中，乔木林 1 249.8 千公顷，竹林 225.1 千公顷，国家特别规定灌木林 150.8 千公顷，分别占森林面积的 76.88%、13.85% 和 9.27%；天然林 859.5 千公顷，人工林 766.2 千公顷，分别占森林面积的 52.87%、47.13%。

一般林区县：一般林区县林地面积 4 165.8 千公顷，占全省林地面积的 62.36%；森林面积 3 636.7 千公顷，森林覆盖率 60.18%。活立木总蓄积 10 879.30 万立方米，占全省活立木蓄积的 56.13%，其中森林蓄积 9 752.54 万立方米。森林面积中，乔木林 2 657.5 千公顷，竹林 428.5 千公顷，国家特别规定灌木林 550.7 千公顷，分别占森林面积的 73.08%、11.78% 和 15.14%；天然林 2 063.7 千公顷，人工林 1 573.0 千公顷，分别占森林面积的 56.75%、43.25%。

非林区县：非林区县林地面积 663.2 千公顷，占全省林地面积的 9.93%；森林面积 581.8 千公顷，森林覆盖率 30.76%。活立木总蓄积 1 364.29 万立方米，占全省活立木蓄积的 7.04%，其中森林蓄积 997.82 万立方米。森林面积中，乔木林 294.5 千公顷，竹林 129.3 千公顷，国家特别规定灌木林 158.0 千公顷，分别占森林面积的 50.62%、22.22% 和 27.16%；天然林 246.6 千公顷，人工林 335.2 千公顷，分别占森林面积的 42.39%、57.61%。

（五）海洋资源

　　浙江海域辽阔，海岸曲折，港湾、岛屿众多，有"陆域小省，海洋大省"之称，是全国岛屿最多的省份，约占全国岛屿总数的五分之二左右，其中面积大于 10 平方千米的有 28 个，面积 495.4 平方千米的舟山岛为我国第四大岛。全省海岛陆域面积 1 940 平方千米，最北为嵊泗县灯城礁，最东为嵊泗县海礁（童岛），最南为苍南县七星（星仔）岛。沿海岛屿分布具有东西成列、南北如链、面上呈群的特征。

　　浙江省大陆海岸线北起平湖市金丝娘桥，南至苍南县虎头鼻，全长 1 840 千米。海域面积 4.24 万平方千米，其中滩涂面积 0.24 万平方千米，领海面积 0.91 万平方千米，内海面积 3.09 万平方千米，此外，200 米等深线的大陆架面积达 22.27 万平方千米。沿海广泛发育着 NNE、NW、EW 向三组断裂，形成众多海湾，其中面积大于 30 平方千米的有 10 处。

　　浙江海域所在的东海陆架是世界最宽的陆架之一，最大宽度达 600 千米，最窄处也有 340 千米，平均坡度为 58°，平均水深为 72 米。坡折线以东为冲绳海槽区，水深明显变深（最大达 2 700 米）。东海陆架是中国大陆的自然延伸，主要有水下岸坡、陆架平原、水下三角洲、潮流沙脊群等地貌类型。浙江沿岸的年淤积量约为 $2×10^8$ 吨，其中长江水和浙江入海河流的输沙约占淤积量的一半，另一半主要来自内陆架海底掀沙。浙江近岸均为强潮区，除浙北穿山、镇海和舟山群岛外，大部分地区潮差大于 4 米，河口、海湾区潮差更大。受地形制约，在舟山群岛、杭州湾等水道、湾口，形成很强的潮流流速。浙江海域具有四季分明、年温适中、雨量充沛、空气湿润、热量充裕的气候特点，但台风、强冷空气、干旱、冰雹等自然灾害较为频繁。浙江海域营养盐含量是我国沿海的高值区之一，具有河口港湾高、远岸低，冬秋高、春夏低等特征。浙江沿岸的浮游植物以硅藻为主，个体密度为春季最高，秋季最低；浮游动物以水母类、桡足类为主，高值区一般出现在高低盐水交汇区及港湾河口，夏季含量最高，冬季最低。丰富的浮游生物为海洋经济鱼类提供了良好的食物基础。海岸线总长度 6 486.24 千米，居全国首位，其中大陆岸线长度 2 200 千米，居全国第 5 位，岛屿岸线长度 4 286.24 千米，沿海岸长水深，可建万吨级以上泊位的深水岸线 253 千米，占全国的三分之一以上，10 万吨级以上泊位的深水岸线 105.8 千米。各处的深水岸线均有深水航道与外海相连，并有相应的锚地，可供各类船舶避风、过驳、待泊。深水岸线资源主要集中在杭州湾北岸、宁波—舟山海域、温台沿海，其中北仑—金塘海域可以全天候通航和靠泊第

四、第五代和超大型集装箱船舶，是我国东南沿海建设大型深水港的理想港址。港口资源的地域分布较为均匀，可分浙北、浙中、浙南等区域，具有建设区域组合港的条件，可以使浙江沿海形成综合性、多功能的现代化港口群体。

浙江海域由于具有多种水流交汇、岛屿众多、营养盐丰富等环境特点，成为我国海洋渔业资源蕴藏量较为丰富、渔业生产力较高的渔场。浙江沿海地区分布着普陀山、嵊泗列岛、雁荡山、岱山、洞头、滨海—玉苍山等国家级、省级风景名胜区，拥有宁波、临海等全国历史文化名城，以及为数众多的国家级和省级重点文物保护单位，具有自然和人文、海域和陆域、古代和现代等多种旅游资源类型，组成了杭、绍、甬人文自然综合旅游资源带、浙南沿海旅游资源区和舟山海岛旅游资源区。

就滩涂湿地资源而言，浙江沿海滩涂资源十分丰富。全省现有理论深度基准面以上的海涂资源 239.4 千公顷，主要为淤涨型滩涂，主要分布于杭州湾南岸、三门湾口附近、瓯江口外两侧、椒江口外两侧和瓯江口至琵琶门之间，具有多宜性的特点。浙江沿海平均潮差为 4.29 米，潮汐能理论装机容量为 2 896 万千瓦，可能开发的潮汐能装机容量为 880 万千瓦，约占全国总量的 40%。浙江沿海平均波高为 1.3 米，理论波浪能密度为 5.3 千瓦/米，可装机容量为 250 万千瓦，波浪能占全国总数的 16.5%。沿海还有丰富的潮流能和风能等资源。东海大陆架盆地有着良好的石油和天然气开发前景。

经过多年发展，浙江海洋产业结构逐步优化，港口海运业、临港产业和海洋旅游业发展较快，海洋渔业和海涂围垦稳步增长，东海油气进入实际开发利用阶段，沿海和海岛基础设施普遍改善。

(六) 农业气象灾害

据浙江省主要农业气象灾害时空分布特征的分析研究表明：夏秋台风、伏秋干旱、暴雨洪涝等是影响农业生产的主要气象灾害，并具有如下特点：

1. 台风

浙江省受台风影响频繁，平均每年 3.4 个，主要集中在 7—9 月。影响浙江省的台风，海岛大于海岸，沿海大于内陆，由沿海逐渐向内陆减少。登陆浙江的台风，特别是严重影响浙江省的台风有增无减，灾情趋重。

2. 暴雨洪涝

是浙江省仅次于台风的又一气象灾害，发生的时间主要集中在 5—9 月。全省年平均暴雨日数在 2～6 天左右，暴雨空间分布的总体特征是南多北少，东、西部多而中部少。浙江省洪涝灾害在 20 世纪 80 年代中后期至 90 年代增多趋势较为明显。

3. 干旱

也是浙江省最主要的农业气象灾害之一，以夏秋 7—9 月的干旱最为频繁。以地区分布而言，夏秋干旱频率以西部内陆丘陵盆地金华、衢州、丽水 3 市和东部舟山市等沿海岛屿地区最高。进入 20 世纪 90 年代以来，东部海岛和东南沿海地区伏秋干旱增多，其中以东南沿海的台州、温州两市最为明显。浙江省杂交晚稻抽穗扬花期秋季低温危害明显减少，而晚霜冻危害呈增多的趋势。

二、农业自然资源综合评价

（一）指标体系构建的基本原则

为了更好地量化反映浙江省农业自然资源禀赋情况及对全省农业现代化发展的支撑，建立一套相对完善的评价指标体系非常有必要。综合评价指标体系的构建必须遵循以下原则：

（1）科学性原则。以科学发展观为指引，以遵从农业资源利用的自然规律、生态规律和经济规律等科学原则为前提，指标的设置尽可能科学、客观地反映浙江农业自然资源在农业生产系统内部的支撑、变化及外部影响，通过设置相互关联的指标，能较好地度量和评价不同时期、不同地区、不同类型和不同模式农业自然资源禀赋及利用情况。

（2）整体性原则。农业资源利用的同等重要律和最小量限制律要求评价指标体系覆盖面较广，指标体系整体上要包揽农业资源存量与利用的各个方面，但在单个指标的选择上，立足全面，有所侧重，选取具有代表性的指标，要能从纵向和横向两个角度综合地反映影响农业资源禀赋和利用的各个环节和各种因素，能全面地体现和贯彻落实农业资源高效利用的衡量标准。

（3）可获性原则。评价指标体系中的各指标应简单明了，便于获取和计算，不必再做大量的调查和研究。尽可能用惯用的百分比、单位面积产出、单位投入产出、利用效率等表示。在选取指标时，应尽量选取富有代表性、多用途性和可定量化的指标。

（4）层序性原则。农业资源在农业生产系统中相互联系、彼此依存的耦合性要求在构建农业资源评价指标体系时，指标的组织必须依据一定的逻辑规则，具有较强的结构层次性。

（5）动态性原则。农业资源禀赋与利用是一个相对的、动态的概念。一是农业生产具有周期性、循环性、连续性等特点，有些指标很难在一个周期内界定，往往需要通过一定的时间尺度，经过几个周期循环才能得到反映；二是随着科技发展和人类认识自然水平的提高，农业自然资源开发的广度和深度也在处于变化中，要求评价指标要考虑资源禀赋与利用动态发展和变化的特点；三是随着农业农村经济发展方式的逐步转变，将适当对指标体系进行调整和完善，及时反映农业资源与农业发展方式转变的进程变化。

（二）指标体系的确定

按照浙江省目前的农业资源特点和农业发展对资源依赖程度，选择五大类25项具体指标，构成完整的评价体系。

1. 水资源指标

重点选择：水资源总量、农业用水量、农田灌溉亩均用水量、灌溉水利用系数、地表水Ⅰ～Ⅲ类水质断面占比等5项指标。

水资源总量：指降水所形成的地表和地下的产水量，即河川径流量和降水入渗补给量之和。

农业用水量：农业生产所用的水量，包括农田灌溉用水量，渔业及林果地用水量等的总量。

农田灌溉亩均用水量：单位面积的农田实际灌溉用水量，是反映水资源高效利用程度的指标。

灌溉水利用系数：被农作物利用的净水量与水源渠首处总引进水量的比值。它是衡量灌区从水源引水到田间作用吸收利用水的过程中水利用程度的一个重要指标。

地表水Ⅰ～Ⅲ类水质断面占比：地表水Ⅰ～Ⅲ类水质所占的比重，反映地表水质的重要指标。

2. 土地资源指标

重点选择：农用地面积、垦殖指数、复种指数、一等田占标准农田比重、土地生产率等5项指标。

农用地面积：区域内直接用于农业生产的土地的面积，包括耕地、园地、林地、牧草地及其他农用地。

垦殖指数：耕地面积占其土地总面积的比例，用百分数表示，是衡量一个地区土地资源开发利用程度的指标。

复种指数：农作物总播种面积与耕地面积之比，用百分数表示，是反映耕地利用程度的指标。

一等田占标准农田比重：具有吨粮生产能力的一等标准农田在标准农田中

的比重，用以真正反映耕地质量的重要指标。

土地生产率：反映土地生产能力的一项指标，用农牧业增加值与农用地面积之比来确定。

3. 气候资源指标

重点选择：年平均降水量、年平均气温、平均日照时数、平均酸雨率、农业受灾面积等5项指标。

年平均降水量：年平均降水量也叫年平均降水量，简称年均降水量，是指某地多年降水量总和除以年数得到的均值，或某地多个观测点测得的年降水量均值。

年平均温度：指一年内各次观测的气温值的算术平均值。根据计算时间长短不同，可有某日平均气温、某月平均气温等。

年平均日照时数：指太阳多年在垂直于其光线的平面上的辐射强度超过或等于120瓦/平方米的平均时间长度。

平均酸雨率：酸雨次数除以降雨总次数，反映降雨质量的指标。

农业受灾面积：由于水旱等造成的农业受灾面积，反映农业气象对农业生产造成影响的指标。

4. 森林资源指标

重点选择：林地面积、活立木总蓄积量、森林覆盖率、用材林面积比重、阔叶林和针阔混交林比重等4项指标。

林地面积：林地是陆地生态系统的主体，为农业发展提供了木材、药材、食品和能源等多种产品。林地面积包括森林、疏林地、一般灌木林地、未成林地、苗圃地、无立木林地、宜林地等几个方面。

活立木总蓄积量：活立木总蓄积量指一定范围内土地上全部树木蓄积的总量，包括森林蓄积、疏林蓄积、散生木蓄积和四旁树蓄积。全省活立木蓄积总生长量与总消耗量之间会有一个比例，反映活立木蓄积量生长大于或小于消耗的变化趋势。

森林覆盖率：森林覆盖率亦称森林覆被率，指一个地区森林面积占土地面积的百分比，是反映该地区森林面积占有情况或森林资源丰富程度及实现绿化程度的指标，又是确定森林经营和开发利用方针的重要依据。

用材林面积比重：用材林是以培育和提供木材或竹材的森林，主要有乔木林、竹林、疏林。用材林面积比重这一指标反映了高产林业资源结构及拥有量。

阔叶林和针阔混交林比重：在乔木林树种类型结构中，阔叶林和针阔混交林面积的比例，这是一个反映森林资源结构变化的指标。

5. 渔业资源指标

重点选择：海水养殖总面积、内陆渔业水域养殖面积、水产品总产量、每千瓦功率年捕捞量、养殖水域综合水质优良率这 5 项指标。

海水养殖总面积：利用大量海水、占用大量沿岸滩涂和近海海域，发展海水养殖的总面积，这是反映海洋资源开发利用的指标。

内陆渔业水域养殖面积：利用水系、流域、内流河系等发展水产养殖的面积，这是反映内陆水域资源开发利用的指标。

水产品总产量：包括国内捕捞产量、远洋渔业产量、海水养殖产量、淡水渔业产量等，这是反映渔业资源总体利用的指标。

每千瓦功率年捕捞量：是反映单位功率的年捕捞量的指标。

养殖水域综合水质优良率：养殖水域水质优良的比重，这是反映养殖水域综合水质环境的指标。

（三）指标权重的确定

结合上述具体指标的构成及其内涵，采用专家评判法和试算法确定指标权重（表 5-5）。

表 5-5　浙江省农业自然资源综合评价指标权重

类别	具体指标	单位	权重	权重小计
水资源	水资源总量	亿立方米	5	22
	农业用水量	亿立方米	6	
	农田灌溉亩均用水量	立方米	3	
	灌溉水利用系数	—	4	
	地表水Ⅰ～Ⅲ类水质断面占比	%	4	
土地资源	农用地面积	万公顷	8	30
	垦殖指数	%	6	
	复种指数	%	6	
	一等田占标准农田比重	%	5	
	土地生产率	元/公顷	5	
气候资源	年平均降水量	毫米	5	18
	年平均气温	℃	4	
	平均日照时数	小时	3	
	平均酸雨率	%	3	
	农业受灾面积	万公顷	3	

（续）

类别	具体指标	单位	权重	权重小计
森林资源	林地面积	万公顷	4	16
	活立木总蓄积	亿立方米	3	
	森林覆盖率	％	3	
	用材林面积比重	％	4	
	阔叶林和针阔混交林比重	％	2	
渔业资源	海水养殖总面积	万公顷	4	14
	内陆渔业水域养殖面积	万公顷	3	
	水产品总产量	万吨	2	
	每千瓦功率年捕捞量	吨	2	
	养殖水域综合水质优良率	％	3	

（四）指数的编制方法

1. 指标目标值的确定（表5-6）

表5-6　指标目标值的确定

类别	具体指标	单位	目标值	说明
水资源	水资源总量	亿立方米	＞955.41	多年均值
	农业用水量	亿立方米	＜102.74	多年均值
	农田灌溉亩均用水量	立方米	368	省"十二五"规划指标
	灌溉水利用系数		0.58	省"十二五"规划指标
	地表水Ⅰ～Ⅲ类水质断面占比	％	74.9	省"十二五"规划指标
土地资源	农用地面积	万公顷	872.67	近十年最大值
	垦殖指数	％	19.83	"十二五"规划指标计算
	复种指数	％	1.55	结合全国平均指标与省"十二五"规划指标
	一等田占标准农田比重	％	48	"十二五"规划指标
	土地生产率	元/公顷	17 011	"十二五"规划指标计算
气候资源	年平均降水量	毫米	1 603.8	多年平均
	年平均气温	℃	16.9	常年平均
	平均日照时数	小时	1 961	近十年最大值
	平均酸雨率	％	82.8	近十年平均89.02，最大值92.8
	农业受灾面积	万公顷	41.23	近十年最小值

（续）

类别	具体指标	单位	目标值	说明
森林资源	林地面积	万公顷	672	"十二五"规划指标
	活立木总蓄积	亿立方米	2.92	"十二五"约束性指标
	森林覆盖率	%	61	"十二五"约束性指标
	用材林面积比重	%	50	"十二五"规划指标计算
	阔叶林和针阔混交林比重	%	59	"十二五"规划指标计算
渔业资源	海水养殖总面积	万公顷	25	最大可养面积
	内陆渔业水域养殖面积	万公顷	40	最大可养面积
	水产品总产量	万吨	545	"十二五"规划指标
	每千瓦功率年捕捞量	吨	1.3	近年最大值
	养殖水域综合水质优良率	%	100	目标值

注：相关规划指标主要包括：《浙江省水资源保护与开发利用"十二五"规划》、《浙江省土地利用总体规划（2006—2020年）》、《浙江省现代农业发展"十二五"规划》、《浙江省农村经济发展"十二五"规划》、《浙江省林业发展"十二五"规划》、《浙江省海洋事业发展"十二五"规划》、《浙江省渔业发展"十二五"规划》、《浙江省水利发展"十二五"规划》、《浙江省环境状况公报》（2003—2015）。

2. 综合评价方法

采用综合指数法：

$$ZL = \sum WL_i \times S_i$$

$$ZS = \sum WS_i \times S_i$$

$$Z = a \times ZL + (1-a) \times ZS$$

其中，Z 为综合评价指数，ZL（ZS）为水平（进程）指数，WL_i（WS_i）为主要指标指数，S_i 为相应指标权重。

无量纲化处理方法：设 X_i 为第 i 项评价指标的实际值，Y_i 为第 i 项评价指标的目标值，S_i 为第 i 项评价指标的权重，L_i 为第 i 项评价指标的评分。

对于正向性指标：$X_i \geqslant Y_i$ 时，$L_i = S_i$，即得分为全权重，$X_i \leqslant Y_i$ 时，$L_i = S_i \cdot X_i / Y_i$。

对于逆向性指标：$X_i \leqslant Y_i$ 时，$L_i = S_i$，即得分为全权重，$X_i \geqslant Y_i$ 时，$L_i = S_i \cdot X_i / Y_i$。

对于距间指标：先设定 Y_i 的距间大小，并同步确定相应的得分系数 P_i，按 X_i 属于哪一个距间，相应的 $L_i = S_i \cdot P_i$。

所有25项指标中，水资源总量指标是正向指标，当实际值大于目标值时，得分为全权重。农业用水量是逆向指标，当实际值小于目标值时，得分为全权重。

年平均降水量设定为距离指标，当实际值处于距离（1 603.8±100）时，得分为100%，当实际值处于距离（1 603.8±200）－（1 603.8±100）时，得分为90%，当实际值处于距离（1 603.8±300）－（1 603.8±200）时，得分为80%，依此类推。

年平均气温设定为距离指标，当实际值处于距离（16.9±0.5）时，得分为100%，当实际值处于距离（16.9±1.0）－（16.9±0.5）时，得分为90%，依此类推。

平均酸雨率、农业受灾面积为逆向指标，当实际值大于目标值时，以实际值除以目标值为依据计算得分，当实际值小于目标值时，得分为100%。

其余指标均按完成程度进行计算，单项指标得分＝指标权重×指标实际值/指标目标值。

（五）综合评价指数

1. 指数得分

按照综合指数法：$Z = \sum L_i \times S_i$，其中，Z 为综合评价指数，经测算，2010—2015 年各年度浙江省农业自然资源综合评价指数 Z 得分分别为 84.92、84.75、86.02、86.11、88.63、88.75。具体到五大类资源，其近 6 年的综合评价得分情况及变化态势如图 5-1。

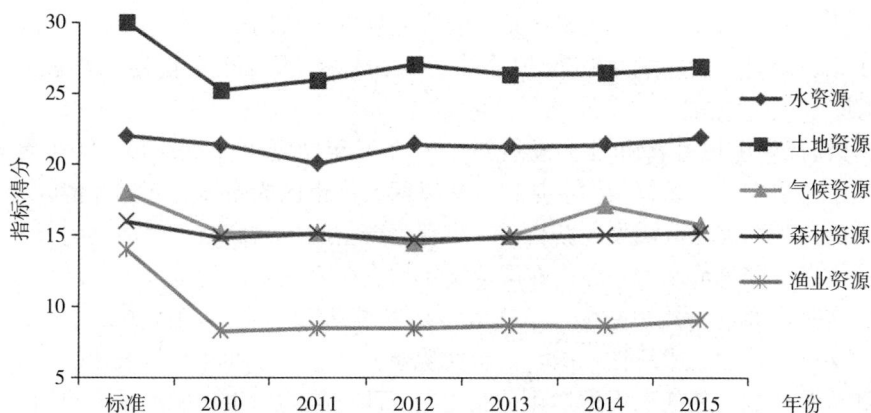

图 5-1　近年来浙江省各类资源评分变动情况

2. 综合评价

在考察一个地区综合性农业自然资源禀赋状况和变化态势时，我们初步设定：评价指数的得分 $Z<70$ 时，农业资源保障程度及其利用效果为"差"；当得分 $70\leqslant Z<80$ 时，农业资源保障程度及其利用效果为"中"；$80\leqslant Z<90$，农业资源保障程度及其利用效果为"良"；$Z\geqslant90$ 时，农业资源保障程度及其利用效果为"优"。

从 2010—2015 年的评价指数得分情况来看，浙江省近 6 年来农业自然资源保障与利用效果一直处于"良"的阶段，且评价指数得分在年际间不断上升，逐步接近"优"的阶段。这 6 年的指数得分基本稳定，也反映了浙江省近年来农业自然资源保障和利用状况总体平稳。

三、农业主要功能分析

近年来，浙江省委省政府十分重视农业的发展，把发展高效生态农业作为推进社会主义新农村建设的重要抓手来抓，通过组织实施"强龙兴农"工程，制订完善扶持政策，大力培育农业主导产业，改善企业发展环境，加快农民专业合作经济组织建设，发展订单农业，全省农业产业化呈现良好发展态势，区域主导产业正在形成，农业生态功能不断加强，农业已全面向二、三产业延伸，乡村旅游、"农家乐"、"渔家乐"等休闲观光农业正在成为农业新的经济增长点，具有多功能的都市型现代农业格局正在形成。农业的食品保障功能、原料供给功能和就业增收功能不断得到巩固和强化，农业承担的食品供给、健康营养和安全保障的任务越来越重，农产品新的原料用途和加工途径不断被开发出来。同时，农业的生态保护功能、观光休闲功能和文化传承功能得到彰显。

《浙江省国民经济和社会发展第十三个五年规划纲要（2016—2020 年）》明确了全省空间发展框架为，加快构建以四大都市区为主体、海洋经济区和生态功能区为两翼的区域发展新格局，实现生产空间集约高效、生活空间舒适宜居、生态空间山清水秀。因而在国家确定的农业六大功能的基础上，结合浙江省的实际，通过归并和抽象，全省农业的功能大致可分为四大类：生产性功能、保障性功能、生活性功能、生态性功能。其中生产性功能是农业的基本功能和传统功能，其他三大类功能是农业生产性功能的内生功能和派生功能。也就是说，发展好农业不仅能够保障粮食供给、提供多种农副产品，而且还能在促进农民就业增收、推进工业化进程、缓解能源危机、推动以生物质产业发展、传承历史文化、保护生态环境等方面发挥重要功能。

（一）生产性功能

生产性功能指的是为全社会提供农产品，确保城乡居民食物安全，输送工业所需的原材料与出口商品。农业的生产性功能是农业发展的基础，目前这一功能还占有相当重要的地位，但从相对量讲，这一功能正在逐年下降。

确保城乡居民食物安全就是要维持一定的区内食物生产水平，以稳定地保证最基本的供应。所提供的食物要符合保证人民健康的需要，价格也应当是人民所能承受的。食物包括粮食、食用油和肉、蛋、奶等畜产品，核心是粮食（含饲料粮）。目前我国人口中大部分还是基本上自给自足的农民，食物安全的重点是保证有一定规模的商品性生产。近年来浙江粮食产需总体格局大约呈现"两增一减"的态势：即粮食产需缺口增大、吃商品粮人口增加、总产量持续下降。从而导致全省粮食产需缺口逐年扩大，粮食自给率大幅度降低，对外依存度逐年上升。从 2003 年粮食自给率为 43.7% 开始，浙江省连续多年粮食自给率低于 50%，近十年来，全省粮食自给率平均每年下降 1 个百分点，2014 年浙江省粮食自给率只有 36.2%，粮食产需缺口达到 1 400 万吨，浙江省已成为仅次于广东省的第二大粮食调入省。

农产品供给走上了规模经营的道路，虽然从生产经营个体看，浙江全省农业劳动力人均耕地仅 0.23 公顷（全国是 0.41 公顷，世界平均是 1.07 公顷），但全省农业生产结构已经呈现出向区域化、专业化生产格局发展趋势。近年来，浙江省农户通过走内涵型、集约型农业的路子，不断向农业内部深层开发推进，农业产业结构调整力度逐步加大，都市型农业和外向型农业的比重进一步扩大。在种植业内部确立了粮、经、饲和园艺作物相结合的多元种植生产结构；养殖业生产由分散经营向规模化、集约化、基地化发展。

从产业组织化程度看，浙江省农户生产经营行为的另一个重要特点是向农业产业化经营发展。截至 2016 年底，浙江全省农业产业化组织 5.5 万家，农业龙头企业 7 600 多家，销售收入 3 500 多亿元；累计建成现代农业园区 818 个，总面积 516 万亩。其中，现代农业综合区 107 个，主导产业示范区 200 个，特色农业精品园 511 个。产业化组织带动全省一半以上的农户，其中签订单的农户达 201.2 万户，占带动农户的 33.5%。在农业产业实施过程中，各地发挥区位优势和资源优势，探索出具有本地特色的产业化发展路子，已初步形成水产品、水果、茶叶等十大特色优势产业，奠定了农业产业化基础，形成了具有区域特色的块状经济群体。

（二）保障性功能

保障性功能指的是农业作为社会生产部门，能容纳劳动力就业和向农村人口提供生活保障。庞大的人口数量使浙江省一直面临着很大的就业和社会保障压力。从长远看，随着全省的工业化和城市化推进，农村人口和农业劳动力逐步向城市和非农产业转移是发展的趋势，也是解决"三农"问题的根本途径。但考虑到农村人口基数巨大，城市和工业吸纳农村人口、农业劳动力的能力有限，在今后相当长的一段时期内仍然需要由农业提供就业，减小社会就业压力。农业容纳隐性失业的能力很大，大量兼业型农户的存在可以缓冲由非农产业发展波动产生的就业问题。农业仍然是农民收入增加的主要渠道，由此延伸的农产品加工业都是农民增收的重要渠道（表5-7）。

表5-7　浙江省不同年份农村居民纯收入来源比较

单位：元、%

项　　目		2000 年		2005 年		2006 年		2012 年	
		收入	比重	收入	比重	收入	比重	收入	比重
浙江省	全年纯收入	4 253.67	100	6 660.00	100	7 335.00	100	14 552	100
	1. 家庭经营农林牧渔业收入	953.82	22.42	1 248.00	18.74	1 376.00	18.76	2 147	14.75
	2. 非农产业收入	2 964.62	69.70	4 817.00	72.33	5 300.00	72.26	10 904	74.93
	①工资性收入	2 000.51	47.03	3 299.00	49.53	3 646.00	49.71	7 860	54.01
	②家庭经营二、三产业收入	964.11	22.67	1 518.00	22.79	1 654.00	22.55	3 044	20.92
	3. 转移性、财产性收入	335.23	7.88	595.00	8.93	659.00	8.98	1 502	10.32
全国平均	全年纯收入	2 253.42	100	3 254.93	100	3 587.04	100	7 916.58	100
	1. 家庭经营农林牧渔业收入	1 090.67	48.40	1 469.60	45.15	1 521.30	42.41	2 722.2	34.39
	2. 非农产业收入	1 038.90	46.10	1 522.46	46.77	1 784.46	49.75	4 258.62	53.79
	①工资性收入	702.30	31.16	1 174.53	36.08	1 374.80	38.33	3 447.46	43.55
	②家庭经营二、三产业收入	336.60	14.94	347.93	10.69	409.66	11.42	811.16	10.25
	3. 转移性、财产性收入	123.85	5.50	235.87	7.25	281.28	7.84	935.75	11.82

注：据浙江统计年鉴（2016 年）、中国统计年鉴（2013 年）资料整理。

由于经济发展的不平衡性，对人口众多的农村社区来说，政府及商业机构都难以在养老、医疗卫生、救灾、扶贫济困等方面提供足够的保障，在很大程度上要依赖农业、依赖土地。从现实出发，在一个相当长的时期内，农业还要在许多农村地区承担主要的生存保障任务。

（三）生活性功能

生活性功能指的是农业作为生物质产业部门，能传承农耕文化、保护文化多样性和为城市居民提供休闲服务。在我们这个有着几千年农业文明的国家，农业不仅是一种生产方式，也是一种生活方式，是许多民族文化和地域文化形成和存续的基础。农业的持续发展使多样性的文化得以传承和保护。聚居在远离自然的人工建筑群中的城市居民，通过观光或直接参与农业活动，不仅可以得到休闲，还可以获取审美和教育的效果。在健康身心的同时，建立与自然和谐发展的价值观。休闲观光农业的发展，给农业赋予了新的内涵，注入了新的活力，必将成为进一步优化农业结构、发展高效生态农业、推进新农村建设的新亮点，成为发展农村二三产业、增加农民收入的新渠道，成为进一步拓展浙江省旅游业的新空间、统筹城乡发展、繁荣农村经济的新途径。

浙江省地处我国东南沿海较发达地区，"长三角"大都市圈的南翼，区位条件十分优越，交通便捷，农业资源丰富，旅游资源山海兼备，商贸市场繁荣，民资丰厚，城乡居民生活消费水平较高，农业休闲旅游消费需求较为旺盛。农业以文化传承和休闲观光为主的这一种生活性功能随着全省社会经济的发展而得到不断发展壮大。

1. 农业的文化传承方面

作为打造文化大省的浙江，农业的文化传承功能在其中扮演了重要角色。2007 年年初，一场农民"种文化"百村赛活动在浙江的田间地头拉开了帷幕。作为有着几千年农耕文化的浙江省，农业的物质文化遗产和非物质文化遗产相当丰富，既有规模，也上规格。位于浙江省丽水市青田县的小舟山稻田养鱼历史悠久，至今已有 1 200 多年的历史。素有"大海养鱼大舟山，稻田养鱼小舟山"的传统美称。而由田鱼养殖过程中形成的独特的田鱼文化，已渗透到了当地人生活中的方方面面。青田的元宵灯会上的"鱼灯舞"；在青田石雕众多的雕刻题材中，对青田田鱼的描写、赞美是一个永不枯竭的话题并由此而形成了鱼雕艺术；田鱼还深深地融入了青田人的饮食礼仪文化中，"田鱼干炒粉干"成为青田的地方名菜。乡里人女儿出嫁，有田鱼（鱼种）作嫁妆的习俗，象征热爱劳动和致富。青田县龙现村的稻鱼共生系统作为一种典型的复合农业系统，能提供多种产品和服务：通过水稻生产保障粮食安全；能获得高质量的营养和较高的经济收益；有利于疟疾的预防；有利于保护生物多样性；有利于控制作物病虫害；有利于维持系统中的碳循环和养分循环。稻鱼共生系统是一种典型的通过生态功能的提高促进经济和社会效益提高、促进农村可持续发展的有效途径。

正是这个有着 1 200 多年历史的浙江省青田县方山乡龙现村的稻鱼共生系统，2005 年 6 月被正式确定为首批 4 个世界重要农业文化遗产（GIAHS）保护项目之一。它的入选，成为中国乃至亚洲唯一的入选项目，将得到联合国粮农组织（FAO）对该世界遗产的保护。按照联合国粮农组织的定义，全球重要农业文化遗产是"农村与其所处环境长期协同进化和动态适应下所形成的独特的土地利用系统和农业景观，这种系统与景观具有丰富的生物多样性，而且可以满足当地社会经济与文化发展的需要，有利于促进区域可持续发展"。世界重要农业文化遗产属于世界遗产的一部分，在概念上等同于世界文化遗产。其目的是对全球重要的、受到威胁的传统农业文化与技术遗产进行保护。

2. 农业的休闲观光方面

近年来，浙江省的休闲观光农业发展速度明显加快，休闲观光农业已经初具规模。截至 2016 年，浙江省累计建成各类休闲观光农业园区（点）3 818 个，带动农民就业 21.5 万人，接待游客 1.5 亿人次，总产值达到 393.9 亿元，同比增长 73.5%；全省共创建国家级休闲农业和乡村旅游示范县 20 个、中国美丽休闲乡村 22 个、中国最美田园 19 个，休闲观光农业已经成为农民就业增收的新渠道（浙江省农业厅，2017）。

由于自然资源、人文资源、农业资源和经济状况的差异，浙江全省各地休闲观光农业发展类型与模式就表现为多样性。从开发模式分，主要有基地改建型、项目建设型、文化挖掘型、设施改造型、农庄经济型、旅游带动型等；按功能分，主要有观光农园、休闲农场、市民农园、教育农园、农业公园、森林公园、民俗观光村、民居农庄等；按产业类型分，主要有种植主导型、畜牧养殖主导型、水产养殖主导型、综合开发利用型等。

设施栽培、生态养殖、立体种养、种养加一体化、有机农业等现代农业模式已与旅游观光功能进行了有机结合，这大大推动了现代农业的发展。这些现代农业设施通过功能拓展，使之从原来单一的生产性功能，拓展到示范推广、教育培训、休闲观光等多种功能，使农业生产、居民生活与生态环境得到了有机的结合，从而使休闲观光活动内容成为现代农业发展的新增长点。

浙江省大多休闲观光农业区有自然生态、农村人文资源、农业自然环境等多项内容为共同依托，其中涉及有自然生态依托内容的 227 个、农村人文资源的 61 个、农业自然环境的 234 个；有很大部分同时具有采摘、垂钓、观赏、游乐、度假等多个方面的功能。休闲观光农业的发展为农民就业、农民增收开辟了新渠道。如安吉县充分发挥竹乡特色和生态优势，通过发展乡村休闲旅游，有 10 个乡镇兴办了农家乐，成立了 7 个"农家乐服务中心"，经营农户 1 000 多户，床位超过 4 000 多张，已接待游客 100 余万人次，经营农户户均年收入一般超过 2 万元。

3. 乡村旅游农业

浙江省休闲观光农业最突出的表现就是乡村旅游农业的快速发展。改革开放以来，随着浙江经济社会的快速发展，人民的生活水平和消费需求不断提升，人们更加渴望在紧张的工作之余，到大自然的青山绿水间放飞心情，在体验农家田园生活中收获"采菊东篱下，悠然见南山"的怡然情怀。善抓机遇、勇于创业创新的浙江农民，敏锐地觉察到这一消费新趋势，并紧紧抓住了这一商机，从 20 世纪 90 年代中后期开始，依托农村优美的山水自然资源和丰富的特色农业门类，由大中城市近郊的农家茶室、农家餐馆、观光农业园区起步，进而扩展到山区、海岛、平原、湿地等不同地域，形成了餐饮食宿型、农事体验型、怀古探幽型、综合休闲型等多种类型的农家乐休闲旅游模式，成功地开创了农家乐乡村休闲旅游这一新兴产业，为浙江省农村经济结构的优化调整、农业功能的不断拓展深化、广大农民增收致富开辟了一条新的重要途径。目前，浙江省农家乐休闲旅游业发展方兴未艾。截至 2016 年底，浙江全省已经发展农家乐特色村 1 103 个，特色点（各类农庄、山庄、渔庄）2 381 个，经营农户 1.9 万户，直接从业人员 16.6 万人，接待游客 2.8 亿人次，全年营业收入 291 亿元（浙江省统计局，2017）。

（四）生态性功能

农业作为生态系统的有机组成部分，既有利用自然、开发资源的一面，也有维护环境、涵养生态的一面。作为具有自然再生产特征的产业部门，农业具有显著的土壤保持、水源涵养、气候调节、生物多样性维护等生态调节作用。与人类其他土地利用方式不同，农业生产利用土地必须保持有一定时间的植被覆盖，水田则还需保持一定时期的淹水状态。因此这些农田及相关的农业生产活动具有相应的生态调节功能。不恰当的农业发展方式，会导致土壤退化、病虫害加剧和农业生产力下降，影响农业生态调节功能的正常发挥，对外部生态环境产生负面影响。

　　2003 年 5 月国家环境保护总局在经过近十年的生态示范区基础上总结经验，提出了建设生态省、生态市、生态县的要求，成为实现"全面小康社会"奋斗目标和落实"全面、协调、可持续"科学发展观的良好载体。浙江省于 2003 年初列入全国生态省建设的试点省之一，"建设生态省，打造绿色浙江"的行动正在全面推进。党的十九大报告指出，必须树立和践行绿水青山就是金山银山的理念，像对待生命一样对待生态环境，形成绿色发展方式和生活方式，坚定走生产发展、生活富裕、生态良好的文明发展道路。随着浙江省经济持续发展，城市化快速推进，一方面带动了居民收入的稳定增长，为消费升级创造了条件，另一方面环境问题、食品安全问题等日益突出，推动了消费升级，催生了以"生态"为特征的城市绿色建设、生态旅游、休闲度假、生态绿色食品等发展，对农产品需求不断提出新的要求。近年来，这种以"生态"为特征的消费在浙江部分较发达地区，特别是大中城市日益兴起，"十三五"时期这种消费趋势将保持发展。农业的生态调节性功能正成为浙江农业的一项重要功能。

第六章　现代农业多功能分区

一、基于功能视角开展农业分区的意义

随着全面小康时代的到来和城乡居民品质化、多样化、差异性、个性化消费需求发展，农业这一古老而基础的产业正在发生前所未有的深刻变革，多功能性特征越来越突显。农业功能从食物保障、原料供给和就业增收三大功能，向更广泛的生态保护、休闲观光、文化传承等领域扩展。

浙江省目前正处于加快发展现代农业的关键时期，探索开展基于功能视角的农业区划，根据自然、经济、政治和社会等要素的空间特征，结合前期有关的专项农业区划和全省区域农业发展总体战略，科学划分农业不同功能区域，谋划区域农业功能拓展与现代农业发展战略，对更好地引导和深化农业区域分工，促进区域农业协调发展，扎实推进农业发展方式转变具有十分重要的意义。

（一）浙江农业发展现状背景

浙江陆域面积 10.18 万平方千米，呈"七山一水二分田"格局。全省人口 4 859 万，其中农业人口 3 279 万，耕地 1 976.6 千公顷，人均 0.041 公顷。农业历史悠久，孕育了以河姆渡文化、良渚文化、跨湖桥文化、上山文化等为代表的农业文化，多元化种养、多模式栽培等农作制度创新的特色和优势明显。在切实保护粮食生产能力的同时，形成了蔬菜、茶叶、果品、畜牧、水产养殖、竹木、花卉苗木、蚕桑、食用菌、中药材等十大农业主导产业，优化了农业产业结构和农业区域布局，提高了农业比较优势和市场竞争力。近年来，浙江秉持发展新理念，深入推进农业供给侧结构性改革，围绕高效生态农业强省、特色精品农业大省的建设目标，扎实开展"两美"农业建设，着力构建现代农业的生产体系、产业体系、经营体系和保护体系，农业效益不断提升。2016 年，全省农业增加值 2 002 亿元，其中，种植业增加值 1 094 亿元，林业增加值 114 亿元，渔业增加值 565 亿元，农林牧渔服务业增加值 35 亿元。全省农村常住居民人均可支配收入为 22 866 元。2000 年以来，浙江省农林牧渔业总产值的构成及变动情况见表 6-1。

表 6 - 1　2000—2015 年全省农林牧渔业总产值

单位：亿元

年份	农林牧渔业总产值	农业产值	其中：种植业产值	林业产值	牧业产值	渔业产值	农林牧渔服务业产值
2000	1 057.07	521.31	446.15	54.48	183.94	297.36	—
2001	1 053.57	488.59	471.52	60.2	195.94	308.84	—
2002	1 101.86	511.42	495.72	60.84	205.09	324.51	—
2003	1 184.04	529.44	515.24	65.67	233.01	337.11	18.81
2004	1 332.27	592.59	578.22	78.36	277.89	361.99	21.44
2005	1 428.28	654.91	640.20	83.51	285.95	380.81	23.20
2006	1 422.60	684.00	669.44	86.04	279.01	347.53	26.03
2007	1 597.15	735.92	721.63	95.47	367.60	369.90	28.27
2008	1 780.01	813.10	796.12	106.95	418.86	407.82	33.28
2009	1 873.40	879.05	864.47	117.64	404.88	435.48	36.35
2010	2 172.86	1 041.30	1 041.30	119.35	448.42	522.18	41.61
2011	2 534.90	1 152.04	1 152.04	134.07	546.33	655.75	46.71
2012	2 658.66	1 229.36	1 229.36	142.14	549.04	687.05	51.08
2013	2 837.39	1 336.79	1 336.79	141.54	546.18	757.97	54.91
2014	2 844.59	1 385.96	1 385.96	147.01	472.23	779.36	60.04
2015	2 933.44	1 434.71	1 434.71	151.63	426.18	855.86	65.06

资料来源：历年浙江统计年鉴。

按照全面树立大农业的理念和"绿水青山就是金山银山"的思想，浙江省农业发展中，一直非常重视林业产业发展。近年来，浙江省林业发展势头良好，通过深化林权改革、实施金融创新和林业文化创意的植入，山林间的生产要素被有效激活，成为绿色发展、生态富民的活力之源。到 2016 年底，全省累计发放林权抵押贷款 289 亿元，累计借款农户 28.7 万户，林权抵押贷款余额 85 亿元。2017 年浙江省被列为全国现代林业经济发展试验区，成为全国唯一的全国现代林业经济发展试验区。

改革开放 40 年来，浙江农业农村发展发生了翻天覆地的变化，农业现代化建设不断向前推进，全省农业生产力显著提升，农业科技水平成效显著，农地制度不断创新，农业管理体制机制不断建立，农村居民生活水平明显改善，农民收入迅速提高，农业一二三产业加速融合，城乡一体化进程明显加快。随着农业供给侧结构性改革的不断深入，浙江省各县（市、区）根据自己的资源禀赋条件在谋求发展的同时，形成了各具特色的经济发展格局。

为了分析农业在浙江省各县（市、区）中的比重及份额，这里采用相对指标加以比较：农业产值占全县生产总值的比重，表明了农业在当地经济发展中的地位。2015 年，浙江省全省的生产总值（GDP）为 42 886.49 亿元，农业总产值为 1 434.71 亿元，农业产值增加值为 1 032.56 亿元，农业产值的比重为 3.35％。全省 73 个县（市、区）（市区合并处理）中，处于平均水平 3.35％以上的县（市、区）有 51 个，说明平均水平以下的县（市、区）对整个经济的拉动作用很大。而农业产值在 10％以上的农业县（市、区）有 11 个（表 6-2、图 6-1、图 6-2）。

表 6-2　2015 年浙江省各县（市、区）农业产值比重

单位：亿元、％

城市	生产总值	农业产值	农业产值比重	城市	生产总值	农业产值	农业产值比重	城市	生产总值	农业产值	农业产值比重
杭州市区	8 722.00	144.75	1.66	平湖市	483.64	14.54	3.01	衢州市区	489.39	24.75	5.06
萧山区	1 812.79	61.93	3.42	海宁市	701.15	18.65	2.66	江山市	257.50	17.79	6.91
余杭区	1 239.71	42.18	3.4	桐乡市	653.12	22.36	3.42	常山县	108.80	7.23	6.64
富阳区	645.15	34.05	5.28	嘉善县	423.09	32.94	7.79	开化县	101.56	12.52	12.32
临安市	467.57	27.44	5.87	海盐县	383.48	15.99	4.17	龙游县	195.86	8.80	4.49
建德市	318.75	29.70	9.32	湖州市区	926.80	23.50	2.54	舟山市区	801.23	8.47	1.06
桐庐县	334.48	20.15	6.03	德清县	392.15	7.48	1.91	岱山县	206.45	1.86	0.9
淳安县	207.42	30.37	14.64	长兴县	462.26	40.75	8.82	嵊泗县	86.00	0.14	0.16
宁波市区	4 877.18	66.38	1.36	安吉县	303.04	25.38	8.38	台州市区	1 295.97	35.48	2.74
鄞州区	1 300.86	42.88	3.3	绍兴市区	2 648.66	88.65	3.35	温岭市	827.15	26.31	3.18
余姚市	826.21	45.02	5.45	柯桥区	1 200.86	31.94	2.66	临海市	464.84	31.86	6.85
慈溪市	1 137.07	46.80	4.12	上虞区	725.75	43.88	6.05	玉环县	436.59	6.44	1.48
奉化市	319.80	19.55	6.11	诸暨市	1 026.61	45.81	4.46	三门县	169.95	9.76	5.75
象山县	410.20	20.54	5.01	嵊州市	444.92	40.64	9.13	天台县	188.28	12.92	6.86
宁海县	433.15	16.95	3.91	新昌县	345.30	22.95	6.65	仙居县	169.25	15.26	9.02
温州市区	1 879.48	11.99	0.64	金华市区	645.75	29.78	4.61	丽水市区	284.08	19.33	6.81
洞头区	73.15	0.94	1.28	金东区	157.68	15.14	9.6	龙泉市	107.69	13.92	12.92
瑞安市	720.51	13.82	1.92	兰溪市	285.36	20.42	7.16	青田县	192.36	7.40	3.85
乐清市	774.60	13.91	1.8	东阳市	464.31	19.91	4.29	云和县	54.04	5.50	10.18
永嘉县	330.92	11.77	3.56	义乌市	1 045.05	21.82	2.09	庆元县	57.02	6.94	12.17
平阳县	340.94	10.02	2.94	永康市	483.31	8.77	1.81	缙云县	189.49	9.50	5.01
苍南县	423.55	16.62	3.92	武义县	204.03	16.15	7.92	遂昌县	88.74	10.61	11.95

（续）

城市	生产总值	农业产值	农业产值比重	城市	生产总值	农业产值	农业产值比重	城市	生产总值	农业产值	农业产值比重
文成县	72.06	8.90	12.36	浦江县	196.44	9.48	4.83	松阳县	85.97	14.61	16.99
泰顺县	74.21	7.68	10.35	磐安县	78.10	13.34	17.08	景宁县	44.43	7.22	16.25
嘉兴市区	870.87	26.94	3.09								

资料来源：2016 年浙江统计年鉴。

2000 年浙江省农业总产值比重　　　　2015 年浙江省农业总产值比重

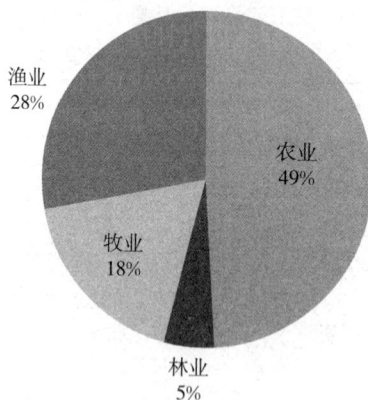

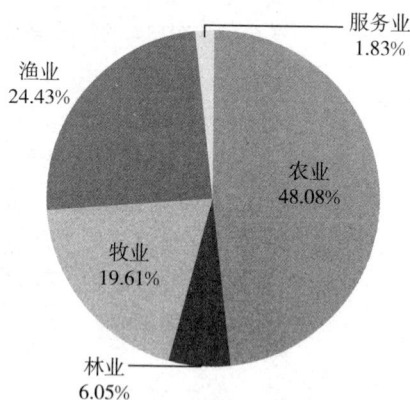

图 6-1　浙江省 2000 年与 2015 年农业总产值比重变化

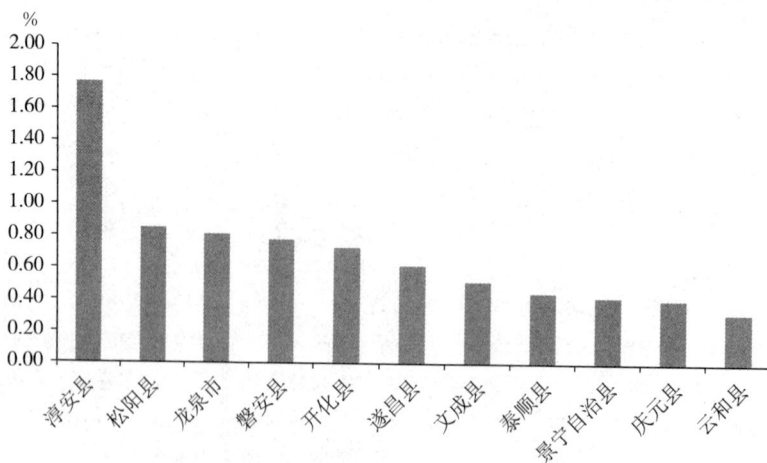

图 6-2　2015 年浙江省农业产值比重大于 10% 的县（市、区）农业贡献率

注：农业贡献率＝本县农业产值/全省农业总产值×100%

从农业产值比重大于10％的县（市、区）中农业产值在全省农业总产值中所占的比重来看，这11个农业产值比重大于10％的县（市、区）的农业产值值仅占到7.67％。各县（市、区）农业产值对全省农业总产值的贡献差异也很大，从0.32％到1.77％不等。其中淳安县贡献最大，为1.77％，云和县最低，为0.32％。

对11个农业产值比重大于10％的县（市、区）农业产值比重和农业贡献比较后，就会发现两个指标在有些县（市、区）不一致，农业GDP比重较高，但是农业产值对全省的贡献份额较少，比如景宁和庆元县（表6-3）。

表6-3　2015年农业产值比重大于10％的县（市、区）名单及农业地位

序号	市县名称	农业产值比重％	农业贡献率％
1	淳安县	14.64	1.77
2	松阳县	16.99	0.85
3	龙泉市	12.92	0.81
4	磐安县	17.08	0.78
5	开化县	12.32	0.73
6	遂昌县	11.95	0.62
7	文成县	12.36	0.52
8	泰顺县	10.35	0.45
9	景宁自治县	16.25	0.42
10	庆元县	12.17	0.40
11	云和县	10.18	0.32

资料来源：2016年浙江统计年鉴。

从统计资料可以看出，随着经济社会发展，浙江农业产值占全省国民生产总值的比重越来越小。1978年全省农业总产值65.71亿元，占全省国民生产总值的53.11％，到2015年，全省农林牧渔业总产值2 933.44亿元，只占全省国民生产总值的6.84％，单从经济角度看，浙江省农业在社会经济生活中的相对地位有下降趋势，农业的经济功能从绝对值看依然在不断增强，但从相对值看也有弱化趋势。虽然农业在浙江全省经济中的份额在不断下降，但是农业作为国民经济的基础产业，对其他经济部门的贡献依然非常重要，对国民经济的发展起着重要的支撑和保障作用。这就需要强化认识、研究、重塑农业的功能与作用，尤其是拓展农业经济功能以外的其他功能，引导农业在继续发挥

其经济功能的基础上，不断拓展社会功能、教育功能、文化功能、环境功能等其他功能。

（二）浙江农业区域发展格局

当前，浙江省农业全面发展迈入了绿色化、精细化、专业化、创意化、市场化、国际化、多功能化、全产业链化的新发展阶段。以高水平全面建设小康社会、美丽田园和美丽乡村为目标，把传统农业逐步提升为具有持久市场竞争力和能持续增加农民收入的高效生态农业，努力提高农业产业化和现代化水平。这就要求农业应向着统筹城乡和区域、资源高效持续利用的方向发展，农业布局应向着适应市场需求、优化资源和产业布局变化。

区域化布局、专业化生产、产业化经营、品牌化营销、多功能化拓展是世界各国农业发展的一般趋势和必然规律，也是农业现代化的重要标志之一。推进优势农产品区域化布局，促进各类生产要素向优势区域、优势产业和优势产品集聚，提高区域农业生产和管理水平，有利于充分发挥农业比较优势，积极参与国内外分工与合作，形成具有较强市场竞争力的优势农产品产业区或产业带，通过辐射和带动作用，从整体上提升农业的综合竞争力。

根据浙江省区域之间农业资源和社会经济条件的差异，农村经济发展水平、农业发展方向和优势农产品发展现状，依靠市场配置资源的决定性作用，深化农业结构战略性调整，在开辟和拓展调整空间，培育建设现代农业产业体系，保护和发展粮食综合生产能力等方面取得了显著成效。通过推进粮食生产功能区和现代农业园区建设，重点发展浙江省既有资源优势和产业基础，又有市场潜力和发展前景的蔬菜、水果、茶叶、花卉苗木、食用菌、中药材和其他特色经济作物，合理调整畜牧业内部结构和生产布局，集中扶持建设一批规模化、标准化的特色优势农产品生产基地、特色农业精品园区和农业全产业链，初步形成了合理的能发挥各地优势的农作制度和种植区域布局。

为促进全省农业区域化布局、专业化生产、一体化经营，提升区域农业发展层次，全省已经着力建设四大农业区块。即：浙北浙东都市型、外向型农业区；浙中盆地丘陵综合型特色农业区；浙西北浙西南山区生态型绿色农业区；滨海、沿岸海域、岛屿和港湾海水渔业型蓝色农业区（表6-4、图6-3）。

浙北浙东以建立城郊型、外向型农业为主要目标，主要生产面向城镇消费市场和国外市场的蔬菜、瓜果、畜禽、水产品、特色水果等，并要围绕这些产业，发展"龙"型经济，推动和促进农产品的深度开发，形成产业链。

表6-4　浙江省农业区域化布局表

农业区域	区域特征	发展方向	优势产业
浙北浙东沿海平原	以平原为主，地势平坦，经济发达	都市型、外向型农业	水产、蔬菜瓜果、粮油、水果、蚕桑、花卉苗木、经济林果等特色优势农产品及加工业、农产品现代物流业、种子种苗业、设施农业、休闲观光农业
浙中盆地丘陵	平原、丘陵、山地齐全	综合型特色农业	畜禽、干鲜果、竹、名优茶、粮油、花卉苗木、盆景等特色农业，肉、禽、奶、竹木加工业、休闲观光农业、创意农业
浙西北浙西南山区	山地丘陵面积广，农业生产条件较差	生态型绿色农业	生态公益林、特色用材林、竹木材、名优茶、蚕桑等生态农业，有机茶、有机鱼、高山蔬菜、食用菌、森林食品等绿色农产品，休闲观光农业
滨海、沿海及岛屿	海域辽阔，岛屿和沿岸港湾众多	海水渔业型蓝色农业	海洋捕捞业，水产养殖业，水产品精深加工业，垂钓及休闲观光渔业、创意体验渔业

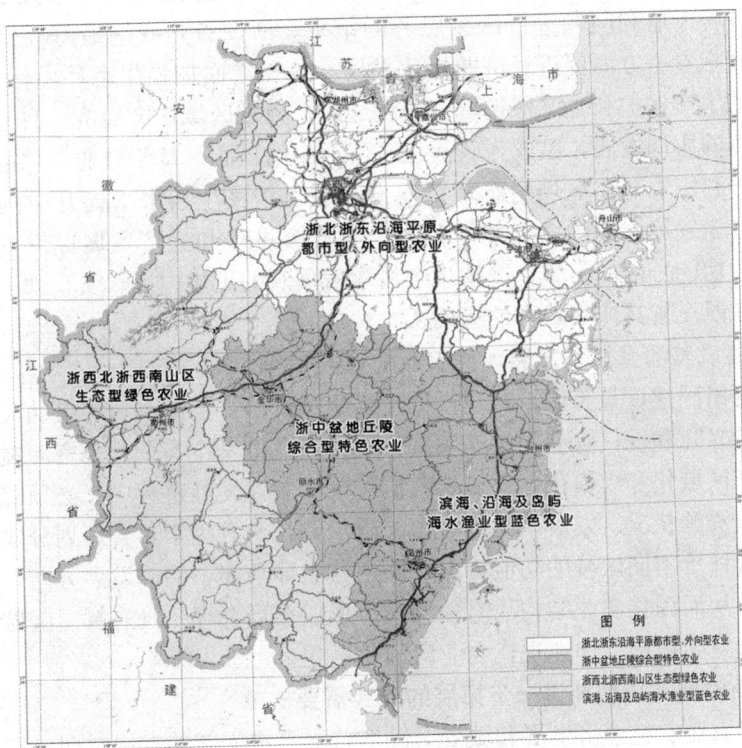

图6-3　浙江省农业区域化布局图

浙中以发展综合性的盆地型特色农业为主要方向，重点确保粮食、生猪、各类食草动物、小水果、茶叶等产品生产，并形成以粮为主，粮特结合、农牧业协调发展格局。

浙西北浙西南以山区生态农业为主攻方向，着力开发茶叶、竹笋、中药材、食用菌等各类林特产品，同时承担起维护全省生态环境平衡的功能，建立起具有浙江省山区特色的经济生态型绿色农业。

滨海、沿岸海域、岛屿和港湾以海水渔业型蓝色农业为主攻方向，重点发展以海水养殖、海洋休闲观光、沿海防护林、水产品加工业为特色的产品型都市渔业、出口创汇型渔业和休闲旅游型渔业。

（三）开展功能区划意义重大

1. 落实科学发展观和"五大发展理念"的必然要求

科学发展观和"创新、协调、绿色、开放、共享"五大发展理念既是对以往协调发展观和可持续发展观的继承和发展，更是对我国经济社会发展过程中出现的各种矛盾和问题进行深刻思考的结果。浙江省是我国沿海经济发达地区，正面临着一方面促进经济的快速发展，另一方面加强生态环境保护建设，把农业的生产保护和生态保护统一协调起来。促进区域社会经济、自然资源与生态环境的协调发展，已成为政治经济生活中的核心。基于农业多功能的区划则是充分利用农业在区域生态环境建设和城乡居民生活水平提升中的重要地位，立足于发展农业的多功能性，为全省社会进步和经济发展提供支撑。因此，农业功能分区的实施，既体现了科学发展观的思想内涵，又是"五大发展理念"在浙江省具体实践中的运用。

2. 建设美丽乡村和发展现代农业的重要举措

美丽田园建设是美丽乡村建设的重要组成部分，美丽乡村建设的关键是乡村产业的兴旺和现代农业的快速发展，现代农业的基本特征就是资源配置市场化、生产区域化和规模化，这要求我们在现代农业发展进程中，必须综合考虑农业自然资源状况、发展基础和潜力、政治和社会等因素，合理划分农业功能区，综合评价不同区域的功能特点，确定其主导功能、明确发展方向，完善区域政策，从而深化农业结构战略性调整，形成布局合理、具有鲜明区域特色的现代农业空间格局，加速现代农业区域化进程。

3. 新时期农业功能进一步拓展的现实需要

随着农业农村经济发展和城乡居民消费水平进入新的发展时期，农业除继续保持其原有的食物保障功能，还呈现出原料供给、就业增收、生态保护、观光休闲、文化传承等多种功能，但是由于在省内，各地区差异大，农业功能定位也不同，这就需要因地制宜地确定各地区农业功能拓展方向，指导各地不断优化农业结构，挖掘潜力，向农业的广度和深度发展，巩固和强化农业主导功能区。与此同时，开展农业功能分区，有利于根据不同区域的农业主导功能，制定有针对性的区域农业政策、绩效评价和考核标准，从而更有效地引导区域农业比较优势的发挥。

4. 新时期创意农业区划研究的重要任务

20世纪80年代初，浙江省制订了综合农业区划以及一系列专项区划。这些区划主要针对农业的生产功能，概括地揭示了农业最基本的地域差异，对因地制宜地指导农业发展起到了重要作用。但是30多年来，农业的功能和农业发展的条件都发生了很大变化，农业的多功能性、区域比较优势与区域协调发展问题日渐凸显，必须结合新形势，与时俱进，创造性地开展农业新的区划。以农业多功能为基础的区划为农业区划切入点，扎实推进新一轮农业区划，加快构建农业主导功能区，充分发挥区域综合比较优势，对促进农业区域化布局和专业化分工，统筹实现区域农业协调可持续发展具有极为重要意义。

5. 区域主体功能区规划的重要基础

浙江省被国家发改委列为省级层面主体功能区划基础研究工作先行省份，全省主体功能区划已发布实施，并取得了初步成效。由于主体功能区规划不是单一的层面、因素方法或技术就可以实现，客观上需要针对区域的多目标要求，系统集成各种合理有效的空间规划和专项规划，合理引导生产力布局和要素流向。作为一种高度依赖土地资源的生物质产业部门或行业，农业具有显著的多功能性和地域差异性，应从农业发展的功能统筹与区域统筹出发，分析浙江省农业各基本功能的空间分异及其组合特征，划分农业主导功能区，明确各区域农业的主导功能与辅助功能及其实现特点，引导农业活动在空间上的合理聚集，做大做强优势产业，减轻非优势区农业压力，从源头上控制农业生态环境恶化，规范农业发展空间秩序。因此，农业功能分区是完善全省主体功能区规划的基础性工作，也是全省农业发展到一定阶段后农业自身发展的迫切需要。

二、浙江省农业相关区划与规划概况

从农业多功能性还并不突出的20世纪80年代开始，农业的区划主要立足于生产功能，并结合农业自然资源禀赋而开展。浙江省在这方面主要开展了综合农业气候区划、农业地貌与土壤利用区划、林业区划、农业资源与综合农业区划、生态功能区划、海洋功能区划等（参考各相关部门发布的专项规划与区划），这些区划为立足农业多功能性而探索开展的农业区划奠定了扎实基础。

（一）浙江省综合农业气候区划

1. 区划背景

浙江位于我国东南部季风剧烈活动的地区，受亚热带季风气候影响。气候总特点是：冬夏季风交替显著，气温适中，四季分明；光照较多，热量较优；雨量丰富，空气湿润。多年年均气温在 15～18℃ 之间，全年大于 10℃ 的积温自北而南约 4 800～5 600℃。多年平均年降水量 1 100～2 200 毫米，降水区域分布不均，由南向北递减，山区大于丘陵、平原，沿海大于内陆，海岛小于沿海平原。全省多年平均日照时数 1 800～2 100 小时。主要灾害性天气有暴雨、洪涝、台风、春秋阴雨低温、寒潮、强冷空气、冰雹等，偶见冻雨灾害。

《浙江省综合农业气候区划》（1987 年）是浙江省综合农业区划的一个组成部分，是为浙江省的农业宏观决策，研究综合农业区划分区，调整产业结构、布局，发展商品生产，制定农业发展规划，促进浙江省农村经济发展提供气候科学依据。《区划》是采用市（地）、县级农业气候区划和省级粮、棉、茶、麻、桑、柑等农业气候分析的科研成果，在《浙江省简明综合农业气候区划》的基础上编写的。

2. 区划原则

在农业气候分析的基础上，遵循农业气候相似理论，以对农业地理分布有决定意义的农业气候指标为依据，采用主导指标和辅助指标相结合，以主导指标为主的原则。

分区以热量为首选因子，水分为二级因子，农业气象灾害为三级因子，并适当参考能反映农业气候差异的植被、土壤、地貌等自然景观和作物等分布现状。

采用简明综合农业气候区划和粮、棉、麻、桑、茶、柑等专题农气区划的有关科学结论，并注意与全国农业气候分区的协调、衔接。

鉴于地形复杂、海拔高低悬殊，划区采用区域分区与类型分区相结合的三度空间逐级分区的原则。

3. 区划方案及结果

以大于 10℃ 积温为划分指标，浙江分为北亚热带和中亚热带，分界线西起常山西北部，经建德、义乌、东阳北部，过天台、三门，东至下大陈一线。在气候带以下，又可分为 8 个气候区，分别是：北亚热带的北亚热带夏湿润冬寒区（Ⅰ）、北亚热带夏湿润冬冷区（Ⅱ）、北亚热带夏湿润冬温区（Ⅲ）、北亚热带夏亚干旱冬温区（Ⅳ）；中亚热带的中亚热带夏湿润冬冷区（Ⅴ）、中亚热带夏湿润冬温区（Ⅵ）、中亚热带夏湿润冬暖区（Ⅶ）、中亚热带夏亚干旱冬冷区（Ⅷ）。

　　浙江省气候区划情况见图 6-4。

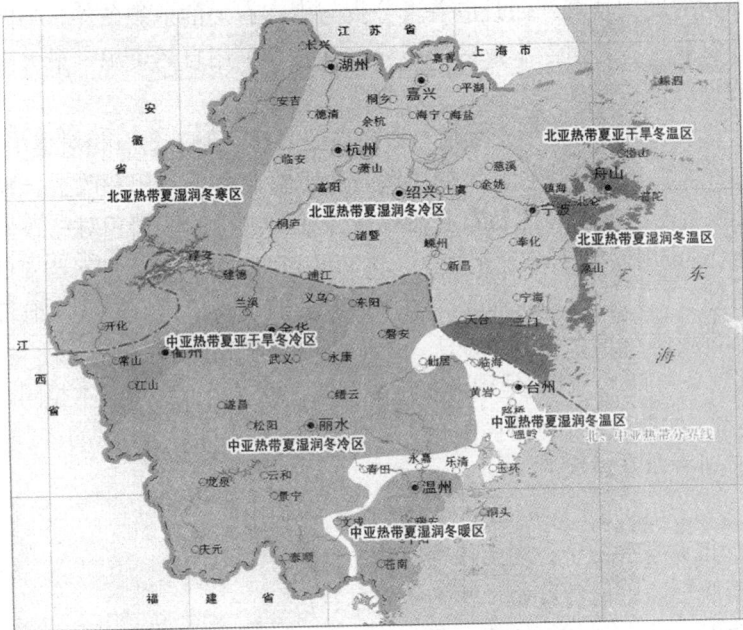

图 6-4　浙江省综合农业气候区划图

（二）浙江省农业地貌与土壤利用区划

1. 区划背景

　　浙江土壤种类繁多，据全省第二次土壤普查资料，可分为 10 个土类，21 个亚类，99 个土属，277 个土种。浙江省土壤面积在 66.67 万公顷（1 000 万亩）以上的土类有 4 个，依次为红壤、水稻土、粗骨土和黄壤。其他土类尚有潮土、紫色土、石灰岩土、滨海盐土等。

　　本省土壤分布受地形、气候、母质、水文等自然条件和人类生产活动的影响，有着明显的区域分布特征。浙南、浙东、浙西丘陵山地以红壤、黄壤等地带性土壤为主；浙北平原和浙东南滨海平原以水稻土为主；滨海平原的外缘狭长地带分布着滨海盐土和潮土；紫色土与红壤交错分布在各红层盆地中；石灰岩土主要分布在浙西丘陵低山区；粗骨土常和地带性土壤呈交错分布交集中于浙东、浙南低山、中山区。

2. 区划原则

《浙江省农业地貌类型与农业地貌区划》（1989 年）是自然区划之一，是为农业生产服务的，具有明显的农业生产应用目的，为此，农业地貌区划不仅要阐明不同的地貌景观，而且应着重分析与生产有关的地貌条件，为因地制宜分类指导农业生产，落实农业区域布局；开发和利用自然资源，最大限度地发挥农业的经济效益、社会效益和生态效益提供依据。

浙江省地貌景观虽然形态复杂，地貌类型多样，但是具有相对集中的特点，为了对全省地貌有一个比较系统的了解，便于农业合理利用和改造，根据农业地貌类型组合的地域差异性和农业地貌条件利用进行的区划相对一致性，采用二者相结合的原则，划分农业地貌区。本次区划作二级分区，即区与亚区。

区的划分原则：以地貌形态类型作为分区的主要依据，取区内地貌形态类型组合分布规律及其农业生产特征，发展方向基本相同。

亚区划分的原则：区内地貌形态特征相似，地表组成物质基本相同，农业土地利用类型，农业改造措施方向基本一致，并考虑到流域与行政区的适当完整性。

3. 区划方案及结果

从土壤利用的角度，浙江可分为 7 个土壤利用区，分别是：

Ⅰ 浙北平原水稻土、潮土粮棉麻渔畜产区；

Ⅱ 浙西丘陵山地黄红壤、水稻土农林特产区；

Ⅲ 金衢盆地水稻土、红壤、紫色土粮畜特产区；

Ⅳ 浙东丘陵山地黄红壤、水稻土农林特产区；

Ⅴ 浙东沿海平原水稻土、盐土粮渔特产区；

Ⅵ 浙南山地黄壤、红壤、粗骨土农林区；

Ⅶ 沿海岛屿饱和红壤、黄红壤、盐土、水稻土渔农区。

浙江省土壤利用分区情况见图 6-5。

（三）浙江省林业区划

1. 区划背景

20 世纪 80 年代末，根据原林业部的部署，浙江省林业厅组织了《浙江省林业区划》（1990 年）（简称"六五"版林业区划）。"六五"版林业区划是全国与地县级林业区划中间一级的区划，它既建立在地县级林业区划的基础上，又接受全国林业区划和省综合农业区划的指导。

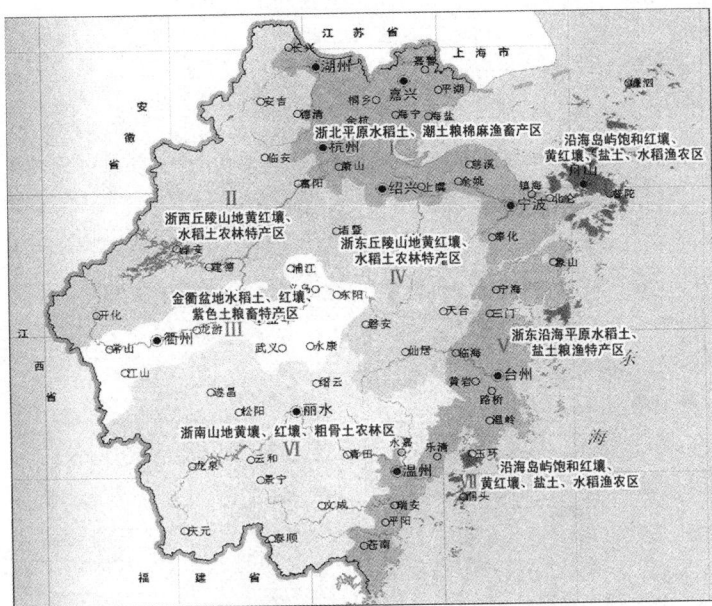

图 6-5 浙江省土壤利用分区图

2. 区划原则

（1）发展林业的自然条件和社会经济、技术条件，区内相似，区间有明显的差异性；

（2）林业生产的基本特征、森林资源现状与生产力；

（3）林业生产的发展方向及所要采取的主要措施；

（4）纵横区划的协调和保持乡镇区域完整性并使地域连片。

3. 区划方案及结果

该版林业区划的命名要素为地理位置或区域名称＋地貌＋主要林种。全省划分为7个林区和4个亚区，其分布见图6-6，名称如下：

Ⅰ 浙北平原绿化农田防护林区；

Ⅱ 浙西北山地水源、用材林区；

Ⅱ1 天目山竹林、水源林亚区；

Ⅱ2 新安江水源、用材林亚区；

Ⅲ 浙东低山丘陵水土保持、竹林区；

Ⅳ 浙中金衢盆地经济、水土保持林区；

Ⅴ 浙西南中山用材林区；

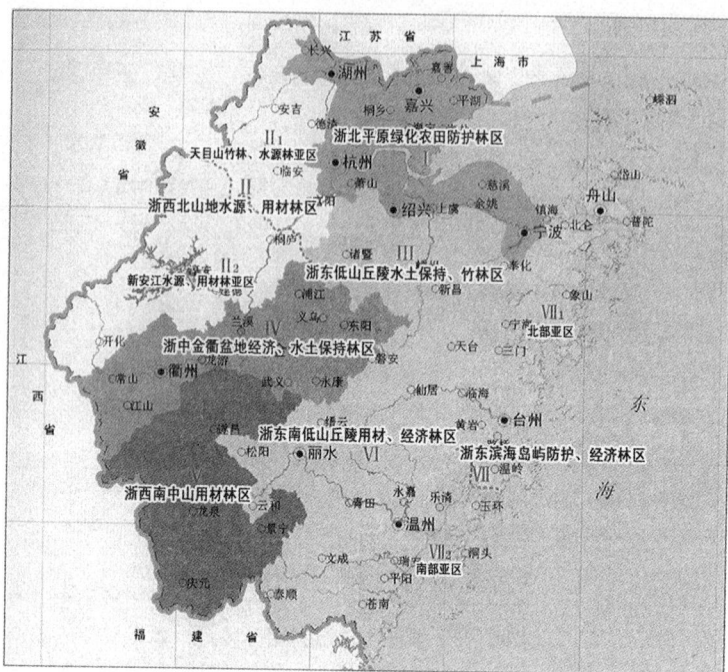

图 6-6　浙江省林业区划图

Ⅵ 浙东南低山丘陵用材、经济林区；

Ⅶ 浙东滨海岛屿防护、经济林区；

Ⅶ1北部亚区；

Ⅶ2南部亚区。

（四）浙江省农业资源和综合农业区划

1. 区划背景

根据全国农业区划委员会和省政府的部署，1979 年浙江省开展农业资源调查和农业区划工作，并先期完成了《浙江省简明综合农业区划》。此后，组织开展市、县（市、区）级区划。1990 年，在简明综合农业区划和各市、县农业自然资源调查与区划的基础上，广泛吸收了省、市、县各级部门或综合区划的最新研究成果，完成了《浙江省农业资源和综合农业区划》。

2. 区划原则

（1）发展农业的自然社会经济条件的相对类似性；

（2）农业生产特征和产业结构的相对一致性；

（3）农业发展方向和主要措施的相似性；

（4）集中连片，保持乡一级行政区域的完整性。

3. 区划方案及结果

农业资源和综合农业区划采用"方向（或地名）＋地貌特征＋主导产业"的复合命名法。全省分为9个农业区，名称如下：

Ⅰ杭嘉湖水网平原——粮桑渔畜油区；Ⅱ杭州湾两岸滨海平原——棉麻菜渔区；Ⅲ宁绍平原——粮畜渔油区；Ⅳ浙西丘陵山地——林茶粮区；Ⅴ金衢丘陵盆地——粮茶果林区；Ⅵ浙东丘陵盆地——粮茶林畜区；Ⅶ浙南山地丘陵——林茶粮畜区；Ⅷ浙东南沿海平原丘陵——粮果渔林区；Ⅸ东部海域岛屿——渔盐林区。

浙江省农业资源和综合农业区划见图6-7。

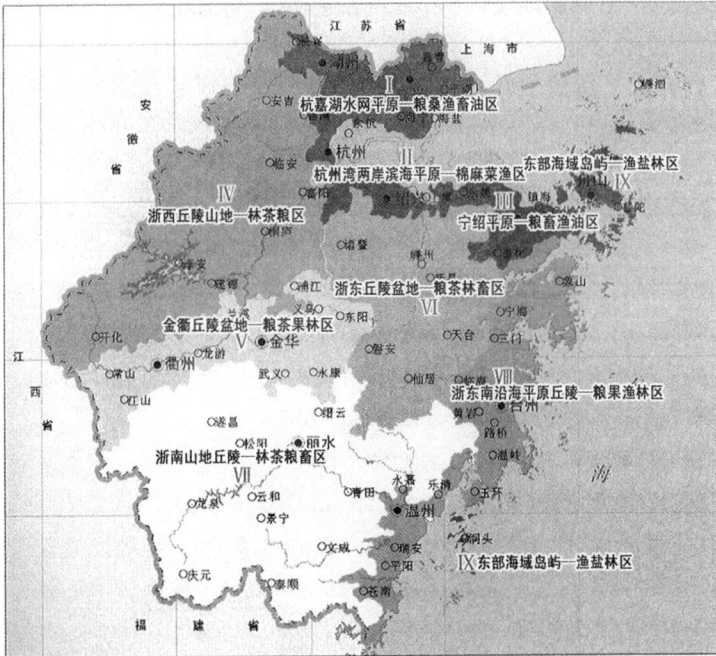

图6-7　浙江省农业资源和综合农业区划图

（五）浙江省生态功能区划

1. 区划背景

根据国家环保总局2003年8月的部署，浙江省环保局组织开展全省功能区划，并于 2004 年完成了《浙江省生态功能区划》。

2. 区划原则

生态功能划区分为三个等级。一是自然生态区，从宏观上根据自然气候、地理特点划分自然生态区；二是生态亚区，根据生态系统类型与生态系统服务功能类型划分生态亚区；三是生态功能区，在生态亚区的基础上，根据生态服务功能重要性、生态环境敏感性与生态环境问题划分生态功能区。

其区划原则是：

（1）一级区划。以中国生态环境综合区划三级区为基础，结合浙江省地貌特点与典型生态系统以及生态环境管理的要求进行调整。

（2）二级区划。以浙江省域主要生态系统类型和生态服务功能类型为依据。

（3）三级区划。以生态服务功能的重要性、生态环境敏感性及生态系统胁迫状况等指标为依据。

3. 区划方案及结果

浙江省生态功能区划考虑的主要指标因素如表 6-5：

表 6-5 浙江省生态功能区划主要指标因素

分类	主要因素	主要内容
生态环境现状	生物多样性	生态系统多样性、物种多样性、遗传多样性
	水资源和水环境	水资源、水环境质量
	植被与森林资源	植被、森林资源
	土地资源	土地利用、水土流失
	大气环境与酸雨	大气环境、酸雨
	海洋环境与近岸海域环境	海洋资源、近岸海域环境质量
	旅游资源与旅游区生态环境	旅游环境、旅游区生态环境
	自然灾害	自然灾害特点、发生概况及损失、区域分布
生态环境敏感性	土壤侵蚀敏感性	降水量、土壤质地、地形起伏度、植被
	酸雨敏感性	岩石类型、土壤类型、植被与土地利用、水分盈亏量
	水环境污染敏感性	径流深、面源污染程度
	地质灾害敏感性	暴雨日数、植被、坡度、现状地质灾害指数、土壤、土地利用类型
	水资源胁迫敏感性	人均水资源量
	气象灾害敏感性	台风、洪涝、冰雹、干旱

（续）

分类	主要因素	主要内容
生态系统服务功能重要性	生物多样性维持与生境保护	生态系统或物种占全省物种数量比率
	水源涵养与饮用水源保护	城市水源地、农灌取水区、洪水调蓄
	土壤保持	土壤侵蚀对下游河流和水资源的危害程度与范围
	营养物质保持	地区氮、磷流失可能造成的富营养化后果和严重程度
	洪水调蓄	主要滞洪区对洪峰削减影响的大小
	自然与文化遗产保护	各类自然与文化遗产以及历史文化名城等的分布
	生态系统产品提供	单位面积第一产业产值

注：根据《浙江省生态功能区划研究》中的相关内容整理形成。

　　生态功能区划一级区命名体现出分区的气候和地貌特征，由地名＋地貌特征＋生态区构成。将浙江省区划为 6 个自然生态区、15 个生态亚区、47 个生态功能区。6 个自然生态区分布见图 6-8。

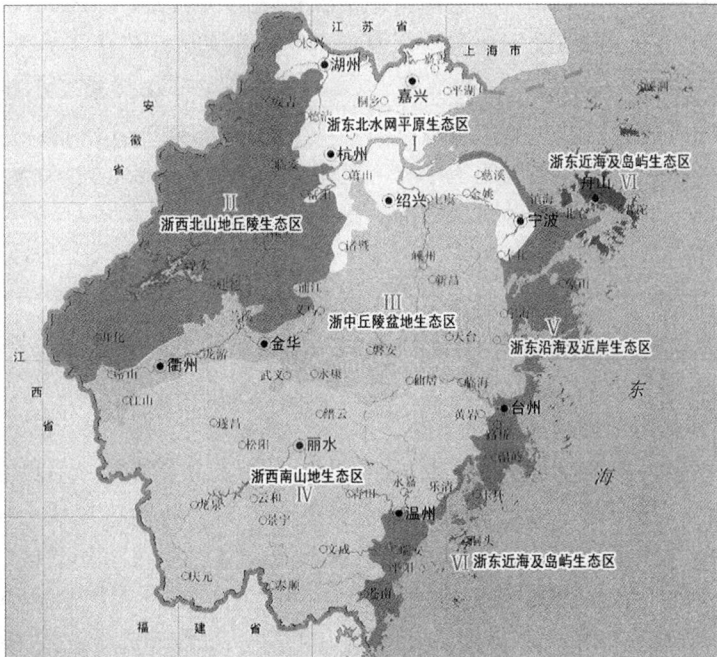

图 6-8 浙江省生态功能区划图

（六）浙江省海洋功能区划

1. 区划背景

为适应全省经济社会发展的需要，协调和规范各种涉海活动，加强对海洋资源和生态环境的保护，促进全省海洋经济持续稳定健康发展，加快浙江海洋经济强省战略的实施，2007 年的海洋功能区工作在 2001 年编制的《浙江省海洋功能区划》基础上，依据国家有关法律、法规和近岸海域区位条件、环境与资源状况等自然属性，结合全省经济社会发展需要，按照国家对省级海洋功能区划的成果要求，遵循《全国海洋功能区划》，将全省海域划分不同类型且具有特定主导功能或有一定功能顺序的海洋功能区。

2. 区划原则

自然属性为主。按照海域的区位、自然条件和自然环境等自然属性，以及海洋资源再生和海洋资源环境承载能力，同时兼顾社会属性，考虑区域经济与社会发展的需求，科学确定海域功能，实现海域的可持续利用。

保护海洋生态环境。切实保障海洋资源和生态系统安全，加强海洋环境的综合整治和海洋生态系统的保护与恢复，避免相邻海域环境功能冲突。

备择性窄优先。在具有多功能的区域，当出现某些功能相互不能兼容时，应优先安排海洋直接开发利用中资源、环境等条件备择性窄的项目。

体现前瞻性。在客观展望未来科学技术进步、经济社会发展和环境自然因素变化基础上，为保持海洋开发与保护的延续性、提高海洋开发与保护的技术层次和综合效益留有充裕空间。

保障国防安全。严格执行《中华人民共和国军事设施保护法》、《中华人民共和国军事设施保护法实施办法》等法律法规，保证军事禁区、军事管理区的优先用海要求。

3. 区划方案及结果

按照《全国海洋功能区划》的总体要求、海洋功能区划分类体系和类型划分标准，依据全省沿岸海域自然环境特点、自然资源优势和社会经济发展实际，将全省沿岸海域划分为港口航运区、渔业资源利用和养护区、矿产资源利用区、旅游区、海水利用区、海洋能利用区、工程用海区、海洋保护区、特殊利用区和保留区等 10 个一级类，并进一步细分为 31 个二级类（详见图 6-9）。根据浙江省海洋功能分类体系和类型划分标准，共划分 270 个功能区。

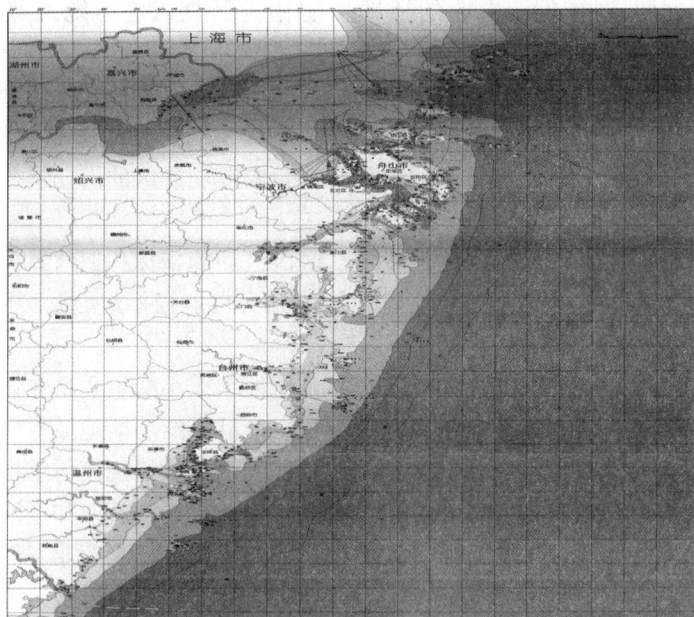

图 6-9　浙江省海洋功能区划图

三、浙江农业多功能分区的新探索

（一）区划的思路与指标体系

农业功能分区就是基于资源条件和经济发展程度不同，区域内资源结构、产业结构和主体功能存在某些相似性和差异性，根据区划指标的测算，把性质相近的个体归为一类，使得同一类中的个体具有高度的同质性，不同类之间的个体具有高度的异质性。其目标在于强化农业用地与农业功能拓展的空间约束功能，从农业多功能发展的角度出发，确定各地区农业生产的发展方向，促进农业各功能区内部和区际之间农业资源、生态功能和生产功能的合理配置，促进农业生产功能以外的生态功能、社会功能、生活功能等多种功能的发展。同时，农业资源的多样性和社会经济发展对农业贡献的多重要求决定了同一区域内农业的发展可以有多种功能。任何区域内的农业都具有多种功能，但必有其主导功能和辅助功能。农业的不同功能对自然资源与环境条件的要求有宽有窄，为充分发挥资源的特殊价值和农业功能的贡献度，在农业功能分区工作中，将按照农业多种功能有序开发、发挥比较优势的要求，采用区域内农业的主导功能作为区划依据，农业的辅助功能作为区划参考，统筹兼顾，突出主导。

农业功能分区指标包括农产品供给、就业与生活保障、文化传承和休闲观光及生态调节等方面。因而指标的选取和构建要充分考虑农业自然资源环境、社会经济发展的特点，指标的选取做到既符合农业功能区的内涵特征，又符合区域发展实际。

考虑农业资源环境与农业协调发展、区内区间的指标相似与差异，以农产品供给、生活保障、生态调节及文化传承等四大功能指标组，共20个定量指标和3个定性指标组成。

农产品供给功能指标组。决定农产品供给能力大小的主要是农业资源尤其是土地资源的丰度和农业生产水平，这也是农产品供给功能地域差异的基本成因。该指标组主要反映和评估区域资源禀赋和农产品供给规模与结构。

生活保障功能指标组。该指标组主要反映农业承担的就业和生活保障的份额、压力和水平，受到农村富余劳动力数量、城镇化、非农产业发展水平等因素的影响。一般来讲，就业结构和收入结构中农业比重、农村富余劳动力比例越大，农业承担的就业和生活保障功能就越重。

生态调节功能与生态约束指标组。该指标组主要反映和评价农业生态调节功能的类型、重要程度与区域生态脆弱性。从区划角度来看，重点考虑农田、生态系统功能的空间差异。同时考虑资源环境保护和生态建设问题。

文化传承和休闲功能指标组。各地区的农业都普遍存在着文化传承和休闲功能。农业文化传承功能在具有特定农业生产方式或独特民族、地域文化的区域表现显著；农业的居民休闲功能受城市规模、交通可达性、市场运作及人们的认识程度等因素的影响，离城市中心越近越显著。

农业功能分区指标体系是一个多因素组成的多层次的复杂系统，经济、社会、自然资源与环境各个子系统既相互独立又彼此关联，各个子系统由多层次组成，彼此之间也是相互独立、相互关联的。为此考虑农业功能分区指标体系采用层次分析法进行，层次分析法由4个层次构成，目标层是评价指标体系建立的最终目标，用以衡量评价和划区划域的农业主导功能；功能层包括了农产品供给、就业与生活保障、生态调节及文化传承与休闲观光等四大因素，囊括了指标评价的4个方面的功能；准则层是将农产品供给、就业与生活保障、生态调节及文化传承与休闲观光等四大功能按照各自的内涵与特征，派生出各因素依托的子因素；指标层是在以上分类下的各子因素最有代表性的指标（表6-6）。

表 6-6　农业功能分区指标体系层级表

目标层	功能层	准则层	指标层
农业功能分区指标体系	农产品供给功能	资源禀赋	乡村人口人均耕地面积（公顷/人），X_1
			耕地粮食单产（千克/公顷），X_2
			多年平均降水量（毫米），X_3
			单位耕地农用水资源量（立方米/公顷），X_4
		规模与结构	总人口人均粮食产量（千克/人），X_5
			主要农产品供给优势指数，X_6
			主要农作物播种面积结构（％），X_7
	生活保障功能	份额指标	农业劳动力占乡村总劳动力比重（％），X_8
			农业收入占农村总收入比重（％），X_9
			农业增加值占总 GDP 的比重（％），X_{10}
		压力指标	单位土地富余劳动力数量（人/公顷），X_{11}
		水平指标	农民人均纯收入（元/人），X_{12}
			劳均农业总产值（万元/人），X_{13}
	生态调节功能	农田生态	水田面积占土地比重（％），X_{14}
		生态约束	水土流失面积占土地比例（％），X_{15}
			盐碱化面积占土地比例（％），X_{16}
	文化传承和休闲功能	文化传承	农业非物质文化，按照是否具有独特的地域、民族农业文化，定性描述农业传承非物质文化的空间分异特征
			农业物质文化遗产，按照农业文化物质遗产的类型和特性（山地梯田、桑基鱼塘、江南水乡景观、古代灌溉工程设施等农业景观），定性描述农业物质文化的空间分异特征
		居民休闲	县域周边 100 千米范围的地级以上城市人口总数（万人），X_{17}
			县域周边 100 千米范围的地级以上城市人口人均年收入（元），X_{18}
			县域单位土地面积公路里程数（千米/平方千米），X_{19}
			观光农业园个数（个），X_{20}

　　注：主要农产品（粮食、棉花、油料、糖料、肉、奶类、园艺、水产等）供给优势指数，计算公式如下：

$$农产品供给优势指数 = \frac{地区某种农产品产量/该种农产品全省总产量}{地区人口总数/全省总人口数}$$

$$农村富余劳动力数量 = 乡村总劳动力 - 乡村非农业劳动力$$

$$- 农林牧渔业合理需求的劳动力$$

(二) 农业功能分区方法研究

1. 聚类分析法选择

首先采用聚类分析（Cluster Analysis）来对浙江农业功能进行区划。聚类分析是根据研究对象的特征对其进行分类的多元分析技术的总称。聚类分析是应用最广泛的分类技术，它把性质相近的个体归为一类，使得同一类中的个体具有高度的同质性，不同类之间的个体具有高度的异质性。聚类分析的大部分应用都属于探测性研究，最终结果是产生研究对象的分类。

采用模糊聚类分析的方法，一般来说，聚类分析至少都应该包括以下 4 个步骤：首先，根据研究的目的选择合适的聚类变量；第二步计算相似性测度；第三步选定聚类方法进行聚类；最后是对结果进行解释和验证。

整个分析流程如图 6-10 所示。

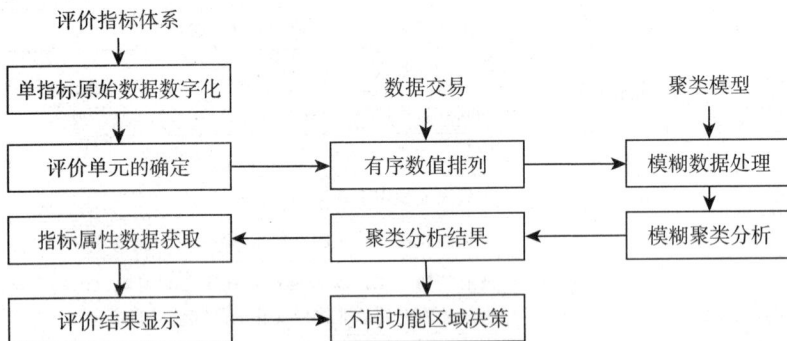

图 6-10　聚类分析流程图

2. 判别分析方法选择

根据笔者对数学知识的深入研判，在采用聚类分析的基础上，还需采用判别分析方法来对浙江部分农业功能较为复杂、应用聚类分析得出结果显著性不够强的县（市、区）作进一步区划。

判别分析与聚类分析同属分类问题，所不同的是，判别分析是在已知研究对象分成若干类型（或组别）并已取得各种类型的一批已知样品的观测数据，在此基础上根据某些准则建立判别式，然后对未知类型的样品进行判别分类。对于聚类分析来说，一批给定样品要划分的类型事先并不知道，正需要通过聚类分析来确定类型。

正因为如此，判别分析和聚类分析往往联合起来使用，例如判别分析是要求先知道各类总体情况才能判断新样品的归类，当总体分类不清楚时，可先用聚类分析对原来的一批样品进行分类,然后再用判别分析建立判别式以对新样品进行判别。判别分析实际上是根据表明事物特点的变量值和它们所属的类别求出判别函数,根据判别函数对未知所属类别的事物进行分类的一种分析方法。这种方法对于地理学中的评价与规划问题非常有效。

判别分析的问题可以这样描述:

设有 k 个总体 $G_1,\cdots,G_k$,它们的均值和协差阵分别为 $\mu^{(i)}$,$\sum^{(i)}$,$i = 1,\cdots,k$,从每个总体 G_i 中抽取 n_i 个样品,$i = 1,\cdots,k$,每个样品测 p 个指标。今任取一个样品,实测指标值为 $X = (x_1,\cdots,x_p)'$,问 X 应判归为哪一类?

用于判别的准则——判别函数,应是最优的,其误差的概率应最小,错判的损失应最低。常用的判别方法主要有距离判别、Bayes 判别和 Fisher 判别。

采用判别分析的方法,一般来说,至少都应该包括以下几个步骤:①由各组样本资料,计算各组样本均值;②计算离差矩阵 B;③计算各组样本离差平方和 Q;④计算矩阵 $Q-1B$ 的前 m 个特征向量;⑤组成线性变换 a,并计算各样本平均向量在 m 维空间中的点;⑥判断。

3. 分区范围及单元选择

浙江全省共设杭州、宁波、温州、绍兴、嘉兴、湖州、舟山、金华、台州、衢州、丽水等 11 个设区市,36 个市辖区和 54 个县及县级市(表 6 - 7)。2016 年年末,全省常住人口 5 590 万。综合考虑功能分区的变异性、精确度、准确度和资料的可获得性,研究的区划基本单元为县(市、区)。

表 6 - 7 浙江省市县(县级市、区)行政区设置

设区市	市辖区	县级市	县	总数
11	32	22	36	90
杭州市	上城区、下城区、江干区、拱墅区、西湖区、滨江区、萧山区、余杭区、富阳区	建德市、临安市	桐庐县、淳安县	13
宁波市	海曙区、江东区、江北区、北仑区、镇海区、鄞州区	余姚市、慈溪市、奉化市	象山县、宁海县	11
温州市	鹿城区、龙湾区、瓯海区	瑞安市、乐清市	永嘉县、平阳县、苍南县、文成县、泰顺县、洞头县	11
嘉兴市	南湖区、秀洲区	海宁市、平湖市、桐乡市	嘉善县、海盐县	7

（续）

设区市	市辖区	县级市	县	总数
湖州市	吴兴区、南浔区		德清县、长兴县、安吉县	5
绍兴市	越城区、柯桥区、上虞区	诸暨市、嵊州市	新昌县	6
金华市	婺城区、金东区	兰溪市、义乌市、东阳市、永康市	武义县、浦江县、磐安县	9
衢州市	柯城区、衢江区	江山市	常山县、开化县、龙游县	6
舟山市	定海区、普陀区		岱山县、嵊泗县	4
台州市	椒江区、黄岩区、路桥区	温岭市、临海市	玉环县、三门县、天台县、仙居县	9
丽水市	莲都区	龙泉市	青田县、缙云县、遂昌县、松阳县、云和县、庆元县、景宁县	9

浙江省经济社会发展水平总体上处于全国前列，2016 年全省 GDP 46 485 亿元，比上年增长 7.5%。其中，第一产业增加值 1 966 亿元，第二产业增加值 20 518 亿元，第三产业增加值 24 001 亿元，分别增长 2.7%、5.8% 和 9.4%，第三产业对 GDP 的增长贡献率为 62.9%。三次产业增加值结构由上年的 4.3∶45.9∶49.8 调整为 4.2∶44.2∶51.6，第三产业比重提高 1.8 个百分点。人均 GDP 为 83 538 元（按年平均汇率折算为 12 577 美元），增长 6.7%（2016 年浙江省国民经济和社会发展统计公报）。

（三）农业功能分区的聚类分析

1. 选择变量

聚类分析是根据所选定的变量对研究对象进行分类，聚类的结果仅仅反映了所选定变量所定义的数据结构，所以变量的选择在聚类分析中非常重要。一般来说，选择哪些变量应该具有一定的理论支持，但实践中往往缺乏这样强有力的理论基础，研究者一般是根据实际工作经验和所研究问题的特征人为地选择一些变量。那么，这些变量应该具有以下特点：①和聚类分析的目标密切相关；②反映了要分类对象的特征；③在不同研究对象上的值具有明显差异；④变量之间不应该高度相关。

选择变量时要注意克服"加入尽可能多的变量"这种错误倾向，并不是加入的变量越多，得到的结果越客观。所以聚类分析应该只根据在研究对象上有显著差别的那些变量进行分类。因此，研究者需要对聚类结果不断进行检验，剔除在不同类之间没有显著差别的变量。另一点应该注意的是，所选择的变量之间不应该高度相关。

根据以上论述及所得调查数据，我们并没有将前面所述的变量全部用于聚类分析，而是选择了其中的 14 个变量进行分析，变量的选择、解释及相关描述见表 6 - 8。

表 6 - 8　变量的选择

功能划分		变量名	变量含义
供给功能	X_1	乡村人口人均耕地面积（公顷/人）	耕地面积/乡村人口
	X_2	耕地粮食单产（千克/公顷）	粮食产量/耕地面积
	X_4	单位耕地农用水资源量（立方米/公顷）	农用水资源量/耕地面积
	X_5	总人口人均粮食产量（千克/人）	粮食产量/总人口
生活保障功能	X_8	农业劳动力占乡村总劳动力比重（%）	农业劳动力/农村劳动力
	X_9	农业收入占农村总收入比重（%）	农业收入/农村总收入
	X_{10}	农业增加值占总 GDP 的比重（%）	农业增加值/GDP
	X_{12}	农民人均纯收入（元/人）	农民人均纯收入
	X_{13}	劳均农业总产值（万元/人）	农业总产值/农业劳动力
生态调节功能	X_{14}	水田面积占土地比重（%）	水稻面积/农用地面积
	X_{16}	水土流失面积占土地比例（%）	水土流失面积/国土面积
	X_{21}	森林覆盖率（%）	林地面积/国土面积
文化传承功能	X_{19}	公路里程数（千米）	县域公路里程数
	X_{20}	观光农业园个数	观光农业园个数

表 6 - 8 为对变量的简单描述，表中的数据表明：所选择指标的取值大小差别显著，并且各指标的单位不统一。如果直接使用这些数据用于聚类分析而不进一步处理的话，所得到的结果将会有偏差。本课题在使用这些数据前，对这些数据进行了标准化处理。采用的方法为：Z 值标准化。Z 得分的数值按下列公式计算：$Z_i = \dfrac{X_i - \overline{X}}{S}$，其中，$X_i$ 为原变量的第 i 个观测值，$\overline{X}$ 为该变量所有观测值的平均数（Mean），S 为标准差（Std. deviation）：

$$\overline{X} = \frac{1}{n}\sum_{i=1}^{n} X_i, \ S = \sqrt{\frac{1}{n-1}\sum_{i=1}^{n}(X_i - \overline{X})^2}$$

2. 主成分分析

选择了聚类变量后，考虑到变量较多，需要进行因子分析（主成分分析），这就达到数据降维的目的。

（1）变量 X_1、X_2、X_4、X_5 标准化后的主成分得分系数矩阵如表 6-9：

表 6-9　主成分得分系数矩阵

指　标　项	主成分	
	1	2
Zscore：COMPUTE X_1＝耕地面积（公顷）/乡村人口	−0.112	0.788
Zscore：COMPUTE X_2＝粮食产量（吨）/耕地面积（公顷）	0.566	−0.063
Zscore：COMPUTE X_4＝农用水资源量（万立方米）/耕地面积（公顷）	0.429	−0.280
Zscore：COMPUTE X_5＝粮食产量（吨）/总人口	0.515	0.438

提取方法：主成分分析法。旋转法：具有 Kaiser 标准化的正交旋转法，构成得分。

（2）变量 X_8、X_9、X_{10}、X_{12}、X_{13} 标准化后的主成分得分系数矩阵如表 6-10：

表 6-10　主成分得分系数矩阵

指　标　项	主成分	
	1	2
Zscore：COMPUTE X_8＝农业劳动力/农村劳动力	0.454	0.073
Zscore：COMPUTE X_9＝农业收入（万元）/农村总收入（万元）	0.412	−0.027
Zscore：COMPUTE X_{10}＝农业增加值/GDP	0.159	0.667
Zscore：COMPUTE X_{12}＝农民人均纯收入（元）	−0.503	−0.084
Zscore：COMPUTE X_{13}＝农业总产值/农业劳动力	−0.055	0.552

提取方法：主成分分析法。旋转法：具有 Kaiser 标准化的正交旋转法，构成得分。

（3）变量 X_{14}、X_{16}、X_{21} 标准化后的主成分得分系数矩阵如表 6-11：

表 6-11　主成分得分系数矩阵

指　标　项	成分	
	1	2
Zscore：COMPUTE X_{14}＝水稻面积（公顷）/农用地面积（公顷）	−0.010	0.902
Zscore：COMPUTE X_{16}＝水土流失面积（公顷）/国土面积（平方千米）	0.631	0.271
Zscore：COMPUTE X_{21}＝林地面积（公顷）/国土面积（平方千米）	0.655	−0.265

提取方法：主成分分析法。旋转法：具有 Kaiser 标准化的正交旋转法，构成得分。

（4）变量 X_{19}、X_{20} 标准化后的主成分得分系数矩阵如表 6-12：

表 6-12 主成分得分系数矩阵

Zscore：COMPUTE X_{19}＝公路里程数（千米）	Zscore：COMPUTE X_{20}＝观光农业园个数
主成分 0.704	−0.704

提取方法：主成分分析法。旋转法：具有 Kaiser 标准化的正交旋转法，构成得分。

3. 计算相似性

下一步就是计算研究对象之间的相似性（Similarity）。相似性是聚类分析中的一个基本概念，它反映了研究对象之间的亲疏程度，聚类分析就是根据对象之间的相似性来进行分类的。

在聚类分析技术的发展过程中，形成了很多种测度相似性的方法。每一种方法都从不同的角度测度了研究对象的相似性，主要分为以下三类：①相关测度；②距离测度；③关联测度。其中相关测度和距离测度适用于间距测度等级及以上的数据，关联测度适用于名义测度和次序测度的数据。本课题研究中采用的是距离测度。

距离测度的出发点是把每个案例看作 m 维空间（m 为变量个数）中的一个点，在 m 维空间中定义点与点之间的距离，距离越近的点，相似程度越高，聚类时更可能归为一类。如果两个案例在所有的变量上的值都相同，这两个点在 m 维空间中应该重合，两个点之间的距离为 0。

距离测度应该满足下列条件：

（1）$d_{ij}＝d_{ji}≥0$ 即距离具有对称性，从案例 i 至案例 j 的距离与案例 j 至案例 i 的距离相等。

（2）$d_{ij}≤d_{ik}+d_{jk}$ 即三角不等式，任意一边小于其他两边之和。

（3）如果 $d_{ij}≠0$，$i≠j$ 即案例 i 和案例 j 不等同。

常见的距离测度有：欧氏距离（Euclidean distance）。定义为：$d_{ij}=$

$$\sqrt{\sum_{k=1}^{m}(x_{ik}-x_{jk})^2}$$

其中，d_{ij} 表示案例 i 和案例 j 之间的距离，x_{ik} 表示第 i 个案例在 k 个变量上的值。欧氏距离是聚类分析中用得最广泛的距离，上式也成为简单欧氏距离，另一常用的形式是平方欧氏距离，即取上式的平方，记为 d_{ij}^2。

4. 聚类

选定了聚类变量、得出了变量的主成分、计算出相似性矩阵之后，接下来的一步就是要对研究对象进行分类。这时主要涉及两个问题：一是选定聚类方法；二是确定形成的类数。

我们选择了非层次聚类法作为本课题的分析方法。设计非层次聚类方法的目的是为了将案例快速分成 K 个类别，一般而言具体的类别个数需要在分析前就加以确定，整个分析过程使用迭代的方式进行，首先起步于一个初始的分类，然后通过不断地迭代把数据在不同类别之间移动，直到最后达到一定的标准为止。因样本较多，并且我们需要事先将各县（市、区）分为四类，上述方法的特点恰好满足我们的需要。

在具体的方法选择中，我们选择了目前最为常用的非层次聚类方法中 K-均值聚类法（K-means Clustering）。

5. 聚类结果的解释

表 6-13 为聚类中心点各指标的取值情况。表中的指标值为正，表明此地区具备这个指标所表明的特征；相反，如果指标值为负，说明此地区不具备这个指标所表明的特征。而数值的大小表明了此地区具有或不具有相应指标所表明的特征的程度。从表中各指标值来看，各类所对应的指标值均为正值并远大于其他类别。这说明，我们所分的类别之间的差异是显著的。例如：类别 1（文化传承与休闲功能），在所有指标中，文化传承与休闲功能的指标为较大的正值（为 0.108 4），表现出了较强的代表性。

表 6-13　最终聚类中心点

指　　标			文化传承与休闲功能	供给功能	生活保障功能	生态调节功能
供给功能指标	因子 1	1	−0.165 27	2.516 21	−0.257 27	−0.082 42
	因子 2	2	−0.156 78	0.275 11	0.629 48	−0.294 35
生活保障功能指标	因子 1	3	−0.060 44	0.240 17	0.267 89	−0.704 91
	因子 2	4	−0.282 32	−0.369 21	1.367 14	0.311 77
生态调节功能指标	因子 1	5	−0.084 47	−0.166 33	−0.317 43	5.709 29
	因子 2	6	0.087 79	1.885 72	−1.167 05	0.154 76
文化传承功能指标	因子 1	7	0.108 40	−0.124 64	−0.014 00	−3.152 52

注：表中为标准化后的数值。

需要说明的是，各类别之间也会有一些重合，例如类 2 供给功能，在所有 7 个因子指标中，4 个指标表现出了正值，并且有的指标取值较大，如：生态调节功能指标"因子 2"为 1.885 72 和生活保障功能指标"因子 1"为 0.240 17，但供给功能包括的两个指标因子取值也为正，分别为："因子 1"等于 2.516 21，"因子 2"为 0.275 11。所以，在权衡了各个指标的取值后，我们将类 2 确定为供给功能。类别的划分不能仅仅依靠类中心点的取值，我们还应对各指标进行显著性的检验，以观察划分类别所依据的指标是否能够代表各个类别的特征并区别于其他类别。表 6-14 为对各指标的方差分析结果，从方差分析的结果来看，只有生活保障功能指标"因子 1"没有通过 F 检验，其他指标均显著。所以，从总体上看，各类之间的差异是显著的。

表 6-14　方差分析表

指　　标			类		误差		F 值	Sig.
			均方差	自由度	均方差	自由度		
供给功能指标	因子 1	1	13.608	3	0.560	86	24.292	0.000
	因子 2	2	2.739	3	0.939	86	2.916	0.039
生活保障功能指标	因子 1	3	0.887	3	1.004	86	0.884	0.453
	因子 2	4	11.463	3	0.635	86	18.051	0.000
生态调节功能指标	因子 1	5	22.449	3	0.252	86	89.164	0.000
	因子 2	6	14.110	3	0.543	86	26.001	0.000
文化传承功能指标	因子 1	7	6.920	3	0.793	86	8.721	0.000

由此我们进一步得出各类别中县（市、区）的具体个数，见图 6-11。参与聚类的县（市、区）数量共 90 个。在各类中，类别 1"供给功能"包括的县（市、区）最多为 38 个。接下来为类别 3"休闲功能"，包括个数为 23 个，而类别 2"生活保障功能"和类别 4"生态调节功能"包括的数量相近，分别为 16 个和 13 个。从各类包括的县（市、区）数量来看，农业功能多为供给功能和休闲功能，而表现其他功能的则较少。

表 6-15 为所属各市的各县（市、区）所属的类别。其中杭州、台州有较多的县（市、区）属于第 3 类休闲功能，宁波、温州、金华、嘉兴有较多的县（市、区）属于第 1 类供给功能，较多县（市、区）属于第 4 类生态调节功能的有丽水。

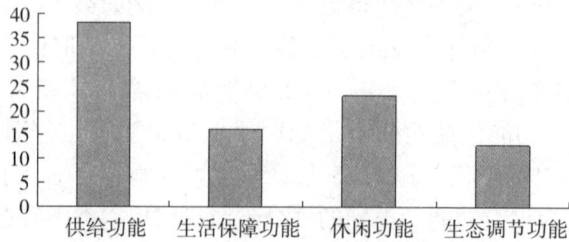

图 6-11 各类别县（市、区）的数量

表 6-15 各县（市、区）所属类别

市	供给功能	生活保障功能	休闲功能	生态调节功能	合计
杭州市	桐庐、建德	富阳	上城、下城、江干、拱墅、西湖、滨江、萧山、余杭	淳安、临安	13
宁波市	宁海、慈溪、奉化、象山、鄞州、镇海、余姚	江北	江东、北仑、海曙、		11
温州市	洞头、瓯海、平阳、瑞安、泰顺、永嘉	龙湾、鹿城	乐清	苍南、文成	11
嘉兴市	桐乡、海宁、海盐、平湖	嘉善、南湖、秀洲			7
湖州市	长兴	德清	南浔	吴兴、安吉	5
绍兴市	上虞、嵊州、新昌、诸暨		绍兴、越城		6
金华市	兰溪、浦江、武义、义乌、永康、东阳	磐安	婺城、金东		9
衢州市	常山、江山、龙游	柯城、衢江		开化	6
舟山市	岱山	定海、嵊泗	普陀		4
台州市	温岭、路桥		黄岩、椒江、玉环、临海	三门、天台、仙居	9
丽水市	缙云、莲都	龙泉、松阳、遂昌	青田	景宁、云和、庆元	9
合计	38	16	23	13	90

(四) 农业功能分区的判别分析

1. 多总体 Fisher 判别法

研究共有 4 个总体 (即四大农业功能区), 所用 Fisher 判别法属于多总体 Fisher判别法。设有 k 个总体 $G_1, \cdots, G_k$, 抽取样品数分别为 $n_1, n_2, \cdots, n_k$, 令 $n = n_1 + n_2 + \cdots + n_k$。$x_a^{(i)} = (x_{a1}^{(i)}, \cdots, x_{ap}^{(i)})$ 为第 i 个总体的第 a 个样品的观测向量。

假定所建立的判别函数为

$$y(x) = c_1 x_1 + \cdots + c_p x_p \underline{\triangle} c' x$$

其中 $c = (c_1, \cdots, c_p)', x = (x_1, \cdots, x_p)'$

$\bar{x}^{(i)}$ 和 $s^{(i)}$ 分别是总体 G_i 内 x 的样本均值向量和样本协差阵, 根据求随机变量线性组合的均值和方差的性质可知, $y(x)$ 在 G_i 上的样本均值和样本方差为

$$\bar{y}^{(i)} = c' \bar{x}^{(i)}, \quad \sigma_i^2 = c' s^{(i)} c$$

$\bar{x}$ 为总的均值向量, 则 $\bar{y} = c' \bar{x}$。

在多总体情况下, Fisher 准则就是要选取系数向量 c, 使

$$\lambda = \frac{\sum\limits_{i=1}^{k} n_i (\bar{y}^{(i)} - \bar{y})^2}{\sum\limits_{i=1}^{k} q_i \sigma_i^2}$$

达到最大, 其中 q_i 是人为的正的加权系数, 它可以取为先验概率。如果取 $q_i = n_i - 1$, 并将 $\bar{y}^{(i)} = c' \bar{x}^{(i)}, \bar{y} = c' \bar{x}, \sigma_i^2 = c' s^{(i)} c$ 代入上式可化为:

$$\lambda = \frac{c' A c}{c' E c}$$

其中 E 为组内离差阵, A 为总体之间样本协差阵, 即

$$E = \sum_{i=1}^{k} q_i \cdot s^{(i)}$$

$$A = \sum_{i=1}^{k} n_i (\bar{x}^{(i)} - \bar{x})(\bar{x}^{(i)} - \bar{x})'$$

为求 λ 的最大值, 根据极值存在的必要条件, 令 $\dfrac{\partial \lambda}{\partial C} = 0$, 利用对向量求导的公式:

$$\frac{\partial \lambda}{\partial C} = \frac{2Ac}{(c'Ec)^2} \cdot (c'Ec) - \frac{2Ec}{(c'Ec)^2} \cdot (c'Ac)$$

$$= \frac{2Ac}{c'Ec} - \frac{2Ec}{c'Ec} \cdot \frac{c'Ac}{c'Ec} = \frac{2Ac}{c'Ec} - \frac{2Ec}{c'Ec} \cdot \lambda$$

因此，$\dfrac{\partial \lambda}{\partial C} = 0 \Rightarrow \dfrac{2Ac}{c'Ec} - \dfrac{2\lambda Ec}{c'Ec} = 0 \Rightarrow Ac = \lambda Ec$

这说明 λ 及 c 恰好是 A、E 矩阵的广义特征根及其对应的特征向量。由于一般都要求加权协差阵 E 是正定的，因此由代数知识可知，上式非零特征根个数 m 不超过 $\min (k-1, p)$，又因为 A 为非负定的，所以非零特征根必为正根，记为 $\lambda_1 \geqslant \lambda_2 \geqslant \cdots \geqslant \lambda_m > 0$，于是可构造 m 个判别函数：

$$y_l(x) = c^{(l)'}x \quad i = 1, \cdots, m$$

对于每一个判别函数必须给出一个用以衡量判别能力的指标 p_i 定义为：

$$p_i = \frac{\lambda_l}{\sum\limits_{i=1}^{m} \lambda_i} \quad i = 1, \cdots, m$$

m_0 个判别函数 $y_1, \cdots, y_{m0}$ 的判别能力定义为：

$$sp_{m_0} \triangleq \sum_{l=1}^{m_0} p_l = \frac{\sum\limits_{l=1}^{m_0} \lambda_1}{\sum\limits_{i=1}^{m} \lambda_i}$$

如果 m_0 达到某个人定的值（比如 85%）则就认为 m_0 个判别函数就够了。

有了判别函数之后，Fisher 判别法就可以很容易地对待判的样本进行分类了。

2. 判别总体与待判样本

为了动态划分各农业功能区，根据指标选项值，得出的各县（市、区）现阶段及 10 年后农业主要功能排序，按主导功能与辅助功能划分的农业四大功能区域见表 6 - 16 和表 6 - 17。

表 6 - 16　现阶段按主导功能与辅助功能划分的区域

	当　前	
	主导功能区	辅助功能区
①农产品供给功能	桐庐、海宁、海盐、平湖、兰溪、浦江、武义、婺城、义乌、永康、东阳、金东、缙云、景宁、莲都、慈溪、奉化、江北、象山、常山、龙游、衢江、平阳、瑞安、岱山、长兴	德清、吴兴、嘉善、南湖、桐乡、秀洲、龙泉、青田、庆元、松阳、遂昌、云和、宁海、鄞州、余姚、镇海、江山、开化、柯城、绍兴、越城、上虞、嵊州、新昌、诸暨、黄岩、椒江、临海、路桥、三门、天台、仙居、龙湾、苍南、洞头、文成、嵊泗、建德、富阳、西湖、萧山、余杭

（续）

	当　前	
	主导功能区	辅助功能区
②就业与生活保障功能	德清、吴兴、嘉善、南湖、桐乡、秀洲、龙泉、青田、庆元、松阳、遂昌、云和、江山、柯城、鹿城、龙湾、嵊泗、富阳	桐庐、海宁、海盐、平湖、兰溪、浦江、武义、婺城、义乌、永康、东阳、金东、缙云、景宁、莲都、慈溪、奉化、江北、象山、常山、龙游、衢江、永嘉、安吉、长兴、淳安、临安
③文化传承和休闲功能	宁海、鄞州、余姚、镇海、绍兴、越城、上虞、嵊州、新昌、诸暨、黄岩、椒江、定海、路桥、永嘉、乐清、瓯海、泰顺、定海、普陀、上城、下城、拱墅、江干、西湖、滨江、萧山、余杭、海曙、江东、北仑	平阳、瑞安、岱山、南浔
④生态调节功能	开化、三门、天台、仙居、苍南、洞头、文成、安吉、南浔、淳安、临安、建德	鹿城、乐清、瓯海、泰顺、定海、普陀、上城、下城、拱墅、江干、滨江、海曙、江东、北仑

表 6 - 17　10 年后按主导功能与辅助功能划分的区域

	10 年后	
	主导功能区	辅助功能区
①农产品供给功能	桐庐、海宁、海盐、兰溪、浦江、武义、婺城、义乌、永康、东阳、金东、缙云、莲都、庆元、慈溪、奉化、江北、常山、江山、衢江、岱山、长兴	嘉善、南湖、桐乡、秀洲、龙泉、遂昌、宁海、象山、鄞州、余姚、镇海、开化、龙游、绍兴、越城、上虞、嵊州、新昌、诸暨、黄岩、椒江、临海、路桥、三门、天台、仙居、苍南、洞头、文成、嵊泗、安吉、淳安、建德、富阳、西湖、萧山、余杭
②就业与生活保障功能	嘉善、南湖、桐乡、秀洲、龙泉、松阳、遂昌、柯城、龙游、嵊泗、富阳	海宁、兰溪、浦江、武义、婺城、义乌、永康、东阳、金东、缙云、云和、慈溪、奉化、江北、江山、鹿城、龙湾、长兴、临安
③文化传承和休闲功能	平湖、青田、宁海、鄞州、余姚、镇海、绍兴、越城、上虞、嵊州、新昌、诸暨、黄岩、椒江、临海、路桥、乐清、瓯海、泰顺、平阳、瑞安、定海、普陀、上城、下城、拱墅、江干、西湖、滨江、萧山、余杭、海曙、江东、北仑	桐庐、德清、吴兴、景宁、莲都、柯城、永嘉、岱山、南浔

（续）

	10 年后	
	主导功能区	辅助功能区
④生态调节功能	德清、吴兴、景宁、云和、象山、开化、三门、天台、仙居、鹿城、龙湾、苍南、洞头、文成、永嘉、安吉、南浔、淳安、临安、建德	海盐、平湖、青田、庆元、松阳、常山、衢江、乐清、瓯海、泰顺、平阳、瑞安、定海、普陀、上城、下城、拱墅、江干、滨江、萧山、余杭、海曙、江东、北仑

结合聚类分析的结果，考虑到各县（市、区）农业资源禀赋、人力资本、农业技术及区域发展战略等制度安排，从动态的角度出发，按照现阶段及 10 年后各县（市、区）农业主要功能排序变化及其趋势，选择在聚类分析中检验结果非常显著县（市、区）的基础上，同时参考专家咨询意见，做适当调整，得出浙江省部分县（市、区）农业功能分区分情况见表 6-18。

表 6-18　浙江省部分县（市、区）农业功能分区

市	供给功能	保障功能	文化传承与休闲功能	生态调节功能	合计
杭州市	桐庐、建德	富阳	上城、下城、江干、拱墅、西湖、滨江、萧山、余杭	淳安、临安	13
宁波市	宁海、慈溪、奉化、象山、鄞州、镇海、余姚	江北	江东、北仑、海曙		11
温州市	洞头、瓯海、平阳、瑞安、永嘉	龙湾、鹿城	乐清	苍南、文成	10
嘉兴市	桐乡、海宁、海盐、平湖	南湖、秀洲			6
湖州市	长兴	德清	南浔	吴兴、安吉	5
绍兴市	上虞、嵊州、新昌、诸暨		绍兴、越城		6
金华市	兰溪、浦江、武义、义乌、永康、东阳				6
衢州市	常山、江山、龙游	柯城、衢江		开化	6
舟山市	岱山	定海、嵊泗	普陀		4
台州市	温岭、路桥		黄岩、椒江、玉环临海	三门、天台、仙居	9
丽水市	缙云、莲都	龙泉、松阳、遂昌		景宁、云和、庆元	8
合　计	36	14	20	13	84

　　由于上表部分县（市、区）的功能区划已明确，这里把上表部分县（市、区）作为判别总体，除此之外另有待判样本县（市、区）6 个：泰顺、嘉善、婺城、金东、磐安、青田。

　　本研究采用费歇尔（Fisher）判别法对待判的 6 个样本县（市、区）进行逐步判别分析，为了避免用到较多的数学知识或数学上的推导，这里不追求数学上的完整性，有关条件与原理的论证省略了。

3. 建立判别函数

　　指标的选择同前述的聚类分析法，先计算四组县（市、区）的组均值的均等性检验及协方差矩阵如表 6 - 19、表 6 - 20：

表 6 - 19　组均值的均等性检验

指标	Wilks 的 Lambda	F	df1	df2	Sig.
X_1	0.939	1.695	3	78	0.175
X_2	0.939	1.703	3	78	0.173
X_4	0.934	1.839	3	78	0.147
X_5	0.874	3.732	3	78	0.015
X_8	0.962	1.019	3	78	0.389
X_9	0.955	1.230	3	78	0.305
X_{10}	0.986	0.364	3	78	0.779
X_{12}	0.746	8.840	3	78	0.000
X_{13}	0.833	5.213	3	78	0.002
X_{14}	0.956	1.195	3	78	0.317
X_{16}	0.948	1.417	3	78	0.244
X_{21}	0.962	1.039	3	78	0.380
X_{19}	0.929	1.991	3	78	0.122
X_{20}	0.980	0.535	3	78	0.659

　　表 6 - 21 为特征值表，表中各项为前 3 个判别函数的特征值，占总方差的百分比，累积百分比和正则相关系数。最大特征值对应于最大扩展方向上的特征向量，第二大特征值对应于组均次大扩展方向上的特征向量，如此类推。特征值的平方根提供了对应特征值向量的长度信息，或该维的典则变量均值的宽度，从下表可以看出，第一个典则变量解释了 81.5% 的总方差。

表 6 - 20　协方差矩阵

指标	X_1	X_2	X_4	X_5	X_8	X_9	X_{10}	X_{12}	X_{13}	X_{11}	X_{16}	X_{21}	X_{19}	X_{20}
X_1	937 968.811	-57 990.878	-47 926.749	196 272.98	6.415	0.995	0.016	-190 670.351	-1 837.429	-241 511.106	-293.572	-535.288	25 515.731	-673.3
X_2	-57 990.878	490 352.187	461 814.453	143 599.556	1.701	-5.867	-1.604	47 931.956	-369.513	208 965.578	413.995	1 893.936	36 106.679	-153.002
X_4	-47 926.749	461 814.453	445 879.899	106 594.28	-5.263	-4.82	-1.238	35 791.205	-286.206	193 078.118	438.909	2 241.436	35 815.34	-118.802
X_5	196 272.98	143 599.556	106 594.28	1 699 932.113	70.934	-9.316	-10.383	-732 652.309	-6 986.649	255 909.997	447.631	-131.59	135 938.934	-466.384
X_8	6.415	1.701	-5.263	70.934	0.066	0.006	0.004	-139.928	-0.303	-69.032	-0.211	-0.485	-11.517	-0.475
X_9	0.995	-5.867	-4.82	-9.316	0.006	0.023	0.001	-99.679	-0.187	19.989	0.028	0.555	-10.455	-0.246
X_{10}	0.016	-1.604	-1.238	-10.383	0.004	0.001	0.023	-82.807	-0.081	-79.005	0.012	0.668	-9.53	0.281
X_{12}	-190 670.351	47 931.956	35 791.205	-732 652.309	-139.928	-99.679	-82.807	5 021 817.792	9 470.889	924 007.208	-685.367	-31 087.949	-12 299.125	3 858.471
X_{13}	-1 837.429	-369.513	-286.206	-6 986.649	-0.303	-0.187	-0.081	9 470.889	273.009	-4 624.667	5.459	-29.824	-1 183.293	-17.942
X_{14}	-241 511.106	208 965.578	193 078.118	255 909.997	-69.032	19.989	-79.005	924 007.208	-4 624.667	10 106 830.7	1 320.849	-586.609	-7 201.731	5 218.506
X_{16}	-293.572	413.995	438.909	447.631	-0.211	0.028	0.012	-685.367	5.459	1 320.849	68.657	115.388	216.847	34.058
X_{21}	-535.288	1 893.936	2 241.436	-131.59	-0.485	0.555	0.668	-31 087.949	-29.824	-586.609	115.388	3 156.348	1 082.642	1 004.335
X_{19}	25 515.731	36 106.679	35 815.34	135 938.934	-11.517	-10.455	-9.53	-12 299.125	-1 183.293	-7 201.731	216.847	1 082.642	179 086.634	-531.767
X_{20}	-673.3	-153.002	-118.802	-466.384	-0.475	-0.246	0.281	3 858.471	-17.942	5 218.506	34.058	1 004.335	-531.767	558.816

注：总的协方差矩阵的自由度为 81。

表 6 - 21　特征值

函数	特征值	方差的 %	累积 %	正则相关性
1	0.911（a）	65.1	65.1	0.690
2	0.303（a）	21.7	86.8	0.482
3	0.185（a）	13.2	100.0	0.395

注：a 分析中使用了前 3 个规范判别式函数。

表 6 - 22 为 Wilks 的 Lambda 值表，表中各项分别为 Wilks 的 Lambda 值、卡方值、自由度和显著性概率。表中第一行显著性概率小于 0.05，拒绝原假设，认为组间均值不相等，第二、三行则在剔除了第一个函数以后检验 4 个组中函数据的均值相等。

表 6 - 22　Wilks 的 Lambda

函数检验	Wilks 的 Lambda	卡方	df	Sig.
1 到 3	0.339	77.869	42	0.001
2 到 3	0.648	31.248	26	0.219
3	0.844	12.197	12	0.430

表 6 - 23 为标准化的规范判别式函数系数，包括各独立变量对应的判别函数的标准化系数值。据此可以建立标准化的规范判别式函数。

表 6 - 23　标准化的规范判别式函数系数

指　标	函数		
	1	2	3
X_1	−0.292	0.045	−0.208
X_2	2.442	−0.445	−0.889
X_4	−2.599	−0.046	0.325
X_5	−0.453	0.196	0.374
X_8	0.295	−0.322	−0.127
X_9	0.194	−0.182	0.347
X_{10}	−0.036	0.411	0.055
X_{12}	0.664	0.385	0.519
X_{13}	0.442	−0.101	−0.245
X_{14}	−0.212	0.380	0.239
X_{16}	−0.018	−0.433	0.492
X_{21}	−0.188	0.351	0.489
X_{19}	0.285	0.521	−0.454
X_{20}	0.080	0.012	−0.627

标准化的规范判别函数 f_1 为：

$$f_1 = -0.292x_1 + 2.442x_2 - 2.599x_4 - 0.453x_5 + 0.295x_8 + 0.194x_9 - 0.036x_{10} + 0.664x_{12} + 0.442x_{13} - 0.212x_{14} - 0.018x_{16} - 0.188x_{21} + 0.285x_{19} + 0.08x_{20}$$

标准化的规范判别函数 f_2 为：

$$f_2 = 0.045x_1 - 0.445x_2 - 0.046x_4 + 0.196x_5 - 0.322x_8 - 0.182x_9 + 0.411x_{10} + 0.385x_{12} - 0.101x_{13} + 0.38x_{14} - 0.433x_{16} + 0.351x_{21} + 0.521x_{19} + 0.012x_{20}$$

标准化的规范判别函数 f_3 为：

$$f_3 = -0.208x_1 - 0.889x_2 + 0.325x_4 + 0.374x_5 - 0.127x_8 + 0.347x_9 + 0.055x_{10} + 0.519x_{12} - 0.245x_{13} + 0.239x_{14} + 0.492x_{16} + 0.489x_{21} - 0.454x_{19} - 0.627x_{20}$$

表 6-24 为组质心处的函数。

表 6-24　组质心处的函数

组　别	函　数		
	1	2	3
1	−0.330	0.575	−0.022
2	−0.428	−0.531	0.802
3	1.639	−0.196	−0.121
4	−1.021	−0.735	−0.626

注：组质心处的函数是指在组均值处评估的非标准化规范判别式函数。

4. 对待判样本判别归类

通过回判，结果表明，总的回代判对率为 100%，这与统计和调查资料以及专家咨询的结果相符，并与前面的聚类法的结果也相同。这说明前面表 4-15（浙江省部分县（市、区）农业功能分区）所确定的 84 个样本的归类类别较为可靠。

图 6-12 为区域图。该图由两个判别函数 f_1、f_2 构成坐标系，其中，函数 f_1 的不同取值作为横坐标，函数 f_2 的不同取值作为纵坐标。根据函数值的不同，坐标区域被划分为 4 个部分。如图中所示，数字"1"、"2"、"3"和"4"与边界所围成的区域分别对应于 4 种分类，当函数 f_1 和函数 f_2 的取值所决定的点落在其中某个区域中时，该点所对应的个案就属于某类。如图中所示可以看出，泰顺所处区域为"4"，嘉善、婺城、金东所处区域均为"1"，磐安

所处区域界于"2"与"4"之间，但更接近区域"2"，青田所处区域为"3"（典型判别函数及其表达式和图像结果省略）。

典则判别函数

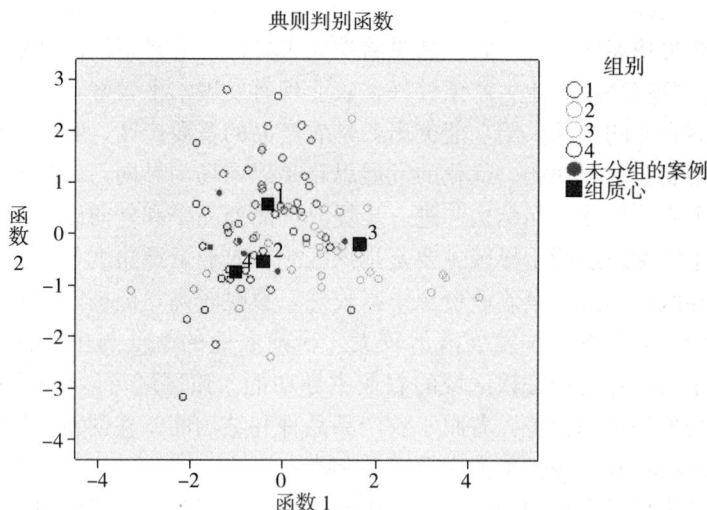

图 6-12　典型判别函数分析图

通过比较区域图和典型判别函数分析图的结果，基于标准化判别函数系数，经计算，待判样本判别结果如表 6-25。

表 6-25　待判县（市、区）所属类别

序号	县（市、区）	判别函数 f_1 值	判别函数 f_2 值	后验概率	判属类号
1	泰顺	160.945 5	185.425 2	1.000 0	4
2	嘉善	202.273 9	219.593 9	1.000 0	1
3	婺城	329.300 8	319.007 3	0.999 97	1
4	金东	277.746 0	273.563 8	0.985 0	1
5	磐安	298.343 3	288.662 7	0.912 2	2
6	青田	343.269 0	341.771 2	0.902 4	3

据此，泰顺被判为生态调节功能区，嘉善、婺城、金东均被判为农产品供给功能区，磐安被判为就业与保障功能区，青田被判为文化传承功能区。

结合聚类分析与判别分析结果，综合考虑各县（市、区）农业资源禀赋、人力资本、农业技术及区域发展战略等制度安排，按照现阶段及 10 年后各县（市、区）农业主要功能排序变化及其趋势，结合专家诊断系统结论，统筹兼顾功能分区的静态与动态要求，在利用多种技术手段形成分区方案的基础上，最后做适当调整，可以得出基于农业多功能的分区方案。对于这类功能分区方案，需要说明的是：

（1）四类功能区含义。农产品供给功能主导区主要是指该区域农业资源丰富较好，禀赋较高，农业生产条件好，农业现有发展水平较好，农业发展潜力较大，目前农业的产品供给功能突出，是农产品的重要产区，农产品供给功能是该区域的农业主导功能。优化的发展思路是以市场为导向，以农业增效、农民增收为中心，优化产品结构、进一步提升产品商品率和外向度。

农业生活保障功能主导区主要是指该区域从农业资源角度看，与农产品供给功能主导区很相近，其农业资源丰富较好，禀赋较高，但该区域农业现有发展水平一般，农业进一步发展潜力较大，目前农业的就业与生活保障功能突出，农业生活保障功能是该区域的农业主导功能。该区域可以通过重点发展，充分挖掘当地的资源优势，着眼于农产品品种和结构的调整创新，使该区域形成具有明显特色和区域优势的主要产品和产业区。

农业文化传承和休闲功能主导区主要是指该区域基于结构调整和农业比较利益原则，农业的发展主要承担着文化传承与休闲功能，农业文化传承和休闲功能是该区域的农业主导功能。但随着这一功能的急剧扩大，农业自然资源与环境承载能力必将受到重大影响。该区域目前最需要提升和有序发展，其提升和有序发展的主要思路是要防止各类主要发挥文化传承与休闲功能休闲观光农业园区等的过度且无序扩张，强化农业文化传承与休闲功能的整合。

农业生态调节功能主导区主要是指该区域农业的发展主要承载功能的是生态调节功能，农业生态调节功能是该区域的农业主导功能。保护发展的思路是，该区域农业发展要坚持保护优先、适度开发、有选择开发，使该区域逐步成为全省乃至更大区域范围的生态屏障。

（2）农业功能区形成。农业功能区的形成是一个复杂的历史进程，存在着许多不确定性和不可预见性，除了一些自然、资源、经济、社会和人文属性较为明确，功能边界较为清晰、主导性功能较为单一的区域可以通过空间规划予以刚性确定外，多数农业功能区都不宜将初始规划赋予的农业功能永久化。

（3）农业功能区调整。把农业主导功能分区视为引导农业发展的一个基础、一种手段，并使之保持一种开放状态。当区域发展条件和农业资源环境条件发生变化时，要对农业功能分区规划进行调整，把调整后的分区作为新时期引导农业发展的工具，通过由上而下的规制及由下而上的反馈，最终形成合理的农业功能拓展格局。

第七章 农业功能拓展战略分析与对策

一、农业功能拓展战略分析

（一）积极发挥各类型功能区的比较优势

1. 农产品供给功能主导区

根据浙江省农业多功能分区的实践，本功能区的地貌类型大部分以平原为主体，境内地势低平，在农业多功能发展过程中，相比较而言，以农产品供给功能较为突出。如杭嘉湖平原部分地区，宁绍温平原部分地区，金衢盆地部分地区等均是城市密集区，社会经济发达，人口密度大，农业生产条件好、历史悠久，历来是浙江省粮食、油菜籽、蔬菜瓜果、蚕茧、花卉苗木、特色水果、淡水产品等农产品的重要产区，也是农村经济最发达的地区。

在长期农业生产中，本区涌现出一批名特优新产品，主要有嘉兴海宁、湖州长兴等地的名优淡水产品，湖州长兴早园笋、银杏、青梅、白果、板栗、湖蟹，绍虞平原的绍兴麻鸭，宁波蔺草（1995 年鄞州被农业部命名为"中国蔺草之乡"），宁波余姚临山葡萄、樱桃、慈溪杨梅、大白蚕豆、干菜笋，象山红柑橘、浙东白鹅，奉化水蜜桃、奉蚶、大毛竹，绍兴上虞盖北葡萄，台州温岭西瓜、高橙、文旦，丽水缙云蚕豆、元胡、食用菌、茶叶，金华兰溪大红柿、大青豆、蜜枣，浦江豆腐皮，嘉兴桐乡杭白菊，以及金衢地区部分地区的特色水果等。

近年来，特别是随着农业供给侧结构性改革的实施，本区加快了农业结构调整的步伐，并提出以市场为导向，以农业增效、农民增收为中心的发展思路。依着市场、资源、区位、技术、资金等诸多生产要素的集聚所产生的比较优势，本区的农业结构调整取得了明显成效，出现了低效的大宗农业产业向高效的特色农业产业转变，一般农产品向特色优势农产品集中，优势农产品向优势产区集中的趋势，具有本区地域特色的农产品产业体系已基本建立，成为浙江省农业产业结构调整的先行区和主要农产品生产的重要基地。该区域的县（市）除了有以农产品供给功能为其农业的主导功能外，同时也具有就业与保障功能、文化传承与休闲观光功能、生态调节功能等辅助功能。从以下典型县

（市）就可以看出这一特征。

桐庐：桐庐县位于浙江省西北部，地处钱塘江中游，总面积 1 825 平方千米。全区以丘陵山区为主，平原稀少。农业以种植水稻为主，兼产小麦、番薯、玉米、马铃薯等杂粮及油菜籽、芝麻、花生、大豆等油料。2016 年，农业经济稳定发展，全县实现农林牧渔业总产值 36.50 亿元，同比增长 7.4%，实现粮食总产量 5.45 万吨。近年来，桐庐县紧紧抓住列入全省唯一全域旅游专项改革试点县的机遇，着力打造县域大景区，乡村景区、农家乐、民宿经济、智慧旅游等蓬勃发展。2016 年，全县共接待国内外游客 1 321 万人次，同比增长 14.8%，实现社会旅游业总收入 135.28 亿元，同比增长 14.4%。乡村旅游持续稳定增长，全年共接待游客 799.2 万人次，实现收入 4.75 亿元，分别同比增长 22.0% 和 27.5%。2016 年，全县新增"农民之家"29 家，总量达到 74 家，培育示范社 40 家，新培育农民专业合作社 1 家，总量达到 13 家；全年新培育市级农业产业化龙头企业 2 家，市级农民专业合作社示范社 2 家，国家级农民专业合作社示范社 1 家。

海宁：海宁市位于浙江省北部，杭嘉湖平原南端，东距上海 120 千米，西与杭州接壤，总面积 699.92 平方千米，总人口 83.50 万人（2016 年）。海宁素有"鱼米之乡、丝绸之府、皮衣之都、文化之邦、旅游之地"的美称。县域经济发达，城乡一体化进程加快。海宁农业区域经济特色明显，通过调整农业结构，花卉苗木、优质水果、特种水产、畜禽养殖等高效农业已逐步形成产业规模。

东阳：东阳位于浙江省中部，总面积 1 739 平方千米，地形以丘陵和盆地为主，属亚热带季风气候区，气候温和，雨量充沛，东阳江、东阳南江横贯全境。全市总人口 83.95 万人（2016 年）。东阳是浙江省农业高产区之一，以种植稻、麦、玉米、大豆为主。农林牧副渔全面发展，全市基本形成了席草、茶叶、木线、中药材、香榧、火腿等六大特色农业支柱产业。被浙江省人民政府作为完善农村改革、推进农业现代化的先进典型——"案卢经验"，在全省农村深入推广。2016 年，全市新建粮食生产功能区 23 个，面积 18 012 亩，累计建成粮食生产功能区 165 个，总面积 129 910 亩；新成立农民专业合作社 15 家，合作社总数达 440 家；新成立家庭农场 94 家，家庭农场总数达 389 家；全市已有农业产业化龙头企业 109 家。

2. 农业生活保障功能主导区

农业生活保障功能主导区在农业多功能发展过程中，相比较而言，以就业与生活保障功能较为突出。从农业总体类型布局划分，全区域可分为河谷平原、丘陵岗地、低中山和小盆地等四大农业类型。其中河谷平原，光热条件优越，土地肥沃，适宜于多熟制生产；丘陵岗地，介于河谷平原与山麓过渡地带，土地缺水易旱，开发潜力较大，主要以发展茶、桑、果为主，小盆地主要包括松古盆地，低中山地，分布于盆地周围，是区域内各大水系发源地和生态屏障，海拔多在 150～1 300 米不等，适宜于发展林业生产。

农产品区域布局上，本区域坚持充分挖掘当地的资源优势，着眼于农产品品种和结构的调整创新，突出抓好农产品生产的特色化、名优化和规模化，逐步涌现出一批特色农产品和全国"特色之乡"。在此基础上，初步形成了相应的具有明显特色和区域优势的主要产品和产业区，从而构成与农业资源基本适应的特色农产品种植结构和布局，显示出小盆地、丘陵岗地区域特色农业的雏形。该区域的县（市）除了有就业与保障功能作为其农业的主导功能外，同时也具有农产品供给功能、文化传承与休闲观光功能、生态调节功能等辅助功能。从以下典型县（市）就可以看出这一特征。

富阳：富阳市位于浙江省北部，总面积 1 831.22 平方千米，平原约占 17%，水面 5.4%，山丘 75.9%，故有"八山半水分半田"之称。富阳市地势自西南向东北倾斜，地貌以"两山夹江"为特点，距上海 200 多千米，离杭州萧山国际机场 50 余千米，资源丰富，特产众多，建有全国商品粮基地和重点产茶、产茧地区，芦笋、茶叶、豆腐皮、食用菌、竹笋、银杏、板栗、草莓等特产屡获奖牌，闻名遐迩。2016 年，全区建成粮食生产功能区 9 个，总面积 0.65 万亩。新建现代农业综合示范园区 21 个，改造中低产田 1.6 万亩。年末全区农业产业化龙头企业达 121 家，其中杭州市级以上 59 家，实现销售收入 65 亿元。各类农民专业合作社 587 家。各类名牌农产品 72 个，其中杭州市级以上 31 个。

德清：德清县位于浙北杭嘉湖平原，东邻桐乡，南毗杭州余杭区，西界安吉，北接湖州。总面积 947.93 平方千米，属太湖流域长江三角洲经济区。西部为天目山余脉，群山连绵，林木葱郁，主要有中外闻名的旅游、避暑胜地莫干山等，区内以早园竹、毛竹生产为主；东部为平原水乡，河渠似网，鱼塘棋布，为全县粮食、蚕茧、淡水鱼、畜禽的主要产区；中部为丘陵、平原区，主产粮、畜、林、茶。全县以粮桑生产为主，林、牧、副、渔全面发展。2016 年全县农业科技不断创新，共推广新型种养模式 5 500 亩，引进优质新品种 21 个。积极推进"互联网＋农业"建设，落实智能化农业生产园区 2 个、物联网示范点 6 个。2016 年全县实现地区生产总值 425.2 亿元。该县以农业增效、农民增收为重点，加大农村工作力度，推进农业科技进步，狠抓特色生产，使农业生产和农村经济保持了良好的发展态势。2016 年，全县实现农林牧渔业总产值 41.7 亿元，其中，种植业 7.8 亿元，渔业 15.2 亿元，牧业 10.8 亿元，分别同比增长 3.2%、5.5%、13.0%。2016 年全县农作物播种面积 30.4 万亩，比上年增长 0.6%。其中，粮食播种面积 20.9 万亩，比上年增长 4.3%；粮食总产量 9.9 万吨，比上年增长 5.4%。油料播种面积 1.1 万亩，比上年下降 13.7%；油料总产量 0.2 万吨，比上年下降 3.3%。蔬菜播种面积 5.3 万亩，比上年增长 46.5%；蔬菜总产量 7.6 万亩，比上年增长 5.8%。

嵊泗：嵊泗是我国 18 000 千米的海岸线中心点，长江、钱塘江的交汇处，是我国海上南北交通的中心，江海联运的枢纽，是国内外海轮进出长江口的必经之地，区位优越，气候宜人，资源丰富，地灵人杰，港、渔、景优势独特。全县 404 个岛屿，星罗棋布镶嵌于 8 747 平方千米的碧波、绿壤、金沙之间，陆域面积 86 平方千米，16 个住人岛屿，8.2 万人口。嵊泗渔业产业发达，全县海水养殖总面积 970 公顷，其中贻贝养殖面积 699.9 公顷。渔场地处长江、钱塘江入海口，水质肥沃，饵料丰富。盛产小黄鱼、墨鱼、带鱼、海蜇、梭子蟹、虾、鳗、鲳、鳓、鲐鱼、鲹鱼，小杂鱼等资源亦丰，一年四季有鱼可捕，被誉为"天然的海上鱼库"。人工养殖品种有紫菜、海带、贻贝、对虾等。

遂昌：遂昌县位于浙西南，总面积 2 539 平方千米，总人口 23.19 万。全县有耕地 144 022 亩，造林面积 15 398 亩。2015 年，全县实现生产总值 88.74 亿元，全县粮食种植面积 18.01 万亩，粮食总产 6.27 万吨。茶园总面积 11.97 万亩，全年实现产量 9 509 吨。建立省级现代农业综合区 2 个，省级主导产业示范区 5 个，省级特色农业精品园 5 个。建立生态循环农业示范区 2 个、示范主体 13 个，被认定为第三批省级生态循环农业示范县。创建生态精品农业示范乡镇 4 个，培育生态精品农业示范企业 5 家、合作社 5 家、大学生农业创业典型 6 个、生态精品示范家庭农场 34 家、生态精品农产品 40 个、家庭农场 75 家、农民专业合作社联合社 1 个。新增生态精品农业基地 21 个、生态规模养殖场 3 个、生态示范牧场 3 个。形成种植面积 9.62 万亩、水域养殖面积 360 多亩、畜禽养殖 1.1 万头（羽）的原生态精品农业生产规模，全年原生态精品农业产值 8.26 亿元。

3. 农业文化传承和休闲功能主导区

农业文化传承和休闲功能主导区在农业多功能发展过程中，相比较而言，以文化传承和休闲观光功能较为突出。在农产品市场约束日趋严重的情况下，本区域部分地区的农业在生产粮食等大宗农产品、满足社会食品需求的同时，大部分地区的农业主要是体现其特有的涵养水源、防止洪涝灾害、处理有机废弃物、净化空气、提供绿色景观等功能。目前，本区域农业功能拓展主要是依托原有现代农业园区、高效生态农业基地等自然优美的乡野风景情、舒适宜人的清新气候、环保生态的绿色空间、历史悠久的农业文化，兴建休闲、娱乐设施，挖掘文化功能，开发"农家乐"游乐活动，突出野趣、乐趣、闲趣，提供科普教育、度假、休憩、游乐、就餐、住宿等服务内容，提供亲近自然、感受农村气息、体验古老文明的休闲观光场所。

这其中既有通过先进的现代科技和农艺技术的宣传、示范、推广，向人们展示现代农业的风采，把现代农业高新技术与生产、示范、观光、教育等紧密结合起来，以绿色、生态、自然的农业产业带和农业资源为载体，为游客提供观光、赏景、采摘、游玩等项目，使人们领略到生态农业的大自然情趣，也有通过充分挖掘当地丰富的人文资源，有效利用自然景观，开发探幽、访古、赏景等休闲项目，为游客提供休闲活动内容。其特点主要是凭借其富有地域特色的生态环境或独树一帜的特色农产品，以绿色、安全、新鲜见长，通过提供自产的蔬菜、家禽、水产品等，让游客品尝原汁原味的农家菜，体验淳厚的农家风情。该区域的县（市）除了有文化传承与休闲观光功能作为其农业的主导功能外，同时也具有农产品供给功能、就业与生活保障功能、生态调节功能等辅助功能。从以下典型县（市）就可以看出这一特征。

宁海：宁海是宁波市属县，位于浙江省东部沿海，象山港和三门湾之间，是国务院批准的第一批沿海对外开放地区之一。全县总面积 1 880 平方千米，人口 58 万，海岸线 176 千米，滩涂 2.6 万公顷，山林 12 万公顷，耕地 3.5 万公顷。宁海山川秀丽，风光旖旎，是宁波市唯一的国家级生态示范区。生态县建设规划加快实施，资源环境、生态人居等五大体系框架逐步形成，相继投入 77 亿元分年度实施 60 余项生态工程。城市大气环境质量属清洁水平，县内五大溪流水质良好，全县森林覆盖率达 62.5%，拥有 118 千公顷山林，居宁波市首位。建成生态公益林 53.3 千公顷，水土保持综合治理率达到 58%，被授予"全国水土保持生态环境建设示范县"称号。人均占有绿地面积 2 020 平方米，城区人均绿地面积达 12.3 平方米。大力开展坟墓专项治理，共迁移平毁坟墓 16 万穴，"青山白化"现象得到根本治理。初步形成"村收集、镇乡清运、县集中处理"的三级联动垃圾集中处理网络。

乐清：乐清位于浙江省东南部沿海，全市陆地面积 1 174 平方千米，海域面积 270 平方千米，人口 117 万。气候温和，水土肥沃，自然资源丰富，素有"旅游胜地"、"鱼米之乡"之称，在温州、台州、宁波、舟山沿海走廊中，乐清历来是主要的经贸集散地。山水形胜，拥有雁荡山、乐清湾、七里港等三大资源优势。乐清是中国市场经济发育最早、经济发展最具活力的地区之一，率先建立了以股份制为主要组织形式的经济发展格局，引起了海内外新闻界、经济界、学术界的普遍关注。从 1993 年开始，乐清跨入综合实力百强县（市）行列，人民生活水平达到了中国政府提出的"小康"生活标准。环保工作取得突破性进展，四都乡率先成为温州首个"全国环境优美乡"。

绍兴：地处长江三角洲南翼，东接宁波，西邻杭州，人口 71 万，县域总面积 1 130 平方千米。绍兴县是全国首批 24 个历史文化名城之一，绍兴一直是中国南方区域性的政治、经济、文化中心之一，历代名人荟萃，代有人杰。素有"江南明珠"、"丝绸之府"、"文化之邦"、"名士之乡"之美誉。改革开放以来，绍兴县经济和社会事业得到了迅速发展，取得了巨大的成就，是浙江省首批命名的小康县之一。1991 年起，均为"中国农村综合实力百强县（市）"，多次名列前 10 位。2002 年，再次跻身全国经济十强县。绍兴县还是全国村镇建设先进县、全国基础教育先进县、全国体育工作先进县、全国村民自治模范县、全国农村卫生保健工作先进县、国家级生态示范区。

普陀：普陀位于浙江省东北部，舟山群岛东南部，因境内佛教圣地普陀山而得名，是舟山市的一个市属区。全区共有大小岛屿 455 个，有人居住的有32 个。总人口 32.3 万人，总面积 6 728 平方千米，其中海域面积 6 269.4 平方千米，陆地面积 458.6 平方千米，海岸线总长 831.43 千米，是海洋大区，陆地小区。普陀面临辽阔海洋，与中国台湾基隆港、日本长崎港、韩国仁川港相对。自然资源丰富，渔业发达，港口优良，风光秀丽，气候宜人，素有"东海明珠"之称。1996 年被授予浙江省第二批小康县（区）称号。2014 年全区实现农林牧渔业总产值 82.41 亿元，其中，渔业总产值 77.78 亿元，占总产值的 94.37%，全区三次产业比例调整到 12.2：37.5：50.3。

4. 农业生态调节功能主导区

农业生态调节功能主导区的境内山地集中连片，地势起伏，山高谷深，坡陡流急，河谷深切，水力资源和森林资源丰富，是生态公益林和商品林集中分布区，是全省林业重点区。本区域在农业多功能发展过程中，相比较而言，以生态调节功能较为突出。由于地貌类型复杂多样，水热资源丰富，自然生态条件优越，特别有利于林特产品生产，是浙江省重要水果生产区，也是浙江省高山蔬菜主产区之一，更是浙江省重要的中药材基地。

农业生态调节功能主导区社会经济发展水平相对较低，人口密度较小，是平原区水源供给地和生态屏障。生态环境较好，旅游资源丰富，是开展生态旅游和休闲旅游的主要区域，也是发展有机食品和绿色食品生产基地。区域内创建有相当数量的生态示范区、生态农业试点县、生态环境建设重点县、自然保护区、风景名胜区、森林公园等。该区域的县（市）除了有生态调节功能作为其农业主导功能外，同时也具有农产品供给功能、就业与保障功能、文化传承与休闲观光功能等辅助功能。从以下典型县（市）就可以看出这一特征。

永嘉：永嘉位于浙江省南部，瓯江下游，濒临东海。总面积2 698平方千米，其中山地面积为2 308.5平方千米，平原面积为277.0平方千米，河流湖泊面积为112.7平方千米，素有"八山一水一分田"之称。2014年全区拥有耕地面积24.11千公顷，林地面积194.5千公顷，森林覆盖率达69.2%，绿化程度96.62%，森林蓄积量达394万立方米。永嘉古树名木资源数量多，物种丰富，共有古树名木1 000株。其中散生古树812株，古树群10处188株；属一级保护古树80株，二级保护古树206株，三级保护古树714株。树龄最高的为西源乡梅坦村的柏木，达900多年。2 016全年全县累计建成粮食生产功能区8.6万亩；累计建成现代农业园区53个，总面积5.5万亩；拥有市级以上示范家庭农场3家、示范农民合作社19家、农业产业化龙头企业115家；全县在建省历史文化村落保护利用重点村3个、保护利用一般村6个，农家乐特色村8个、示范点（各类农庄、山庄、渔庄）29个，创建美丽乡村标杆乡镇1个、特色精品村46个。

安吉：安吉位于浙江省西北部，是长江三角洲经济区迅速崛起的一个对外开放景区，北靠天目山，面向沪宁杭。全县总人口46.61万（2016年），总面积1 886平方千米。安吉境内群峦叠嶂，是新崛起的生态旅游县，有集旅游、娱乐、休闲、科研为一体的竹子博览园；有保存80公顷的原始森林，有省级自然保护区1个，被称为天然的物种园和基因库；也有藏龙百瀑、九龙峡、龙庆园等景点。安吉毛竹蓄积量和商品竹均名列全国第一，是著名的"中国竹乡"，安吉也是全国闻名的"白茶之乡"。安吉生态环境优越，旅游资源丰富，山林中建有多处避暑山庄和度假村，人居环境良好。

仙居：仙居县地处浙江省东南部，是个"八山一水一分田"山区县。全县总面积为1 992平方千米。其中：丘陵山地面积1 612平方千米；耕地面积14 468公顷；林地面积134 875公顷，其中有林地面积134 875公顷；园地面积6 301公顷；内陆水域面积7 204公顷。全县总人口51.03（2016年），汉族约占99%，土著少数民族有畲族等。仙居旅游资源丰富，拥有文化底蕴深厚的人文景观和景色秀丽的自然景观。2002年5月，获国家重点风景名胜区称号，景区面积187.8平方千米，包括神仙居、景星岩、十三都、公盂、淡竹五大景区。仙居是"中国杨梅之乡"，杨梅、蜜橘远销国外。2016年仙居县全力推进农业生产生态化、产品绿色化、田园景区化，积极培育农业经营主体，新增省级农业龙头企业2家，市级农业产业化龙头企业2家，目前全县共有龙头企业93家，其中省级8家，市级22家。

景宁：景宁畲族自治县处于浙南山区，全县土地总面积193 859.47公顷，是瓯江、飞云江两大水系的发源地之一。流域范围属中亚热带季风气候，全县植被覆盖较好，森林覆盖率达85％以上，境内河流水质达国家一级饮用水标准。景宁土地类型丰富。土壤种类有红壤、黄壤、潮土、水稻土4个土类，10个亚类，27个土属，52个土种。湿地资源丰富。全县境内有3个较为集中的高山湿地群，望东洋高山湿地、大仰湖湿地、仰天湖湿地，总共湿地面积约80多公顷。最为突出的望东洋高山湿地，海拔1 230米，面积达40多公顷，湿地内的江南桤木林属省内罕见，绝无仅有，国内也属凤毛麟角。而以高山地湿地群为保护对象的保护区在省内至今仍是空白。

磐安：磐安地处浙江中部，是浙江四大水系的发源地和分水岭，属中低山为主的纯山区，为大盘山的中心地段。县域总面积1 194.74平方千米，其中耕地面积6.77千公顷，水田占66.9％。总人口21.19万人。境内自然资源较丰富。野生动植物品种繁多。中药材、茶叶、食用菌、蔬菜、瓜果品质特优，有"药材宝库"之誉和"万山菇国"之称。2014年全年中药材种植面积6.76万亩，产量15 835吨，实现产值5.08亿元；食用菌（干）产量6 232吨，实现产值2.33亿元；蔬菜种植面积4.66万亩，实现产值1.34亿元，增长5.9％。全县茶园总面积已达5.21千公顷，"磐安云峰"、"磐安龙井茶"多次获全国和省级名优茶称号。全县建立高山商品蔬菜基地1.95千公顷，茭白、辣椒、菜豆和鲜食玉米成为骨干品种，并形成了反季节高山蔬菜、内外销加工型蔬菜和野生蔬菜开发三种类型。畜牧业以发展"四园（茶、桑、果、林）一林（经济林）"土鸡放养为主。

（二）科学确定各类型功能区农业主导功能定位

确定各区域农业主导功能定位的目的，一是发挥各自的优势，实现各区域农业应有的发展；二是相互配合，相互补充，推动实现农业整体功能价值的最大化。

总体而言，城市近郊要以生活为导向的文化传承和休闲观光功能为主，重点发展高科技设施农业、休闲观光农业和生态景观农业。城市中远郊要以生态为导向的生态调节功能为主，重点发展生态农业、高效农业、休闲观光农业和农产品加工业。城市外缘要以生产为导向的农产品供给功能为主，重点发展高效农业、生态农业和特色优势农业等有区域比较优势和较强综合竞争力的特色优势农业。

1. 农产品供给功能主导区

农业的农产品供给功能，是农业的一项重要功能。随着社会经济的快速发展、人口的持续增长以及城市化、工业化进程的加快，农业发展由资源约束转变为资源、环境和市场的多重约束，农业资源环境的压力不断加大，严重制约着农业综合生产能力的稳步提高。

在现代农业科技的背景下，本区域农业的食品保障功能潜力巨大。随着工业化、城镇化的推进，一些地方滥占滥用耕地、基本农田的问题还相当突出，对粮食安全构成威胁。耕地、水资源匮乏和自然灾害趋于频繁等趋势不可逆转。因此，要用新思路、新理念来解决农业生产在新阶段遇到的新问题。应该大力发展农业的生产功能，保障农产品供给的数量安全和质量安全。同时注重农业的生态功能，发展高效生态农业。要大力发展生态型畜牧业，建设现代化畜牧业，增加肉、蛋、奶的供给。要加快农业科技进步，提高农产品产量，提高土地产出率和劳动生产率。大力发展绿色、有机、无公害食品，提高农产品质量安全水平。积极发展绿色有机农业，优化农业的食品保障功能，这样既有利于改善农产品的消费结构，也有利于发挥比较优势，促进农业对外贸易，增加农民收入。

从浙江省的实际来看，本区是浙江省传统农业产区，生产功能强，应该进一步加强，保证农业生产总量维持在一定的水平。合理有效地配置农业生产要素，以外向型、都市型现代农业为重点，大力发展特色优势农业，重点培育水产品、水果、蔬菜瓜果、茶叶、畜产品、花卉苗木，形成一批在省内外具有较强影响力和竞争力的特色优势农产品产业带、产业区，加速农业向外向型、都市型、国际化方向发展，不断提升农业外向度。

2. 农业生活保障功能主导区

本区农业为乡村劳动力的重要就业方式，农业负担的就业量最大，农业就业收入水平比较高，农业是现阶段农民收入的重要来源。农业是农村社会保障的重要来源，农业保障对象规模大。

尽管农业 GDP 占浙江省 GDP 总量的不足 5％，但统计调查显示，工资性收入、家庭经营收入依旧是浙江农民人均纯收入的主要来源（2013）。要向农业的广度和深度进军，扩大农业增收门路，扩充增收渠道；要大力提高农业比较效益，提高农产品附加值；要延长农业产业链，增加农民就业。目前在本区域中，农业不仅仅是农民从事的一项经济活动，也是农民生活的重要保障；农民所拥有的承包地不仅仅是其生产资料，也是农民获得基本生活的有效保障。农业既具备食品保障的经济性功能，也具备了补充社会福利保障的社会性功能。大多数农民通过农业生产活动，获得了最基本的生活、医疗、教育保障，通过农村传统生活方式获得了基本的养老保障，通过农业的多样化经营减少了自然灾害风险。发挥农业的就业与社会保障功能，实现农业对农村社会保障和福利体系的补充，最根本的是要坚持家庭承包经营制度，切实维护农民的土地权益。

本区农业发展应从区域经济发展总体格局和所处区位条件出发，积极呼应长三角地区农业产业结构调整，承接产业辐射和转移，大力发展综合性的具有小盆地、丘陵特征的休闲观光、养生健身与文化创意农业，变长三角地区的边缘区域为接轨前沿，从而带动盆地丘陵地区农业产业转换与升级。具体来说，要发挥农业具有多宜性、多样性和综合性的优势，互相促进、综合发展，尤其要加快发展具有市场竞争力的特色农业和特色农产品，重点抓好蔬菜、特色干鲜果、茶叶、花木、蜂产品、毛竹、食用菌等特色农产品和产业，从而提高农产品的供给能力。

3. 农业文化传承和休闲功能主导区

农业具有文化传承功能，这已被世界各国所普遍承认。农业作为历史文化的重要组成部分，世界各国均将保护农业与弘扬本国的文化传统联系起来。浙江省有悠久的农耕文明史，农业的文化功能更为突出。相当多的风俗习惯、诗歌乐章和神话传说来源于农村生活，来源于农业的生产实践，这都是现代文明的重要组成部分。一方面要加快发展现代农业，另一方面要继承和发展浙江省的农耕文化传统。巩固农业的文化传承功能，这是保护农村文化的多样性，弘扬中华民族传统文化的重要方面。

本功能区距离中心城区较近、休闲农业基础较好。应开发农业的生活功能和文化功能，扶持休闲、观光、都市旅游、教育、科普等农业功能发展，注重农业生态和环境保护。本区基本上地处大中城市近郊，紧邻城区，甚至部分已经成为城区，具有独特的区位优势、资金优势和科技优势，重点发展以科技示范和观光休闲为主的具备绿化美化城市功能的综合性观光农业园。着力发展参与性较强的农事活动，为城市居民提供采摘、垂钓及其他具有农事特色的参与项目，以吸引居民到此休闲，提高农业的附加价值，增加农业收入。

在发展休闲观光农业的过程中，要充分发挥浙江自然资源丰富、农业历史悠久、文化底蕴深厚的优势，结合农林牧渔生产、农业经营活动、农村文化及农家生活，积极发展具有农庄经济型、园区农业型、特色产业型、人文创意型、自然景观型、民宿农家乐型、品牌化贸易型等多种形态的休闲观光农业产业，推进生产、生活、生态的有机融合，走出一条"以农为本、农中有旅、以旅促农、强农兴旅"的农旅结合致富农民，弘扬农耕文化新路子。重点培育与发展一批示范效应好、带动作用强的休闲观光农业示范园区，促进农业转型，增加农村就业，提高农民收入，繁荣农村经济，推进城乡一体化建设。

4. 农业生态调节功能主导区

本区在农业规划中，负有保护重要水源、减少水土流失、恢复生态平衡、生物多样性保护及生境保护等重要使命。本区农业发展的潜力在于山地资源丰富，生态环境条件好。因此，本区农业发展将以维护生态平衡，努力发挥林业在生态系统中的主导作用为主，充分发挥其生态功能，农业发展将以构筑具有山区特色的绿色生态型农业、特色农业和休闲旅游型农业为主，积极打造浙江省的"绿谷"。重点发展高山蔬菜、食用菌、竹（笋）业、中药材、茶叶以及特色经济林果等特色优势产品和产业。

作为农业需要保护发展的区域，在充分发挥农业的生态调节功能同时，也要在部分条件较好的地区打造森林生态休闲旅游基地，充分发挥森林生态旅游资源丰富、交通便捷、客源丰富的优势，加强森林公园、自然保护区和湿地公园森林生态旅游区的建设，提升品位，构建网络，大力发展森林生态旅游业。选择若干个基础条件好、发展潜力大的森林生态旅游区，加大水、电、路等基础设施的投入，结合林业特色基地建设，发展集生产、观光、休闲、参与和教育于一体林业观光园。大力推广以农户为主体、以森林生态景观为基础的森林休闲农家乐。

以高效生态农业示范县、示范区建设为载体，从整体区域范围，探索发展生态经济的路子，建立农业农村生态环境安全评价、预警、监测和保障体系，加强生态环境建设，全面治理农业环境污染。建立生态补偿机制，坚持多管齐下，从控制、监测、治理、保护、合理利用和改善等多层次建设农业生态。围绕特色产业，在农产品开发中注入生态内涵，满足人们求质、求新、求奇的消费取向，使生态资源的价值在优质、高价值的农产品中得到体现。着眼人与自然的和谐相处，充分运用资本、基地、设施、文化和地理等优势，大力发展休闲观光农业、旅游农业等，美化生态环境，实现生态的经济化。

（三）合理把握各区域农业功能拓展方向与途径

1. 农产品供给功能主导区

一是促进形成高效、生态型现代农业发展方式，切实保障农产品供给安全。客观地说，农产品供给功能区是全省农业生产条件最好的地区，从农业生产长远发展的需要来看，该区域应当承担更多的农产品供给的数量安全和质量安全责任。

二是促进农业产业结构调整、优化、升级，向高附加值、高商品化率的产业发展。要加快实现传统农业由一产向一、二、三产的融合，按照"优化种植业、生态化养殖业、突破加工业、活跃流通业、拓展旅游业"的发展思路，培育发展新兴产业，延伸农业生产、加工、贸易的产业链。

三是继续完善以蔬菜批发市场、水果批发市场等为主体的基础配套设施建设，积极发展农产品连锁、超市、配送、网络销售等现代营销方式，推进现代农产品流通业建设。

四是充分发挥土地利用总体规划的龙头作用，严格保护耕地尤其是基本农田，大力推进土地整理和标准农田建设，进一步深化征地制度改革，认真抓好地质灾害防治工作。

2. 农业生活保障功能主导区

一是扩大农产品供给规模及商品化率，促进农业资源与要素聚集。就业与保障功能区域是全省农业发展相对落后而发展潜力较大的地区，既有进一步推进农业产业化、城镇化的内在要求，也有更多承担农产品供给任务的可能。

二是促进农业产业结构合理化。以高效生态特色农业为发展方向，积极开拓国内外市场，通过优化资源配置，产业重组，嫁接提升，重点培育一批特色优势主导产业，建立一批无公害、有机农产品生产基地。进一步加快农业产业化进程，继续实施农产品品牌战略，壮大各类农业产业化合作组织，提高农民的组织化程度和农产品的竞争力，形成特色鲜明、核心竞争力强、规模优势明显的特色农业块状经济区。

3. 农业文化传承和休闲功能主导区

一是顺应城市化、工业化发展总体趋势，调整优化农业产业结构和功能，大力发展"生态、物流、休闲"为主要内容的城市农业，努力改善城市生态环境，加快一产向二、三产业的融合，着重提升水果、花卉苗木等主导产业，积极扶持生态农业、休闲观光农业等新兴产业。

二是积极发展参与农事活动、观光采摘果园、园林展示等休闲观光农业项目，促进休闲观光农业、生态旅游度假产业发展，逐步把本区域发展成为与城市发展相协调的生态农业区。

三是要以规划为龙头，引导休闲观光农业有序发展。以品牌、质量为核心，不断提升休闲观光农业营销管理水平。以农民为主体，创新投入机制。与此同时，各级政府要切实加强对休闲观光农业的支持、管理和服务。

四是实施农业文化遗产保护工程，切实加强农业和农村文化遗产的抢救与保护。进一步加强农村文化遗产保护的规划控制和引导，建立省、市、县三级名录保护体系，对列入县级以上名录体系的物质文化遗产予以保护和扶持。构建农业非物质文化遗产资源保护体系、农业文化传承展示体系、开发利用体系、宣传推广体系、保护制度体系。

4. 农业生态调节功能主导区

一是促进和改善生态功能，确保生态功能不受损害。生态调节功能区的生态环境质量关系到全省较大区域的生态安全。由于开发不当以及气候等自然条件的变化，全省生态调节功能区域的生态调节功能出现了减弱之势。因此，一要加强森林资源的保护管理；二要加强野生动植物资源保护管理；三要加强湿地资源的保护管理；四要加强森林灾害的防控，着力建设浙江省的"水塔"和"氧仓"。

二是拓展林农增收致富渠道，着力推进兴林富民。一要加快发展以特色经济林和珍贵用材林为主的林业第一产业；二要全面提升以竹林加工为主的林业第二产业；三要大力发展以生态旅游为主的林业第三产业；四要不断健全林业产业的市场体系。

三是对于沿海近海区域，要大力发展有特色的生态型水产养殖业。鼓励发展生态、健康养殖技术，按照产业化、标准化、无公害的要求，革新养殖技术、规范养殖行为、推广养殖新模式，发展节水、节地、节能、高效、环保型水产养殖业，逐步形成具有明显区位优势、较强市场竞争力的特色渔业产业带和产业区，全面提升水产养殖业的生态化程度。

四是建立与生态调节功能区相容的农业产业体系，促进农业适度、有序发展。农业产业发展不仅不会影响农业生态调节功能的发挥，而且会使其功能更充分地发挥，实现发展与保护的良性互动，人类与自然的和谐相处。

二、区域主导功能实现的政策及保障措施

区域农业主导功能实现与协调发展的政策及保障措施大致可以分为两类：一类是综合性政策，其目标在于协调农业各功能区之间发展的相关配套政策的建立和完善；一类是分类性保障措施，其目标在于通过保障性措施，从而推进农业各功能区按照区域功能定位的要求发展。

（一）综合性政策

1. 产业政策

农业主导功能区的确定主要是突出该区域农业的主要功能和主导作用。因此，我们要根据各个农业主导功能区的资源环境承载能力、现有开发密度和发展潜力，明确各个农业主导功能区的定位、发展方向。这需要我们根据本地区的资源、资金、技术力量等情况和经济发展的要求，按照推进形成农业功能区发展的要求，研究提出不同农业功能区的产业指导目录及措施，引导、优化区域农业产业结构和提升综合竞争力，在重点区域布局特色产业，形成特色产业群，提升农业功能区核心竞争力。以此带动本地区各产业部门的发展，并要根据市场需求的发展趋势来协调产业结构，使产业结构政策在市场机制充分完善的基础上发挥作用。另外，我们还应密切关注农业产业空间配置的格局，以解决因生产的相对集中所引起的"积聚效应"，尽可能缩小由于各区域间经济活动的密度和农业产业结构不同所引起的各区域间经济发展水平的差距。

2. 财政政策

产业政策的实施将会拉大各地区之间的差距，除了在产业政策的实施过程中要对此关注外，还应用积极的财政政策加以协调。所以必须加大对因产业政策的实施而造成经济落后地区的转移支付力度，以实现基本公共服务均等化为目标，完善省级及以下财政转移支付制度。财政政策在各功能区要按重点与均衡相兼顾的原则，加快基础设施财政投入，加快配套措施改革等。健全这种科学的转移支付制度对以生态保护为农业功能区主要功能的县（区）形成大力的财政支持，这对完善地方税的运行机制，缩小地区之间的差距，促进全省经济的发展有重大的实际意义。需要说明的是，我们目前的政府间转移支付基本是一种纯纵向的方式，主要有税收返还、体制补助、结算补助、专项拨款和增量转移支付等五种形式。在这五种形式里，真正可以发挥平衡地区间财力差距的只有增量转移支付这一种形式。建立、创新和完善省以下的转移支付制度显得非常迫切和重要。

3. 投入政策

应该依据各功能区要重点与均衡相兼顾的原则，以实现基本公共服务均等化为目标，加快配套措施改革，逐步实行按农业功能区与区域经济发展相结合的投资政策，加大对公共服务设施建设、生态环境建设以及区域基础设施建设的投资力度，为不同功能区的农业发展打下良好的基础。这其中的金融机构的投入，如农村信用社、农业发展银行等应以"高效生态农业"为导向，以"振兴乡村产业"为目标，立足于"稳农固本"，积极促进现代农业的生产体系和支持保护体系建设，加强农业科技支撑，促进农业产业化龙头企业、农民专业合作社、家庭农场等新型主体发展。

4. 环境政策

农业功能分区是保护环境的一项重要的举措。将各县分区后，根据不同农业功能区域的环境承载能力，提出分类管理的环境保护政策和环境补偿政策，减轻各区环境与经济发展的抵触压力，有效引导各区环境与经济协调发展。而此目标的实现，需要运用价格、税收、财政、信贷、收费、保险等经济手段，调节或影响经营主体的行为，对他们进行基于环境资源利益的调整，从而建立保护和可持续利用资源环境的激励和约束机制。具体来说，环境政策有：绿色税收、环境收费、绿色资本市场、生态补偿、排污权交易、绿色贸易、绿色保险等。在设立各项环境政策时，应该在各部门间建立联合机制，以促使环境政策的快速、顺利地实施。

5. 土地政策

按照农业功能区发展的有关要求，依据土地利用总体规划，实行差别化的土地利用政策。农业功能分区与布局一方面要顺应城市化、工业化、信息化的要求，另一方面要优化资源配置，发展特色优势农产品，建设高效生态型农业，要求在城市、工业基地建设中，将优质土地资源如清洁土壤、富硒等有益元素的土壤保留下来，将已遭污染的土地作为建设用地和绿化用地，从土地资源质量上保证农产品的优质、无公害，提高竞争力，增加生态效益。

6. 其他政策

其他政策包括农业功能发展绩效评价政策、政绩考核政策等。政绩考核是政府行为的指挥棒，农业功能区建设需要科学的政绩考核体制来保证。要以农业功能区的建设目标为导向，创新政绩考核指标，完善政绩考核体系。首先，政绩考核要因区域农业主体功能差异而定，不能用统一的方案来考核所有的农业功能区；其次，政府是政治组织，主要职能是提供公共服务，政绩考核不能简单沿用考核经济组织的指标和方法，要加强对提高资源环境承载力、促进区域合作等方面的考核。

（二）分类性保障措施

1. 农产品供给功能主导区

本区域需要采取的保障措施主要包括：制定农业产业结构调整、升级规划；运用产业政策，引导农业"走出去"，发展外拓农业；以市场手段鼓励绿色、有机农产品供给，推行政府绿色采购；完善农产品物流体系建设的投入政策与支持政策；建立农业劳动力生产技术与素质培训长效机制；运用政府信用担保、财政贴息等手段，支持农业产业化龙头企业的发展；加强农业环境和农业面源污染整治，提高农业生态环境质量。

2. 农业生活保障功能主导区

本区域需要采取的保障措施主要包括：以更多的财政资金支持进行农业基础设施建设；制定农业产业结构调整与合理化规划，以财政补贴和税收优惠鼓励特色、优势农业产业发展；以更多的财政资金支持进行农业劳动力职业技能培训，以财政补贴和税收优惠支持鼓励更多的农业劳动力转移、转业；完善土地流转制度，促进土地适度规模经营；重点支持农业产业化龙头企业、农民专业合作社、家庭农民、规模经营户的发展。

3. 农业文化传承和休闲功能主导区

本区域需要采取的保障措施主要包括：加大财政资金支持力度，保护具有独特的地域、民族农业文化特征的农业非物质文化；严禁破坏山地梯田、桑基鱼塘、江南水乡景观、古代灌溉工程设施等带有农业景观特色的农业物质文化遗产；以更多的财政资金支持进行农村交通、通讯、生态环境工程等基础设施建设；增强区域性公共服务提供能力，保障农业休闲观光产业适度、有序、良性发展；满足城乡居民消费品质提升的需要，加快创意农业发展。

4. 农业生态调节功能主导区

本区域需要采取的保障措施主要包括：强化绿色农产品的高价机制，加快现代生态循环农业发展；扩大用于生态移民和扶贫财政资金的规模；以更多的财政资金支持进行农村交通、通讯、生态环境工程等基础设施建设力度、强度和进度；以制度规范和政策激励方式让农用土地保持有一定时间的植被覆盖，水田则保持一定时期的淹水状态；以公共财政资金为主，在天然林保护地区、生态功能区、退耕还林地区、重要水源保护地区、水资源严重短缺地区、自然灾害频发地区、水土流失严重地区，建立一批以保护和恢复自然生态环境为中心的重点工程。

主 要 参 考 文 献

[1] H·孟德拉斯. 农民的终结 [M]. 李培林，译. 北京：社会科学文献出版社. 2005：6-7.

[2] 包乌兰托亚. 我国休闲农业资源开发与产业化发展研 [D]. 青岛：中国海洋大学，2013.

[3] 蔡昉，等. 农村发展与增加农民收入 [M]. 北京：中国劳动社会保障出版社，2006.

[4] 陈秋珍，John Sumelius. 国内外农业多功能性研究文献综述 [J]. 中国农村观察，2007 (3).

[5] 陈文锋，欠发达地区发展设施农业的路径选择——以江苏省射阳县为例 [D]. 南京：南京农业大学，2010.

[6] 陈文胜. 推进三大变革，实现乡村振兴 [N]. 经济日报，2018-06-14.

[7] 陈锡文，邓楠. 中国食品安全战略研究 [M]. 北京：化学工业出版社，2006.

[8] 陈友，等. 探索南京都市区"十二五"期间发展高效设施农业的途径与对策 [J]. 金陵科技学院学报，2010 (3).

[9] 陈昭郎. 台湾休闲农业现状与发展趋势 [A] //郭焕成，郑健雄. 海峡两岸观光休闲农业与乡村民俗旅游研讨会论文等 [C]. 2002.

[10] 褚劲风. 世界创意产业的兴起、特征与发展趋势 [J]. 世界地理研究，2005，14 (4).

[11] 戴双兴. 优势农产品的区域布局与农业结构调整 [J]. 中国农业资源与区划，2004 (2).

[12] 董全瑞. 农民收入长效增长机制研究 [J]. 经济问题探索，2006 (9).

[13] 房艳刚，刘继生. 基于多功能理论的中国乡村发展多元化探讨——超越"现代化"发展范式 [J]. 地理学报，2015 (2).

[14] 高春雨，邱建军，尹昌斌. 郑州市都市型现代农业发展水平评价与模式选择 [J]. 中国农业资源与区划，2013，34 (1).

[15] 高峰，等，国外设施农业的现状及发展趋势 [J]. 浙江林学院学报，2009，26 (2).

[16] 高志强. 农业生态与环境保护 [M]. 北京：中国农业出版社，2011：115-131.

[17] 谷中原. 农村发展的农业多功能研究 [D]. 长沙：湖南农业大学，2007.

[18] 郭焕成. 我国休闲农业发展的意义、态势与前景 [J]. 中国农业资源与区划，2010 (2).

[19] 郭晓燕，胡志全. 农业的多功能性评价指标初探 [J]. 中国农业科技导报，2007 (1).

[20] 韩东梅，等. 发展有机农业既是农业结构调整的选择又是可持续发展的方向 [J]. 中国农村小康科技，2007 (4).

[21] 韩俊. 农业和农村经济发展需确立的重大政策思路 [J]. 人民论坛，2005 (3).

[22] 黑河功. 日本农业经营的动向 [J]. 农业经济问题，2001 (9).

[23] 侯建平. 精准农业发展模式选择与评价研究 [D]. 天津：天津大学，2007.

[24] 侯秀芳，王栋. 新时代下我国"智慧农业"的发展路径选择 [J]. 宏观经济管理，2017 (12).

[25] 胡豹，许佳凤. 基于农业资源禀赋的浙江农业供给侧结构性改革路径研究 [J]. 浙江农业科学，2017 (8).

[26] 胡豹，等. 创意农业发展理论与实践 [M]. 北京：中国农业出版社，2013.

[27] 胡伟艳，等. 农地多功能供需错位与协同作用研究进展及趋势 [J]. 中国土地科学，2017 (3).

[28] 胡亚兰，张荣. 我国智慧农业的运营模式、问题与战略对策 [J]. 经济体制改革，2017 (4).

[29] 黄姣，李双成. 中国快速城镇化背景下都市区农业多功能性演变特征综述 [J]. 资源科学，2018 (4).

[30] 黄祖辉. 现代农业能否支撑城镇化？ [J]. 西北农林科技大学学报（社会科学版），2014 (1).

[31] 黄祖辉. 准确把握中国乡村振兴战略 [J]. 中国农村经济，2018 (4).

[32] 姬亚岚. 多功能农业的产生背景、研究概况与借鉴意义 [J]. 经济社会体制比较，2009 (4).

[33] 姬亚岚. 多功能农业与中国农业政策研究 [D]. 西安：西北大学，2003.

[34] 姜春云. 中国生态演变与治理方略 [M]. 北京：中国农业出版社，2004.

[35] 姜国忠. 论我国功能多样性农业发展模式与农业竞争优势的构建 [J]. 理论探讨，2004 (3).

[36] 蒋璐闻，梅燕. 典型发达国家智慧农业发展模式对我国的启示 [J]. 经济体制改革，2018 (5).

[37] 匡远配. 两型农业的概念与功能：基于联合生产理论的解释 [J]. 求索，2010 (5).

[38] 李传健. 农业多功能性与我国新农村建设 [J]. 经济问题探索，2007 (4).

[39] 李道亮. 城乡一体化发展的思维方式变革——论现代城市经济中的智慧农业 [J]. 人民论坛，2015 (17).

[40] 李道亮. 智慧农业：中国的机遇和挑战 [J]. 高科技与产业化，2015 (5).

[41] 李瑾. 我国观光农业的地域模式、功能分区与规划初探 [J]. 中国农业资源与区划，2002 (2)：48-51.

[42] 李荣刚，陈新和，吴昊. 发展生物质经济，促进可持续发展 [J]. 中国农业科技导报，2006 (8).

[43] 李在卿，梁平. 有机种植认证指南 [M]. 北京：中国环境科学出版社，2009.

[44] 李祖扬，邢子政. 从原始文明到生态文明——关于人与自然关系的回顾与反思 [J]. 南开大学学报，1999 (3).

[45] 廖允成. 王立祥. 设施农业与中国农业现代化建设 [J]. 农业现代化建设，1999，20 (1).

[46] 林炳坤，吕庆华．创意农业研究述评［J］．经济问题探索，2013（10）．

[47] 刘豪兴．农村社会学［M］．北京：中国人民大学出版社，2004．

[48] 刘军萍，荣文笏，卢宏升．北京农业功能区划研究［J］．中国农业资源与区划，2006（5）．

[49] 刘奇．21世纪农业的新使命：多功能农业［M］．合肥：安徽人民出版社，2007．

[50] 刘奇．三农问策——走出制度困局［M］．合肥：安徽人民出版社，2005．

[51] 刘瑞宇．国内外有机农业发展综述［J］．农业技术与装备，2010（11b）．

[52] 刘晓惠．有机农业生产与宏观经济运行［J］．经济研究导刊，2015（26）．

[53] 刘支胜．建设生态农业，实现贵州农业可持续发展［J］．贵州农业科学（百年院庆专刊）2 005，33（S）．

[54] 龙江，靳永辉．我国智慧农业发展态势、问题与战略对策［J］．经济体制改革，2018（3）．

[55] 卢良恕．从土地到餐桌——中国农业新发展与食物安全新动态［J］．中国报道，2006（9）．

[56] 罗娇赛．永安市设施农业发展策略研究［D］．福州：福建农林大学，2014．

[57] 罗其友，陶陶，姜文来，等．我国东北地区农业功能区划研究［J］．农业现代化研究，2005（6）．

[58] 罗其友．论我国功能多样性农业发展模式与农业竞争优势的构建［J］．理论探讨，2004（3）．

[59] 吕耀．基于多维评价模型的农业多功能性价值评估［J］．经济地理，2008，28（4）．

[60] 吕耀．中国农业社会功能的演变及其解析［J］．资源科学，2009，31（6）．

[61] 农业部．优势农产品区划布局规划［M］．北京：中国农业出版社，2002．

[62] 彭建，等．农业多功能性评价研究进展［J］．中国农业资源与区划，2014（6）．

[63] 秦向阳，等．创意农业的概念、特征及类型［J］．中国农学通报，2007，23（10）．

[64] 唐凤．美国精准农业的发展［J］．高科技与产业化，2015（7）．

[65] 陶陶，罗其友．农业的多功能性与农业功能分区［J］．中国农业资源与区划，2004（1）．

[66] 田爱梅，等．发展有机农业的必要性、可行性分析及对策［J］．湖北农业科学，2009（1）．

[67] 田家治．精准农业的作用及发展现状概述［J］．农业科技与装备，2014（3）．

[68] 万劲波．农业环境保护与环境政策一体化［J］．世界农业，2000（8）．

[69] 万先进，邱映贵．乡村旅游初探［J］．中国农村经济，2006（11）．

[70] 汪家政，向安强．农业区域化管理初探［J］．古今农业，2005（4）．

[71] 王爱玲，刘军萍，秦向阳．创意农业的概念与创意途径分析［J］．中国农学通报2010，26（14）．

[72] 王宏燕．全球有机农业发展现状和我国有机农业发展对策［J］．农业系统科学与综合研究．2003（8）．

[73] 王双喜，王旭．论设施农业的发展特征及方向［J］．农机推广与安全，2006（11）．

[74] 王威，杨丹妮，方志权．日本多功能性农业对我国都市农业的启示［J］．社会科学，2005（3）．

[75] 王亚新. 农业多功能研究 [D]. 杨凌：西北农林科技大学，2005.

[76] 王永峰. 我国农村建立精准农业经营模式的探索 [J]. 农业经济，2015 (3).

[77] 卫新，胡豹，等. 浙江农业区域布局与资源环境协调发展研究 [M]. 北京：中国农业出版社，2006.

[78] 卫新，毛小报，王美青，端木斌. 浙江省农业区域化布局与发展研究 [J]. 浙江农业科学，2002 (5).

[79] 卫新，毛小报，王美青. 环杭州湾地区农业区域布局与农业发展研究 [J]. 经济地理，2005 (1).

[80] 温佳伟，等. 日本精准农业发展现状与展望 [J]. 国农机化学报，2014 (2).

[81] 温明振. 有机农业的发展研究 [D]. 天津大学博士论文，2006.

[82] 乌东峰，张世兵，曾栋梁. 基于模糊综合评价的现代多功能农业研究 [J]. 经济地理，2009，29 (12).

[83] 武军，等. 我国精准农业的研究现状与发展对策 [J]. 山东农业科学，2013，45 (9).

[84] 严火其，沈贵银. 农业功能新论 [J]. 南京农业大学学报（社会科学版），2006 (4).

[85] 杨君莹. 多功能农业框架下浙江农业产业链组织形式研究——以休闲农业为例 [D]. 临安：浙江农林大学，2011.

[86] 杨荣荣. 基于业态划分的我国休闲农业评价研究 [D]. 哈尔滨：东北林业大学，2014.

[87] 杨盛琴. 不同国家精准农业的发展模式分析 [J]. 世纪农业，2014 (11).

[88] 姚良火. 多功能农业的实践和思考：以嵊州市通源乡为例 [D]. 临安：浙江农林大学，2011.

[89] 尹成杰. 农业多功能性与推进现代农业建设 [J]. 中国农村经济，2007 (7).

[90] 尹成杰. 新农村建设与现代农业发展 [J]. 中国乡镇企业，2007 (3).

[91] 应远闻. 浙江优势农产品产业现状及发展对策 [J]. 浙江农业科学，2004 (4).

[92] 余蔚平. 政府、市场与增加农民收入 [M]. 北京：中国财政经济出版社，2006.

[93] 俞洁，邵卫伟，于海燕，等. 浙江省生态功能区划研究 [J]. 环境污染与防治，2006 (8).

[94] 詹玲，蒋和平，冯献. 国外休闲农业的发展概况和经验启示 [J]. 世界农业，2009 (10).

[95] 张灿强，沈贵银. 农业文化遗产的多功能价值及其产业融合发展途径探讨 [J]. 中国农业大学学报（社会科学版），2016 (2).

[96] 张春拥，盛伟东. 现代精准农业——以色列禾卫夫农业 [J]. 农民致富之友，2002 (1).

[97] 张红宇. 加快推动中国特色乡村产业振兴 [J]. 中国党政干部论坛，2018 (4).

[98] 张红宇. 农业多功能定位调整及拓展 [J]. 改革，2006 (5).

[99] 张建刚. 新时代乡村振兴战略实施路径——产业振兴 [J]. 经济研究参考，2018 (13).

[100] 张培刚. 农业与工业化 [M]. 武汉：华中理工大学出版社，1982.

[101] 张世兵. 现代多功能农业评价体系研究 [D]. 长沙：湖南农业大学，2009.

[102] 张天佐. 休闲农业面临难得的发展机遇 [J]. 新农村，2011 (9).

[103] 张叶. 智慧农业："互联网＋"下的新农业模式 [J]. 浙江经济，2015 (10).

[104] 张莹等. 环境友好型农业模式——有机农业 [J]. 现代农业科技, 2010 (16).

[105] 张震, 刘学瑜. 我国设施农业发展现状与对策 [J]. 农业经济问题, 2015 (5).

[106] 章继刚. 创意农业在中国 (上) [J]. 企业研究, 2008 (7).

[107] 赵航. 休闲农业发展的理论与实践 [D]. 福州: 福建师范大学, 2012.

[108] 赵建. 农业多功能性与黑龙江省多功能农业发展研究 [M]. 北京: 中国农业出版社, 2011.

[109] 赵敏. 论农业的多功能性 [J]. 求索, 2005 (1).

[110] 浙江年鉴编委会. 浙江年鉴 2 007 [M]. 杭州: 浙江年鉴社, 2007.

[111] 浙江省地质调查院, 等. 农业地质背景调查 [R]. 课题研究报告, 2005.

[112] 浙江省发展和改革委员会. 环杭州湾产业带农业发展规划 [R]. 课题研究报告, 2003.

[113] 浙江省发展和改革委员会. 金衢丽产业带农业发展规划 [R]. 课题研究报告, 2004.

[114] 浙江省发展和改革委员. 农业环境与农业发展研究 [R]. 课题研究报告, 2005.

[115] 浙江省发展和改革委员. 温台沿海产业带农业发展规划 [R]. 课题研究报告, 2004.

[116] 浙江省发展和改革委员. 浙江省特色农产品区域布局规划 (2006—2010 年) [R]. 2006.

[117] 浙江省发展和改革委员会等. 浙江省农业资源与粮食综合生产能力评价 [R]. 课题研究报告, 2005.

[118] 浙江省国民经济和社会发展第十一个五年规划纲要 [R]. 浙江省人政府, 2006.

[119] 浙江省海洋功能区划修编工作领导小组. 浙江省海洋功能区划 [R]. 课题研究报告, 2007.

[120] 浙江省海洋与渔业局. 浙江省 "十一五" 渔业发展规划 [R]. 课题研究报告, 2006.

[121] 浙江省环境监测中心, 等. 非点源污染对农业地质环境影响评价与控制对策 [R]. 课题研究报告, 2005.

[122] 浙江省林业发展区划工作组. 全国林业发展区划浙江省三级区划总报告 [R]. 课题研究报告, 2008.

[123] 浙江省林业厅. 2 007 浙江省森林资源年度公报 [R]. 研究报告, 2007.

[124] 浙江省林业厅区划办公室. 浙江省林业区划 [M]. 北京: 中国林业出版社, 1990.

[125] 浙江省农业厅. 农业地质环境与农产品安全研究 [R]. 课题研究报告, 2005.

[126] 浙江省农业厅课题组. 浙江省高效生态农业发展战略研究 [R]. 课题研究报告, 2006.

[127] 浙江省农业资源和综合农业区划编纂委员会. 浙江省农业资源和综合农业区划 [M]. 上海: 上海科学技术出版社, 1990.

［128］浙江省气象局. 浙江省综合农业气候区划 ［R］. 课题研究报告，1987.

［129］浙江省人民政府. 浙江生态省建设规划纲要 ［R］. 浙江省人民政府网，2003 - 08 - 19.

［130］浙江省人民政府. 浙江省国民经济和社会发展第十一个五年规划纲要 ［Z］. 2006.

［131］浙江省人民政府. 浙江省农村工作会议发言材料 ［Z］. 2008.

［132］浙江省水文地质工程地质大队. 浙江省农业地貌类型与农业地貌区划报告 ［R］. 课题研究报告，1989.

［133］浙江省统计局. 浙江统计年鉴（2002—2007）［M］. 北京：中国统计出版社.

［134］浙江省统计局. 浙江农村统计年鉴（2002—2007）［M］. 北京：中国统计出版社.

［135］郑颖，王鹏. 休闲农业——旅游与现代农业结合的典范 ［J］. 旅游时代，2008（1）.

［136］郑有贵. 农业功能拓展：历史变迁与未来趋势 ［J］. 古今农业，2006（4）.

［137］宗良纲，等. 中国有机农业发展前景展望 ［J］. 中国生态农业学报，2003，11（1）.

［138］邹德秀. 中国农业文化 ［M］. 西安：陕西人民教育出版社，1992.

［139］Brown，C. V.，P. M. Jackson. Multi-function Agricultural Economics ［D］. University of Oxford，1978.

［140］Gyourko J. & Tracy J. The Structure of Local agricultural District Programming and the Multi-function of Agricultural ［J］. Journal of Political Economy，1991.

［141］Jeremy B. R. Assessing the productivity of Multi-function agricultural with a locational equilibrium model ［J］. Finance and Economics Discussion Series，2000（23）.

［142］Joseph E. Stiglitz. New agricultural district programming：Recent Achievements and Future Challenges ［J］. Journal of Public Economics，2002.

［143］Kullmer L. Multi-function Agricultural District Programming in Theory and Practice ［M］. New York：Cambridge Univ. Press，1984.

［144］OECD. Multifunctionality，towards an analytical framework ［R］. Organization for Economic Cooperation and Development，France，2001.

后　记

　　世界上没有哪一个发达国家，农业和市民生活如此之近。在日本，农业功能拓展被惊呼达到了"逆天改命"的程度：一幢高档公寓旁边，因为有了一块三尺见方的稻田，公寓房价立马翻番，据说这就是日本的"农业房产增值功能"。

　　本人最早关注农业的多功能性，是从关注日本农业开始的。在日本，农业早已不仅仅是穿衣吃饭，更是一种文化的延续和传承，农业是第六产业的概念和理念已誉满全球。分析和研究现代农业，农业的多功能性研究是绕不开的重要维度。十几年来，多功能性一直是我调研农业、分析农业、研究农业的一个重要视角。特别是在当前乡村振兴的重大背景下，作为乡村振兴重要基础和条件的乡村产业振兴，更是把农业多功能性提到了前所未有的高度。这为我开展新时代乡村产业振兴与农业多功能研究提供了重大机遇和广阔空间。本书的出版，正是基于这一背景的产物。

　　本书在写作与研究过程中，得到了中国农业科学院区划所、浙江省政府咨询委"三农"部、浙江省农业区划办公室、浙江大学中国农村发展研究院（浙大"卡特"）、浙江农林大学经管学院和浙江省农科院农村发展研究所等单位或部门的大力支持，在此表示感谢！同时也要真诚感谢顾益康教授、黄祖辉教授、汤勇研究员、卫新研究员、吴伟光教授、王丽娟副研究员、章伟江助理研究员、许佳凤硕士、谢小梅硕士、谭小建硕士、张大东调研员、钟逸处长、朱勇军处长、陈良伟处长、何新星处长、许建全副处长、张若健调研员、程兵副处长、王平副处长、周平主任、邹科博士、陈立辉博士、张菲博士等在写作与研究过程中提供的指导和帮助。

　　特别应该提到的是，在本书的研究与撰写过程中，本人获得了浙江省新世纪151人才工程出国留学基金的资助，以高级访问学者的身份在美国加州大学戴维斯分校（University of California，Davis）进行访问学习。访学期间，在合作导师Minghua Zhang教授的关心、支持和帮助下，结合课题进行了一系列调查，走访了美国大量家庭农场和农业产业园，本书关于多功能现代农业的一些新型业态的思考与认识在这个过程中得以提升，在此一并表示衷心感谢。

在本书研究过程中，我们参阅了大量文献资料，学者们的前期工作为本书提供了无限的启迪和思考，我们尽量反映前人的研究成果，并对所引用的这些文献的作者致以最诚挚的感谢！在研究写作中我们虽极尽努力，但受学术水平的限制，特别是前后研究跨度大，部分理论阐述不够严谨、透彻，研究方法不够先进，书中如有疏忽、纰漏与不当之处，恳请批评指正。

胡　豹

2018 年 11 月于杭州

图书在版编目（CIP）数据

乡村振兴与现代农业多功能战略 / 胡豹，黄莉莉著．
—北京：中国农业出版社，2019.2
ISBN 978-7-109-25214-1

Ⅰ.①乡⋯　Ⅱ.①胡⋯ ②黄⋯　Ⅲ.①现代农业—研
究　Ⅳ.①F303.3

中国版本图书馆 CIP 数据核字（2019）第 018856 号

中国农业出版社出版
（北京市朝阳区麦子店街 18 号楼）
（邮政编码 100125）
责任编辑　赵　刚
_____

北京万友印刷有限公司印刷　新华书店北京发行所发行
2019 年 1 月第 1 版　2019 年 1 月北京第 1 次印刷
_____

开本：720mm×960mm　1/16　印张：13.25
字数：220 千字
定价：48.00 元
（凡本版图书出现印刷、装订错误，请向出版社发行部调换）